# MÉMOIRES

## DU

# MARÉCHAL-GÉNÉRAL SOULT

## DUC DE DALMATIE

PUBLIÉS PAR SON FILS

TYPOGRAPHIE DE CH. LAHURE
Imprimeur du Sénat et de la Cour de Cassation
rue de Vaugirard, 9.

# MÉMOIRES

DU

# MARÉCHAL-GÉNÉRAL SOULT

## DUC DE DALMATIE

PUBLIÉS PAR SON FILS

---

**PREMIÈRE PARTIE**

Histoire des Guerres de la Révolution

## TOME DEUXIÈME

PARIS

LIBRAIRIE D'AMYOT, ÉDITEUR

8, rue de la Paix

—

M DCCC LIV

## CHAPITRE XI

SOMMAIRE DU CHAPITRE XI.

Campagne de 1799 sur le Danube. — Combat d'Ostrach. — Bataille de Liebtingen. — Retraite de l'armée sur le Rhin.

# CHAPITRE XI.

J'ai dit plus haut quel était le plan de campagne du Directoire. Il voulait profiter de l'occupation de la Suisse, qui donnait aux armées françaises un avantage de position, pour s'emparer des passages des montagnes jusqu'aux vallées de l'Inn et de l'Adige, faire de ce centre le pivot des opérations, et prendre des revers, à droite contre les armées ennemies qui allaient opérer en Italie, à gauche contre celle de l'archiduc Charles, si elle restait sur le Lech ou se portait en avant.

L'armée du Danube, réunie à Strasbourg, devait gagner la rive droite du Danube, s'élever à la hauteur de l'armée d'Helvétie et se lier avec elle. Enfin un corps d'observation, formé dans le Palatinat, devait soutenir la gauche de l'armée du Danube, et se tenir à portée de la rejoindre au besoin, en se portant sur Ulm. Pour assurer de l'ensemble aux opérations, le général Jourdan,

*Plan de campagne*

qui dirigeait l'armée du Danube, avait le commandement supérieur sur l'armée d'Helvétie, commandée par le général Masséna, ainsi que sur le corps d'observation, aux ordres du général Bernadotte.

La combinaison de ce plan eût été bonne si ces trois armées n'eussent pas trouvé, dans leur trop grand éloignement les unes des autres, un obstacle au concert de leurs opérations, et surtout si l'on n'eût pas réduit les armées qui étaient chargées de l'exécuter, à des proportions tout à fait insuffisantes. Moins de quatre-vingt mille hommes, répartis depuis la sommité des Alpes, aux sources de l'Adige, jusqu'au Mein, allaient se livrer à des opérations décousues et des plus hasardeuses, en présence des cent soixante mille hommes que l'archiduc Charles tenait dans sa main, et qui étaient concentrés entre les Alpes et le Danube. Aussi devait-on aisément prévoir ce qui, en effet, arriva, qu'une ligne aussi étendue serait percée par son centre, que l'armée du Danube serait écrasée, et que celle d'Helvétie serait alors d'autant plus compromise, qu'elle aurait poussé plus loin ses opérations, à l'ouverture de la campagne. Mais on paraissait entraîné alors par un esprit de vertige. J'ai vu des lettres écrites, par ordre du Directoire, au général Jourdan, plusieurs jours après que l'armée avait déjà passé le Rhin, dans lesquelles on lui prescrivait d'attendre, pour commencer les hostilités, que la cour de Vienne se fût catégoriquement expliquée. On lui disait que les troupes autrichiennes ne voulaient point la guerre, et qu'elles ne se battraient point. A notre arrivée à Pfullendorf, le 17 mars, trois jours avant que nous fussions attaqués, j'ai aussi entendu le ministre de France à Ratisbonne, qui, en ce moment, revenait de son poste, soutenir qu'en traversant l'armée autrichienne, il avait fait la même remarque. La crédulité de cet agent doit avoir été bien grande, s'il s'est ainsi laissé tromper par les précautions, quelque habiles qu'elles fussent, que prenaient les Autrichiens. Mais il était de toute impossibilité que le gouvernement français ne sût pas à quoi s'en tenir, et s'il essaya de faire partager au général Jourdan une aussi dangereuse illusion, ce n'était que pour éluder les représentations pressantes que ce général ne cessait de lui adresser sur la faiblesse de l'armée, afin d'obtenir qu'elle fût au moins portée à l'effectif qui avait été promis et annoncé par le ministre de la guerre. Ce mensonge du Directoire était abominable; il devait nous perdre, si le général Jourdan n'eût heureusement été mieux instruit de la vérité. Cependant, ce général n'en fut pas moins obligé, par les ordres qu'il recevait, ainsi que par la nécessité de soutenir l'armée d'Helvétie, qui, depuis plusieurs jours, avait déjà commencé ses opérations, et gagné du terrain, de s'engager enfin lui-même, dans un mouvement plus que téméraire, et qui se termina par une défaite. Si l'on avait encore des illusions, elles furent bientôt et cruellement dissipées.

Le 1er mars 1799, l'armée du Danube passa le Rhin à Strasbourg et à Bâle. J'avais rejoint cette armée après la reddition d'Ehrenbreitstein, et j'étais encore à la tête des troupes légères de l'avant-garde, que les généraux Vandamme et Klein commandaient provisoirement, en attendant l'arrivée du général Lefebvre.

L'armée, formée sur trois colonnes, se dirigea sur la rive droite du Danube, entre ce fleuve et le lac de Constance. La colonne de gauche, commandée par le général Gouvion Saint-Cyr, prit par Freudenstadt, où elle éleva des retranchements, Rothweil, Sigmaringen et Mengen. Celle de droite, aux ordres du général Ferino, suivit par Waldshutt la route des villes forestières, et gagna Uberlingen sur le lac. La colonne du centre, formée par l'avant-garde, la grosse cavalerie et une division de réserve, se dirigea par le Hornberg, Tüttlingen, Mœskirch et Pfullendorf, sur l'Ostrach, où elle prit position, et se mit en ligne avec le restant de l'armée. Cette marche fut très-longue, et ne dura pas moins de dix-sept jours, parce que le général en chef sentait qu'il s'engageait imprudemment, et parce qu'il s'arrêtait souvent pour attendre les renforts qui lui étaient promis. Nous avions aussi l'ordre de ne pas être les premiers à attaquer. On essayait de se couvrir encore du prétexte que la marche de l'armée n'était qu'un mouvement de précaution, pour s'assurer des positions importantes[1]. Ce prétexte ne pouvait tromper personne, car la marche offensive de l'armée suffisait pour constituer l'état de guerre; et d'ailleurs l'armée d'Helvétie avait commencé les hostilités depuis le 5 mars, en attaquant les positions autrichiennes sur la rive droite du Rhin. De notre côté cependant, les patrouilles ennemies qui appartenaient au corps du général Nauendorf, fort de dix-huit mille hommes, avaient aussi reçu l'ordre de ne pas engager les hostilités, et elles se repliaient à notre approche. C'était une manœuvre habile de l'archiduc pour nous entretenir dans une fausse sécurité, et nous attirer sur le point où nous devions nous heurter contre l'armée impériale concentrée.

L'armée du Danube aurait dû être soutenue par le corps d'observation aux ordres du général Bernadotte; mais ce corps, qui avait passé le Rhin vis-à-vis Mannheim, s'était borné, après avoir pris

---

1. Voir à la fin du chapitre, n° 12.

possession de cette ville, à investir Philisbourg, et à s'avancer sur le Necker jusqu'à Heilbronn, où il s'arrêta, malgré toutes les sollicitations du général Jourdan, qui pressait vivement le général Bernadotte de se rapprocher de l'armée du Danube. Le général Bernadotte répondait que son corps était trop faible pour s'aventurer en pays ennemi, et c'était vrai. Cependant le général Bernadotte n'avait devant lui qu'un corps autrichien encore plus faible, et qu'il devait mépriser. S'il ne pouvait pas l'éviter ni lui dérober quelques marches, le pis-aller eût été de repasser le Rhin et de le remonter par la rive gauche, jusqu'à ce qu'il fût à une hauteur suffisante pour faire sa jonction avec l'armée du Danube. Pendant cette opération, le Rhin eût suffi pour arrêter les faibles corps autrichiens qui étaient dans cette partie. L'importance de renforcer l'armée du Danube, devant laquelle la campagne allait se décider, était telle, que toute autre considération devait lui être subordonnée. Il est probable que cette absence de concours du général Bernadotte a dû être déterminée par les ordres directs qu'il recevait du ministre de la guerre. Quoi qu'il en soit, le corps qu'il commandait n'a joué aucun rôle, et est resté complétement inutile, lorsque l'armée du Danube avait un si urgent besoin du soutien qu'il devait lui apporter.

L'armée était restée en cantonnements au pied de la forêt Noire, jusqu'au 11 mars. Elle ne passa le Danube que le 12, à Tüttlingen et au-dessus, pour se porter sur la ligne de l'Ostrach. Ce mouvement fut décidé par la nouvelle que, depuis le 5, l'armée d'Helvétie était entrée en opérations, et qu'elle avait déjà eu plusieurs belles affaires dans les Grisons. Le passage du Rhin avait été forcé à la fois par le général Demont, à Reichenau, au-dessus de Coire, et par le général Masséna, en avant de Sargans, et au pied des retranchements de Luciensteig, qui, malgré leur force et la vigoureuse résistance que les Autrichiens opposèrent, finirent par être emportés. La division du général Auffemberg, morcelée et coupée de ses communications par des attaques aussi brusques, fut presque en entier détruite autour de Coire, et lui-même fut obligé de se rendre. Mais l'opération la plus importante, l'attaque contre les retranchements de Feldkirch échoua, malgré toute la valeur et l'opiniâtreté qu'à plusieurs reprises le général Oudinot y déploya. Cette position célèbre occupe la communication entre les vallées du Rhin et de l'Inn, et elle est la clef de cette partie du Voralberg et du Tyrol. Deux tentatives infructueuses, faites, les 6 et 14 mars, par le général Oudinot, furent renouvelées, le 22, avec des forces plus considérables, mais sans plus de succès, par le général

*Passage du Danube.*

*Premières opérations de l'armée d'Helvétie.*

*Attaques infructueuses devant Feldkirch.*

Masséna lui-même. Tout échoua devant la force inexpugnable de la position, et devant la résistance qu'opposèrent les généraux Hotze et Jellachich.

*Les généraux Lecourbe et Dessoles pénètrent dans le Tyrol.*

Dans le même temps, l'aile droite de l'armée d'Helvétie, commandée par le général Lecourbe, était partie de Bellinzona; forçant le passage du Splugen, elle avait suivi la vallée du Rhin jusqu'à Tusis; de là, se jetant à droite, elle avait remonté la vallée de l'Albula, et elle était descendue dans la vallée de l'Inn, en la prenant à revers. Parallèlement à ce mouvement, le général Dessoles, détaché de l'armée d'Italie, avait remonté la vallée de l'Adda; il avait ensuite traversé les glaciers du Wormserjoch, un des points les plus élevés des Alpes Juliennes, pour passer dans la vallée de Munster, et, par une manœuvre des plus habiles, il avait emporté la forte position de Taufers, en culbutant le corps du général Laudon qui la défendait. Ce dernier se retirait dans le plus grand désordre, par Glurns et la vallée de la Taufers, sur Nauders, où il espérait rejoindre la vallée de l'Inn, lorsqu'il apprit que le général Lecourbe, qui avait concerté ses mouvements avec ceux du général Dessoles et qui avait remporté des avantages pareils dans la vallée de l'Inn, à Martinsbruck, à Fintermunz et sur plusieurs autres points, était déjà maître de Nauders. Il ne restait plus d'autre ressource au général Laudon, pour s'échapper, que de se jeter, à travers les glaciers, dans les vallées latérales, où il arriva avec quelques hommes seulement; la plus grande partie de sa division avait été détruite.

Une suite d'actions brillantes avait ainsi amené l'aile droite de l'armée d'Helvétie à Nauders et à Glurns, où elle occupait les têtes des deux grandes vallées du Tyrol, la vallée de l'Inn et celle de Taufers, un des deux bras de l'Adige. Si l'armée entière eût pu s'y porter, elle eût eu la facilité de faire des diversions en faveur de l'armée d'Italie ou de celle du Danube; mais les échecs réitérés que son aile gauche avait éprouvés devant Feldkirch et la défaite du général Jourdan l'obligèrent bientôt, pour sa propre sûreté, à abandonner les brillants avantages que son aile droite avait remportés, et qui furent ainsi obtenus en pure perte. C'est un effet très-remarquable de la résistance d'un poste, dont la conservation fut pour les Autrichiens une des principales causes des succès qu'ils obtinrent, tandis que les opération des armées françaises restèrent isolées et ne purent se lier entre elles.

On peut faire ici la remarque que si le général Masséna, au lieu d'engager deux de ses divisions dans les vallées de l'Inn et de la Taufers, mouvement qu'il pouvait différer sans inconvénient, les eût portées dans le Voralberg, à la gauche du Lech, vers les sources de l'Iller, le corps autrichien qui occupait Feldkirch eût été trop exposé pour se maintenir dans cette position, et eût été obligé de l'évacuer. Dès lors les armées françaises eussent pu lier leurs opérations, et le vaste plan dont l'armée d'Helvétie devait être le pivot eût eu quelques chances de réussite.

Les instructions que le général Masséna avait reçues lui imposaient, il est vrai, une double tâche sur les deux revers des Alpes, pour soutenir à la fois les deux armées d'Italie et du Danube. Mais le meilleur moyen de la remplir n'était pas de se tenir entre les deux armées, et à une trop grande distance de l'une comme de l'autre, pour pouvoir les appuyer efficacement. Il eût mieux valu que le général Masséna commençât par se porter avec toutes ses forces sur la gauche de l'archiduc, qu'il eût pris à revers, pendant que le général Jourdan l'eût attaqué de front; cette opération combinée eût eu des chances de succès, pour rejeter l'archiduc au delà de l'Iller, du Lech, et même de l'Inn. Après ce résultat obtenu, l'armée d'Helvétie eût pu répéter la même manœuvre du côté de l'Italie, par les vallées de la Taufers et de l'Adige, en menaçant même la vallée de la Brenta. Cette combinaison était la moins compliquée et la moins hasardeuse, parce qu'elle ne disséminait pas les forces, et qu'elle apportait successivement un secours efficace à l'une et à l'autre des deux armées. Il est probable que le général Masséna eût préféré cette disposition, si les ordres qu'il recevait lui en eussent laissé la liberté. On eût mieux fait de s'en rapporter à son coup d'œil et à son expérience.

Quoi qu'il en soit, l'archiduc Charles profita habilement des fausses dispositions qui isolaient les unes des autres l'armée d'observation, l'armée du Danube et l'armée d'Helvétie. Placé au centre avec des forces supérieures, il ne laissa devant le général Masséna que ce qui était indispensable pour défendre les inexpugnables retranchements de Feldkirch, et pour éclairer les principaux débouchés du Tyrol. Formant ensuite son armée sur trois colonnes, il s'avança sur l'Ostrach, pour nous attaquer. Le 18 mars, nous étions en présence, près d'en venir aux mains, lorsque le général Jourdan fit demander au prince s'il n'avait pas reçu de son gouvernement des dépêches pour le Directoire, et des ordres pour ne point engager les hostilités. Le général-major, prince de Schwartzemberg, qui m'était opposé, se rendit à mes avant-postes, où nous eûmes une entrevue, et il me transmit verbalement la réponse négative de l'archiduc. J'en donnai aussitôt connaissance à mon général en chef; elle le décida à marcher, dès le lendemain, sur l'ennemi. Cette démarche auprès de l'archiduc était au moins superflue. Lui demander s'il n'avait pas reçu l'ordre de ne point engager les hostilités était dérisoire, lorsque depuis quinze jours on se battait avec acharnement devant Feldkirch, que l'armée d'Helvétie, après avoir pénétré dans les Grisons, allait envahir le Tyrol, et que déjà la division autrichienne du général Auffenberg avait été forcée à capituler. J'avoue que, dans mon entretien avec le prince de Schwartzemberg, je fus fort embarrassé pour pouvoir concilier ces agressions de notre part avec le langage pacifique qu'on m'avait ordonné de tenir ; j'étais confus du rôle de duplicité qu'on me faisait jouer, et que je ne pouvais soutenir par aucune bonne raison.

Le 19, je reçus l'ordre de me porter en avant avec une partie de l'avant-garde, pour reconnaître la position que l'armée autrichienne occupait sur notre front. Ayant formé mes troupes sur deux colonnes, je les dirigeai sur Hoskirch et Saulgen. Un long combat s'engagea sur ces deux points, et il me mit à même d'apprécier la supériorité numérique des ennemis ; je jugeai, à leurs mouvements, qu'ils se disposaient à marcher sur nous. L'objet de ma mission rempli, je me retirai avec cent cinquante prisonniers, qui confirmèrent tous les observations que j'avais faites. Je m'empressai d'en rendre compte, et j'établis mes troupes en avant du bois de Bolstein, couvrant Friedberg et le village de Königswald.

Pendant que je faisais cette reconnaissance, le général Ferino, qui commandait la première division et qui était à notre droite sur le ruisseau d'Asch, en dirigeait une autre en avant de Buchhorn et ramenait aussi des prisonniers. Le général Gouvion Saint-Cyr, qui commandait la 3ᵉ division campée à Mengen sur notre gauche, délogeait les Autrichiens de quelques villages, sur la rive droite de l'Ostrach où ils s'étaient établis. En même temps, sur le faux bruit que les ennemis faisaient un grand mouvement sur la rive gauche du Danube, il renforçait le corps de flanqueurs, commandé par le général Vandamme, qui, sous ses ordres, était chargé d'éclairer cette partie. Les réserves de l'armée étaient concentrées aux environs de Pfullendorf, où était le grand quartier général.

La position de l'armée sur l'Asch et sur l'Ostrach était beaucoup trop étendue pour les forces que nous pouvions opposer à celles de l'ennemi, et on venait encore de les affaiblir en envoyant un détachement, qui équivalait à une division, sur la rive gauche du Danube. Le général Jourdan se flattait de l'espoir qu'il aurait le temps de faire fortifier les obstacles naturels que présentent les deux petites rivières de l'Asch et de l'Ostrach. Prenant leur source à peu de distance l'une de l'autre, près de Riedhausen; pour aller se jeter, l'Asch dans le lac de Constance, et l'Ostrach dans le Danube, elles sont bordées l'une et l'autre de marais dans tout leur cours, et elles n'offrent de passages praticables que par les routes qui les traversent. De bons retranchements eussent, en effet, pu couvrir le petit nombre de ces débouchés, faciles à garder si l'ennemi nous en eût laissé le temps; mais dès le lendemain, il dirigea une attaque générale contre notre avant-garde.

L'extrait suivant du rapport que j'adressai au général en chef, comme commandant supérieur de l'avant-garde, en remplacement du général Lefebvre, blessé pendant l'action, contient les principaux détails de cette affaire.

*Combat Ostrach.*

« Les troupes étaient à peine établies, que l'ennemi commença différentes attaques sur toute la ligne, mais plus particulièrement à notre gauche. Le 1$^{er}$ germinal (20 mars) à une heure du matin, les postes placés en avant de Friedberg furent assaillis par une nuée de manteaux rouges[1] et forcés de se replier à la tête du bois de Davids-

1. Les manteaux rouges étaient des corps francs d'infanterie levés en Croatie, et que nos soldats, au commencement de la guerre, redoutaient beaucoup, à cause de leur cruauté. Ils étaient entreprenants, et ils ne faisaient point de prison-

wiler. Six bataillons de corps francs attaquèrent au même instant les bivouacs postés en arrière de Bolstern. La 15ᵉ demi-brigade, qui défendait tous ces débouchés, se retira successivement sur Davidswiler, et ensuite: partie sur Ostrach, partie sur Ickofen, et partie sur Einhart, pour défendre ces trois points importants.

« Cette demi-brigade se distingua d'une manière éclatante dans sa retraite, qui commença à deux heures du matin, et ne fut terminée qu'à sept. Le 1ᵉʳ régiment de chasseurs à cheval et le 4ᵉ de hussards, faisant partie de la colonne de la 25ᵉ demi-brigade, exécutèrent leurs mouvements dans le plus grand ordre, en soutenant l'infanterie légère. Par ce mouvement, la majeure partie de la 25ᵉ demi-brigade se trouva au bas de la position et sur le front de la division d'avant-garde. Quatre compagnies, sous les ordres du chef de bataillon Drouin, furent placées au pont d'Ostrach, et à la tête de ce village. Dix autres compagnies, longeant la rive gauche de l'Ostrach, s'étendirent sur la gauche, pour défendre les approches aux ennemis, et couvrirent les débouchés qui de Wangen et d'Einhart conduisent à Meyenbruck.

« Un bataillon de la 67ᵉ demi-brigade fut formé

---

niers. On leur rendit la pareille, et on finit par les détruire. Le gouvernement autrichien ne les fit pas remplacer, ou du moins on n'en revit plus aux armées.

en colonne serrée et placé en arrière d'Ostrach, pour soutenir les quatre compagnies d'infanterie légère. Un autre bataillon de cette demi-brigade fut placé en bataille, à la pointe du bois qui est vis-à-vis Ickofen, pour défendre ce village; et un bataillon de la 53ᵉ fut mis en réserve près le bois qui longeait la position.

« Le 4ᵉ régiment de hussards, le 1ᵉʳ de chasseurs à cheval et deux escadrons du 17ᵉ de dragons furent placés en arrière d'Ostrach, à la droite de la position, s'étendant jusqu'à la grande route qui conduit à Burgweiler. Le général Klein commandait cette cavalerie.

« L'artillerie légère et l'artillerie de position furent placées sur divers plateaux pour défendre le village d'Ostrach et prendre en flanc les troupes qui s'en approchaient. Le général Lefebvre comptait encore pour la défense de sa position sur un bataillon de la 53ᵉ demi-brigade, quatre compagnies de la 25ᵉ d'infanterie légère, trois escadrons du 5ᵉ de hussards, un escadron du 1ᵉʳ de chasseurs et deux escadrons du 17ᵉ de dragons.

« L'adjudant général Fontaine, qui commandait ces troupes, avait été dirigé la veille sur Hoskirch; il reçut l'ordre de se retirer sur Ostrach; mais ayant été prévenu par l'ennemi à l'entrée de ce village, il se trouva entre notre feu et celui des Autrichiens. Ne pouvant tenter le passage sans s'exposer à être entièrement défait, il profita du brouillard qui cachait sa colonne à l'ennemi, et remontant l'Ostrach, il opéra sa retraite sur Riedhausen où, pour assurer sa marche, il dut s'engager contre une colonne ennemie qu'il y rencontra. Il passa le défilé et il se dirigea sur Neubrunn, d'où, après la retraite du restant de l'avant-garde, il vint joindre la division au camp de Pfullendorf.

« Telles étaient les sages dispositions du général Lefebvre à sept heures du matin, lorsque les troupes légères ayant découvert par leur mouvement le front de la position, mirent toute la division dans le cas de prendre part à une des plus brillantes affaires qu'elle ait eues depuis le commencement de la guerre. L'ennemi engagea une canonnade des plus vives et fit attaquer par quatre bataillons le village d'Ostrach, que quatre compagnies de la 25e d'infanterie légère défendaient ; elles repoussèrent l'attaque des ennemis à plusieurs reprises et gardèrent ce poste jusqu'à la dernière extrémité. Le chef de bataillon Drouin s'y couvrit de gloire.

« En même temps, l'ennemi faisait filer sur sa droite plusieurs bataillons et de l'artillerie. Il attaqua avec vigueur le village d'Ickofen, cherchant à pénétrer sur Meyenbruck par différents gués que le ruisseau d'Ostrach présente dans cette partie. Le général Lefebvre, qui aperçut ce mouvement, porta de suite en arrière de Wangen le bataillon de la 53ᵉ demi-brigade, qui était resté en réserve, et fit passer sa cavalerie de la droite de la position à la gauche, où, en soutenant l'infanterie qui défendait le passage du ruisseau, cette cavalerie eut occasion d'exécuter trois brillantes charges et de repousser, à chacune d'elles, les ennemis, qui, à la faveur du brouillard, cherchaient à faire des progrès sur notre côté gauche.

« Le feu le plus vif continuait toujours. L'ennemi mettait la plus grande importance à s'emparer d'Ostrach ; il envoya des troupes fraîches pour renforcer les premières et parvint enfin à forcer les quatre compagnies de la 25ᵉ. Ces compagnies durent abandonner le pont et se replier dans le village. Le chef de bataillon Bontemps, qui était en arrière avec le bataillon de la 67ᵉ demi-brigade, reçut l'ordre, à l'instant même, de reprendre ce poste et de le conserver. Il fit battre la charge et exécuta l'ordre qu'il avait reçu avec une bravoure et une fermeté au-dessus de tout éloge.

« Mon second rapport instruisit le général Lefebvre que l'ennemi faisait les plus grands efforts pour s'emparer aussi des débouchés de Meyenbruck. Il s'y porta lui-même et déjà il ordonnait plusieurs mouvements, lorsqu'il reçut une blessure qu'il s'efforça de cacher pendant longtemps ; mais il fut obligé, par la quantité de sang qu'il perdait, de se retirer pour la faire panser. Vous m'ordonnâtes, mon général, de le remplacer dans le commandement de la division.

« Il fallait un point d'appui aux troupes qui faisaient une si belle résistance dans le village d'Ostrach ; les dernières qui venaient d'y entrer commençaient à s'engager en leur entier. Vous saisîtes ce moment, mon général, pour ordonner qu'un bataillon de la 7ᵉ demi-brigade de ligne, qui venait d'arriver, fût mis à ma disposition et placé en arrière du village, ce qui s'exécuta et eut pour effet d'empêcher une seconde fois l'ennemi de déboucher par la grande route et de se porter sur notre droite [1].

---

[1]. Le bataillon de la 7ᵉ demi-brigade, placé en arrière d'Ostrach, exécuta plusieurs charges à la baïonnette, pour repousser les ennemis qui pénétraient dans le village. A la seconde, il fut mis en déroute, aucune autre troupe n'étant disponible pour le soutenir. Tout était perdu, si on ne parvenait promptement à le rétablir. Je me précipitai au milieu des fuyards, sous le feu d'une artillerie formidable qui ne cessait de vomir la mitraille, et ayant saisi le drapeau du bataillon, je parvins à former un groupe autour duquel je ralliai plus de deux mille hommes de tous les corps. Alors me mettant à leur tête et faisant battre la charge, nous marchâmes de nouveau aux ennemis, qui, cette fois encore, furent vivement ramenés avec une grande perte ; et nous rentrâmes dans Ostrach. Cette action est une des plus vigoureuses de ma carrière militaire.

« Mais l'ennemi faisait toujours filer des troupes sur sa droite, et il paraissait menacer le débouché de Meyenbruck. Le renfort du second bataillon de la 7ᵉ, que vous aviez dirigé sur ce poste, n'ayant pas eu le temps d'y arriver, les troupes qui le défendaient, livrées à elles-mêmes et accablées par le nombre, durent céder pour se replier sur le reste de la division. Celle-ci, qui jusque-là avait conservé sa position, usait alors sa dernière mitraille et se battait à demi-portée. Dans ce moment, l'ennemi profita de l'avantage qu'il avait obtenu sur notre gauche, pour exécuter une charge de cavalerie sur nos batteries. Le général Klein, à la tête de la nôtre, la repoussa vivement.

« Alors le brouillard, venant à se dissiper, nous laissa découvrir une ligne immense de cavalerie et d'infanterie. On peut assurer, sans exagération, que les troupes qui ont combattu contre la division de l'avant-garde s'élevaient à vingt-cinq mille hommes. Il était impossible de résister plus longtemps à des forces aussi supérieures, sans nous exposer à être anéantis. Vous me donnâtes l'ordre de replier la division sur la position qui est en avant de Pfullendorf.

« La retraite se fit dans le plus grand ordre et fut particulièrement soutenue par la 7ᵉ compagnie du 3ᵉ bataillon de sapeurs, qui, après avoir coupé, sous le feu de l'ennemi, les ponts sur l'Ostrach, combattit comme des grenadiers. Le lieutenant Brété commandait cette compagnie.

« Toute l'armée autrichienne était en mouvement pour soutenir l'attaque sur l'Ostrach, où l'archiduc Charles commandait en personne. La perte qu'elle a éprouvée est très-considérable ; on estime qu'elle a laissé plus de deux mille morts en avant et dans le village d'Ostrach, où elle a eu aussi une immense quantité de blessés. Notre artillerie lui a fait surtout un mal prodigieux ; les prisonniers sont en petit nombre.

« Nous avons aussi perdu du monde ; le total, qui dépasse douze cents hommes tout compris, est conforme au tableau ci-joint ; tous les blessés ont été transportés à Pfullendorf ; parmi eux il y a plusieurs officiers de distinction, etc., etc... »
La suite du rapport appartient à la bataille de Liebtingen, donnée quatre jours après.

Le général en chef Jourdan eut un cheval tué sous lui et plusieurs autres blessés, en s'exposant au danger plus qu'il ne devait. Il ne quitta pas le champ de bataille, et il ne cessa d'encourager l'ardeur des troupes par sa présence et son admirable sang-froid.

Les forces considérables que l'ennemi déploya devant la division d'avant-garde, et l'acharnement qu'il mit à la forcer dans sa position, indiquaient qu'il avait dirigé contre elle ses plus grands efforts.

Cependant la troisième division, qui occupait quelques villages sur la rive droite de l'Ostrach, y fut aussi attaquée et forcée de les évacuer. Mais le général Gouvion Saint-Cyr la maintint dans sa position principale, en avant de Mengen, et il repoussa une colonne autrichienne, qui s'était détachée de devant Ostrach, pour tourner sa droite. En même temps il rappela le corps de flanqueurs qui était sur la rive gauche du Danube, et il l'employa à contenir les ennemis du côté de Riedlingen, en leur faisant craindre d'être eux-mêmes pris en flanc. Il se disposait en effet à marcher sur Friedberg, pour opérer une diversion en faveur de l'avant-garde, lorsqu'il fut instruit qu'elle avait été forcée à faire sa retraite, et qu'il reçut ordre de replier sa division, pour éviter qu'elle ne fût enveloppée. Elle exécuta ce mouvement avec la plus grande précision, sans que les ennemis pussent rien entreprendre sur elle.

La première division, commandée par le général Férino, était campée sur l'Asch jusqu'au lac de Constance ; elle ne fut point attaquée. Les ennemis se bornèrent à occuper son attention, en tenant devant elle un corps d'observation, qui ne fit dans la journée que des mouvements insignifiants et lui laissa même opérer sa retraite sur Salmansweiler, sans l'inquiéter. Des troupes de la réserve, il n'y eut que la septième demi-brigade, envoyée au secours de l'avant-garde, qui fut engagée. Le restant de la deuxième division, à laquelle appartenait cette demi-brigade, et la division de grosse cavalerie, commandée par le général d'Hautpoul, ne furent point en situation de prendre part à la bataille; ces deux divisions rejoignirent ensuite l'avant-garde au camp de Pfullendorf.

On était trop près du champ de bataille d'Ostrach pour pouvoir s'arrêter à la position qui est en avant de Pfullendorf, et où il n'y avait de réuni que la division d'avant-garde et les deux divisions de réserve. D'ailleurs cette position était bien moins avantageuse pour la défense que celle de Stockach, qui est plus resserrée. Le général en chef, en conséquence, porta l'armée à la hauteur de Stockach, le centre en arrière de cette ville, la droite appuyée au lac de Constance, près de Bodenau, et la gauche au Danube, dans la direction de Friedingent. Mais cette position était encore trop étendue, et elle était traversée par de nombreux débouchés qui offraient à l'ennemi trop de facilité pour venir nous attaquer. Nous la quittâmes, le 22 mars; nous prîmes celle qui est au-dessus d'Engen : le centre, formé par l'avant-garde et les deux divisions de réserve, y fut établi; la première division fut camper à Hohentweil, et la troisième division s'établit en tête du bois qui est en avant de Tüttlingen, ayant sur son front les villages de Neuhausen et de Liebtingen, qu'elle fit occuper, et à sa hauteur, sur la rive gauche du Danube, devant Friedingen, le corps de flanqueurs, commandé par le général Vandamme.

Ce mouvement de retraite ne fut pas inquiété par l'ennemi; mais, le 23, nous voyant arrêtés, il porta des reconnaissances sur toute la ligne, pour juger de notre position. Celle qu'il dirigea sur la première division soutint avec elle un engagement qui dura toute la journée, sans produire d'autre résultat que de faire perdre aux Autrichiens quatre à cinq cents hommes dont deux cents prisonniers. Une demi-brigade de la deuxième division, que le général Souham avait placée en tête du bois qui est en avant d'Engen, pour couvrir cette ville, y fut aussi attaquée; elle repoussa l'ennemi jusqu'au village d'Asch et lui fit également des prisonniers. Mais le combat fut plus vif à la troisième division, contre laquelle les Autrichiens dirigèrent des forces considérables, pour l'obliger à repasser le Danube; ils ne purent pourtant y parvenir. Les sages dispositions du général Saint-Cyr maintinrent sa division dans sa position, adossée au bois de Tutlingen; elle gardait ainsi les débouchés, dont l'ennemi voulait se servir le lendemain pour son attaque générale. Cette tentative des Autrichiens sur le général Saint-Cyr leur coûta plus de douze cents hommes et fit beaucoup d'honneur à la troisième division.

Dans la journée, je portai les troupes légères de mon avant-garde sur Emmingen et à la gauche de ce village, vers Liebtingen, pour opérer une diversion en faveur de la troisième division. Ce mouvement, ordonné par le général en chef, produisit son effet ; il attira de mon côté une partie des forces ennemies, et il favorisa le général Saint-Cyr.

Pendant ces engagements, le général en chef se tint, à l'avant-garde, sur les hauteurs à gauche d'Engen, où il jugea que l'attaque n'était qu'une reconnaissance forcée qui couvrait le mouvement général de l'armée autrichienne. S'attendant ainsi à être attaqué le lendemain par toutes les forces ennemies, il résolut de les prévenir, en allant à leur rencontre. Il espérait de cette manière faciliter sa jonction avec l'armée d'Helvétie, qui, le même jour, devait de son côté renouveler ses attaques sur Feldkirch. Il y avait une grande hardiesse dans cette résolution, car nous manœuvrions devant un ennemi dont les forces étaient le double des nôtres, et ayant la confiance du succès qu'il venait de remporter sur nous à Ostrach. L'ensemble le plus parfait dans tous nos mouvements pouvait seul compenser notre infériorité. Cependant nous aurions pu réussir dans notre entreprise; quelque audacieuse qu'elle fût, si le général Jourdan avait tenu son armée réunie et s'il avait suivi son premier plan; mais il fut ébloui par le succès que j'obtins avec ma division d'avant-garde, au début de l'action du lendemain, et il changea ses dispositions, au moment où la prudence lui commandait au contraire d'y persister de plus en plus.

Le général Jourdan avait ordonné au général Férino de diriger la première division sur Stockach, en passant par Steislingen, et au général Souham de prendre la route d'Engen avec la deuxième division, pour se porter également sur Stockach. Lorsque ces deux divisions auraient opéré leur jonction, le général Férino devait en prendre le commandement, et attaquer Stockach. J'eus l'ordre de diriger mon avant-garde sur Emmingen et de là sur Liebtingen; le général d'Hautpoul, commandant la division de cavalerie de réserve, devait suivre et soutenir mon mouvement. Le général Saint-Cyr dut réunir à la troisième division les flanqueurs de gauche, commandés par le général Vandamme, et déboucher aussi sur Liebtingen, en passant par Mühlen et Friedingen. Ce mouvement devait être protégé par celui de l'avant-garde.

Ces dispositions n'auraient rien laissé à désirer, si les première et deuxième divisions avaient pu se réunir avant de joindre l'ennemi, car ayant la supériorité du nombre sur l'aile gauche ennemie, elles pouvaient l'enfoncer et mettre ainsi toute l'armée autrichienne dans un grand embarras. Dans des opérations de cette importance, lorsqu'on ne peut tout embrasser, il faut savoir se fixer, et surtout n'entreprendre à la fois que ce qu'il est possible de bien faire : sinon on s'expose à des revers d'autant plus difficiles à réparer, qu'on est désuni et qu'on se trouve partout en forces inférieures. De même, il y a toujours de l'inconvénient à faire dépendre de plusieurs attaques partielles et dirigées par des chefs indépendants l'un de l'autre, le succès d'une affaire générale, qui exige l'ensemble le plus parfait et l'unité de commandement. Car alors les incidents imprévus sont souvent irréparables.

*Bataille de Liebtingen ou de Stockach.*

Suivant les ordres qu'il avait reçus, le général Férino dirigea, le 24 mars (5 germinal) au matin, la première division sur Stockach. Un corps ennemi, qu'il trouva en position de Steislingen, couvert par le marais qui est à la gauche du village, fut vivement attaqué, tourné sur ses deux flancs et aussitôt délogé, avec perte de six cents prisonniers. Le général Férino chassa encore les Autrichiens d'un bois qui est au delà de Steislingen et d'un autre bois situé sur la route de Stockach à Asch, ainsi que des villages d'OErsingen et de Neuzingen; ce dernier dépassait déjà le point où la deuxième division aurait dû joindre la première. Mais en approchant de Stockach, le général Férino reconnut que les ennemis occupaient, en forces supérieures, la position qui est en avant et à droite de cette ville, et qui est couverte par la rivière du même nom. Il n'était pas de force à attaquer seul cette position, ses munitions étaient consommées en grande partie et la deuxième division se trouvait encore fort loin en arrière de lui. Il fut ainsi dans la nécessité de se retirer et de faire évacuer avec perte le village de Wahlwies, en attendant la jonction de la deuxième division.

Cependant le général Souham avait aussi mis en marche la deuxième division, et fait attaquer un autre corps ennemi qui était en position sur les hauteurs en avant d'Asch. Cette position, vivement disputée, fut prise et reprise à deux fois ; enfin la deuxième division réussit à l'emporter et à y faire neuf cents prisonniers. Elle poursuivit l'ennemi jusqu'au village d'Eigetlingen, où le général Souham la fit arrêter, pendant que le général Férino l'attendait vainement au delà de Neuzingen.

Ce défaut d'ensemble empêcha ainsi ces deux divisions d'exécuter l'opération à laquelle elles étaient destinées, et leur diversion ne fut même d'aucune utilité à l'attaque principale que fit l'avant-garde du côté de Liebtingen. Elles eussent au contraire puissamment secondé cette attaque, et il est même probable qu'elles eussent également remporté, de leur côté, des succès décisifs, si, comme je l'ai déjà fait remarquer, le général en chef n'avait point fait dépendre leur réunion du résultat de deux attaques isolées et trop éloignées l'une de l'autre pour agir de concert. Le moindre incident survenu à l'une ou à l'autre devait les faire échouer toutes les deux. Encore, cette erreur de calcul du général Jourdan n'eût-elle peut-être pas été aperçue, sans la faute plus grave qu'il commit au centre, avant de connaître le résultat de l'attaque de droite et avant d'en avoir reçu le rapport, faute qui lui enleva la victoire, au moment où il la croyait assurée. Le récit des événements qui se sont passés au centre de l'armée, et pour lesquels je reprends la citation de mon rapport, en fournit la preuve.

« Le 5 germinal (24 mars), à trois heures du matin, l'avant-garde quitta sa position des hauteurs à gauche d'Engen. Elle passa à gauche du village de Manhen, de là à Attingen où la division se réunit, et elle se porta sur Emmingen qui était occupé par l'ennemi. J'avais fait à l'avance mes dispositions pour l'attaquer; la 25e demi-brigade d'infanterie légère marcha sur lui, tandis que le chef de brigade Sahuc, à la tête de trois escadrons et débouchant par la droite du village, chargea avec impétuosité quatre cents hulans qui étaient en bataille sur le plateau, d'où ils protégeaient leur infanterie. Il les mit en déroute avec perte de quelques hommes tués, de beaucoup de blessés et de trente prisonniers avec leurs chevaux. Dans cette action, le chef de brigade Sahuc reçut dans la figure un coup de lance; entouré d'une vingtaine d'ennemis, il les dispersa par son courage, mais il fut obligé de se retirer avec l'adjudant Graché, qui reçut également une forte blessure à la tête.

« Dès que le village fut emporté, je fis déboucher le restant de la division. La cavalerie se mit en bataille à droite d'Emmingen. Le général Leval forma la 25ᵉ demi-brigade en avant, pour protéger l'attaque du bois que le général Mortier allait commencer avec la 25ᵉ d'infanterie légère. L'artillerie, soutenue par la 67ᵉ demi-brigade, fut placée, pour le même objet, partie sur le plateau et partie en arrière d'Emmingen, pour répondre au feu des ennemis qui avaient leurs pièces au revers de la position de Liebtingen.

« L'ennemi avait, à la défense du bois de Liebtingen, trois mille hommes d'infanterie légère disposés en tirailleurs; il avait aussi, entre ce bois et le débouché d'Uettlingen, deux lignes d'infanterie de trois bataillons chacune, douze cents chevaux et douze pièces de canon. Vue de front, cette position paraissait avantageuse à défendre; mais je jugeai qu'en l'attaquant par la gauche, où il me parut qu'elle était faiblement soutenue, je la ferais tomber. C'est ce qui arriva.

« En attendant, nos tirailleurs faisaient des progrès. Le général Mortier se porta, à la tête de la 25ᵉ demi-brigade d'infanterie légère, à la droite du bois, pour tourner la gauche de l'ennemi; il attaqua avec tant d'impétuosité qu'il eut bientôt pénétré sur Liebtingen. Les 53ᵉ et 67ᵉ demi-brigades, conduites par le général Leval, débouchèrent alors à droite et à gauche du village. Arrivée là, l'infanterie fut obligée de s'arrêter, pour attendre la cavalerie et l'artillerie qui n'avaient pu déboucher du bois qu'après elle. Ce mouvement fut exécuté avec la plus grande rapidité; je fis aussitôt diriger le feu de nos batteries sur les lignes ennemies, tandis que notre cavalerie s'en approchait pour les charger. Elles commencèrent à s'ébranler; plus vivement serrées, elles se rompirent; tout fut enfoncé et mis en déroute; ce qui ne fut pas tué ou pris chercha son salut dans la fuite, en s'enfonçant dans les bois qui sont entre Liebtingen et Stockach.

« Après ce succès, l'infanterie, toujours formée sur quatre colonnes, deux de chaque côté de la grande route, celle des ailes longeant le bois, s'avança dans la plaine et s'arrêta sur le plateau qui est en face du débouché du bois, et du côté de la chaussée qui conduit à Stockach. On ramassa les prisonniers, dont le nombre s'éleva à deux mille, et on ramena deux obusiers avec leurs caissons; la terre était d'ailleurs couverte de débris d'armes de toute espèce. La 25ᵉ demi-brigade d'infanterie légère et le 1ᵉʳ régiment de chasseurs à cheval, commandés par le chef d'escadron Dubois-Crancé, eurent ordre de poursuivre, dans le bois, les fuyards ennemis. »

Le général en chef arriva à l'avant-garde, au moment où l'action venait de finir. Satisfait de cet heureux début, il crut que l'armée ennemie allait précipiter sa retraite, et la voyant déjà en pleine déroute, il voulut entreprendre d'en enlever une partie. Rien ne justifiait cet excès de confiance. Le général Jourdan devait se rendre compte que nous venions d'avoir affaire seulement à l'avant-garde autrichienne, et déjà, l'avant-veille à Ostrach, il avait reconnu que l'archiduc dirigeait ses principales forces contre notre centre. Il connaissait l'énorme supériorité qu'avait sur la nôtre l'armée autrichienne. Avant de s'engager inconsidérément contre la masse de cette armée, il devait attendre les rapports de ses divisions de droite, pour savoir où elles étaient; il devait au moins donner au commandant des troupes légères que je venais d'envoyer à la poursuite des ennemis, le temps de reconnaître leurs nouvelles dispositions et d'en rendre compte. Il aurait pu régler, en conséquence, les changements qu'il se proposait déjà de faire à son plan. Mais il n'eut pas cette patience ; il s'abandonna à une illusion, et il courut à sa perte, en se dégarnissant sur le point où les coups décisifs allaient être portés, et en ordonnant au général Saint-Cyr de se diriger sur Mœskirch, avec la 3ᵉ division et le corps de flanqueurs de gauche, afin de tourner l'armée ennemie et de la prendre en flanc, quand elle se retirerait sur Pfullendorf. Une pareille entreprise n'avait aucune chance de succès. Comment espérer qu'une seule division de sept à huit mille hommes, triompherait de plus de soixante mille Autrichiens, conduits par l'archiduc, et manœuvrant sur une seule direction ? Comment croire qu'elle les mettrait en déroute, et que la 3ᵉ division n'aurait plus qu'à recueillir les fruits de la victoire ? C'est cependant ce que le général Jourdan lui-même annonçait. Heureusement, l'exécution de ce téméraire projet fut confiée à celui de nos généraux dont la prudence pouvait le mieux en corriger les dangers. Le général Saint-Cyr rendit cet éminent service à l'armée.

La première disposition lui prescrivait de faire

déboucher le corps de flanqueurs de gauche, aux ordres du général Vandamme, par Mühlen et Friedingen, tandis que la 3ᵉ division devait se porter directement sur Liebtingen, par la route qui conduit de Tüttlingen à Stockach. La colonne du général Walther, du corps de flanqueurs, éprouva devant Mühlen une si grande résistance, que, dans un instant, son artillerie fut démontée par celle des ennemis. Mais le général Vandamme, ayant débouché par Friedingen, tourna la droite de cette position et la fit tomber. Une charge de sa cavalerie mit ensuite l'ennemi en déroute, et les fuyards furent poursuivis jusqu'au bois qui est au delà de Liebtingen. A cet endroit, les deux colonnes se réunirent et furent jointes par la 3ᵉ division. Le mouvement de cette dernière s'était fait facilement; le corps autrichien qui lui était opposé, s'était retiré devant le succès remporté par la division d'avant-garde.

Ce fut alors que le général Saint-Cyr reçut l'ordre de diriger sa division et le corps de flanqueurs, sur Mœskirch, pour marcher ensuite sur les derrières des ennemis, et pour intercepter leur retraite. Le général Saint-Cyr dut obéir, et malheureusement le général en chef persista dans cette funeste disposition, quoique l'exécution en fût à peine commencée, lorsque mon avant-garde se trouva entièrement engagée. Toutes les forces du général Saint-Cyr eussent été nécessaires pour soutenir l'avant-garde ; cependant le général en chef, au lieu de rappeler la totalité de la 3ᵉ division, se borna à en détacher une faible demi-brigade, pour m'aider dans l'impuissante résistance que je fus, quelques instants après, obligé d'opposer à l'ennemi. La réserve de cavalerie était cependant restée dans les plaines de Liebtingen, quand je reçus l'ordre de poursuivre les ennemis dans la direction de Stockach.

« Je les joignis d'autant plus tôt, que l'archiduc Charles, à la tête d'une colonne de huit bataillons de grenadiers hongrois, d'une seconde colonne d'égale force, de six mille chevaux et d'un train nombreux d'artillerie, s'avançait lui-même par la route de Stockach, et se dirigeait sur Liebtingen. Il était déjà en avant de Molspern, quand il reçut la nouvelle de la déroute de son avant-garde. Sans s'arrêter, il ordonna de rallier les fuyards, sur ses derrières, et, avec les troupes qu'il commandait, il entra dans la forêt, pour nous attaquer. La 25ᵉ demi-brigade d'infanterie légère, que j'avais détachée, avec le premier régiment de chasseurs à cheval, à la poursuite des ennemis, ignorait ce mouvement de l'archiduc; elle poussait vivement les troupes qui se retiraient, croyant n'avoir affaire qu'à celles qui avaient déjà combattu. Mais arrivée à la ferme de Schufrantz, elle fut arrêtée par douze ou quinze mille hommes d'infanterie, placés sur plusieurs lignes, et qui l'obligèrent à rétrograder.

« D'après vos ordres, j'avais mis en marche le restant de l'avant-garde; bientôt nous joignîmes la 25ᵉ demi-brigade, et nous regagnâmes avec elle la ferme de Schufrantz, où je formai l'infanterie de la division, en colonne par bataillon, à droite et à gauche de la grande route, dans des broussailles qui étaient au milieu du bois. Pour le moment, la cavalerie, qui ne pouvait nous être d'aucun secours, resta au revers de la petite hauteur où je plaçai mon artillerie, et je détachai quatre escadrons pour surveiller le débouché d'une gorge, par où l'ennemi aurait pu attaquer ma droite et marcher sur mes derrières, s'il n'avait trouvé un obstacle qui l'arrêtât.

« Depuis la rencontre des troupes, que l'archiduc Charles amenait, la fusillade n'avait point discontinué, et elle s'animait de plus en plus. Bientôt l'affaire devint générale, et je dus envoyer, au secours de la 25ᵉ d'infanterie légère, un bataillon de la 53ᵉ demi-brigade, et un de la 67ᵉ. Peu d'instants après, les deux autres bataillons de ces deux demi-brigades, jaloux de partager la gloire et les dangers de leurs camarades, demandèrent à aller les joindre, pour terminer, à l'arme blanche, ce long et meurtrier engagement. Ces trois demi-brigades, conduites par les généraux Leval et Mortier, s'avancèrent au pas de charge, avec une intrépidité héroïque, et enfoncèrent la première ligne ennemie; mais la seconde ligne, composée de plusieurs bataillons frais, les arrêta, et les obligea à venir se rallier à quelques compagnies, que j'avais laissées en réserve auprès de l'artillerie.

« L'ennemi, profitant de ce premier avantage, fit filer de l'infanterie dans le bois qui est à la gauche de la ferme de Schufrantz; mais quelques compagnies, que j'y envoyai aussitôt, repoussèrent cette infanterie. Alors l'ennemi, cherchant toujours à déborder nos ailes, recommença son mouvement, et il fit un plus grand circuit, pour nous le dérober. Pendant ce temps, je fis moi-même des dispositions pour renouveler l'attaque. La charge fut battue sur toute la ligne; le général Leval, à la tête des 53$^e$ et 67$^e$ demi-brigades, le général Mortier, commandant la 25$^e$ d'infanterie légère, firent, dans cette occasion, tout ce qu'on pouvait attendre de leur valeur, sans pouvoir obtenir le moindre avantage. L'ennemi avait concentré, sur ce point, ses principales forces, et à tout instant, il lui arrivait, de Stockach, de nouveaux renforts.

« Malgré la supériorité du nombre, que les Autrichiens nous opposaient, et le non-succès de nos attaques réitérées, les troupes conservaient leur ardeur; elles avaient la volonté de vaincre, et elles s'encourageaient pour une nouvelle tentative. Je me rendis à leurs désirs, et, pour la troisième fois, je fis battre la charge sur toute la ligne. Elle fut exécutée avec la même intrépidité que les précédentes, mais avec aussi peu de succès, et ne produisit d'autre résultat, que de nous faire apercevoir, qu'en laissant fléchir son centre, pour nous engager, l'ennemi faisait avancer ses ailes, dans l'intention de nous envelopper et de couper notre retraite, au débouché du bois de Liebtingen. Nous ne pouvions pas empêcher ce mouvement; toutes les troupes se trouvaient engagées; elles étaient harassées de fatigue et épuisées, et elles ne pouvaient remplacer les munitions, qui commençaient à leur manquer, qu'en se rapprochant du parc. Ainsi, la retraite fut ordonnée : elle s'exécuta, dans l'ordre le plus parfait, au milieu de l'engagement, et en opposant, de toutes parts, la plus vive résistance.

« L'artillerie reprit, sur le plateau, sa première position, pour battre le débouché de la grande route; la cavalerie forma plusieurs lignes en arrière, la 25ᵉ demi-brigade d'infanterie légère resta dans le bois, sur les deux côtés de la route, et les 53ᵉ et 67ᵉ demi-brigades furent placées à droite et à gauche de l'artillerie, pour la soutenir, en même temps qu'elles couvraient le débouché de la gorge qui conduit à Neuhausen.

« Cette position, que j'avais prise pour rallier les troupes, ne put être conservée ; l'ennemi nous força à l'abandonner, en nous débordant par ses deux ailes; alors j'occupai, dans le même ordre, la position qui est en avant de Liebtingen, d'où je détachai le 1er régiment de chasseurs à cheval, pour aller garder les débouchés de diverses gorges qui y aboutissent, et contenir aussi les corps ennemis qui auraient entrepris de se porter sur le Danube, vers Möringen et Emendingen. »

Pendant l'action disproportionnée que l'avant-garde soutenait avec tant d'opiniâtreté, le général en chef envoya plusieurs officiers au général Saint-Cyr, pour lui prescrire de presser sa marche sur Mœskirch et de pousser un corps de troupes, par les bois, sur les derrières de l'ennemi. Cependant il n'y avait alors personne, excepté le général en chef, qui crût à la possibilité de ce mouvement. Un de ses officiers fut aussi chargé d'amener, sur Neuhausen, la demi-brigade que le général Saint-Cyr devait envoyer à l'avant-garde.

« Depuis une heure, l'action avait repris sur cette dernière position, et de part et d'autre on se battait avec acharnement, lorsque vous me fîtes dire de disposer de la 8e demi-brigade de ligne, envoyée par le général Saint-Cyr, qui venait d'arriver, et que vous me donnâtes l'ordre de renouveler l'attaque, pour seconder une charge générale de cavalerie, que votre intention était de faire exécuter, pour repousser les ennemis, qui, malgré la vivacité de notre feu, sortaient incessamment du défilé, et s'établissaient sur le rideau en avant du bois.

« La 8ᵉ demi-brigade fut destinée à pénétrer dans le ravin qui tourne la droite de ce rideau, pour prendre à revers l'artillerie et la cavalerie que l'ennemi venait d'y placer, et pour diriger ses feux sur l'infanterie, que l'attaque du centre devait ramener sur elle. L'adjudant général Guichard reçut ordre de conduire cette demi-brigade; il lui fut recommandé de ne se démasquer, qu'après que la charge de cavalerie aurait eu lieu.

« Le général Leval, à la tête de la 67ᵉ demi-brigade, devait aussi, après la charge de cavalerie, partir du bois situé à gauche de la plaine, et charger l'infanterie qui avait débouché, pour la jeter sur la 8ᵉ demi-brigade, tandis que le général Mortier, conduisant la 25ᵉ d'infanterie légère et la 53ᵉ demi-brigade de ligne, aurait également chargé et refoulé, dans le bois, l'infanterie ennemie qui débouchait sur notre droite, devant ces deux demi-brigades.

« Ces dispositions préparatoires étant faites,

vous donnâtes ordre vous-même à la cavalerie de réserve, à laquelle était réunie toute celle de l'avant-garde, de charger les ennemis. Mais ces ordres furent mal exécutés, et ils ne produisirent pas l'effet que vous deviez raisonnablement en attendre. Leur résultat fut, au contraire, funeste, et faillit priver l'armée de son général [1]. Je m'abstiens de parler de cette affaire malheureuse, pour vous entretenir de la défense que fit un bataillon de la 67e demi-brigade, commandé par le chef de brigade Bontemps, dont la grande fermeté, aussi bien que la bonne direction qu'il donna à son feu, arrêta court toute la cavalerie autrichienne, qui venait de renverser la nôtre. On força l'ennemi à se retirer, après lui avoir tué et blessé beaucoup de monde. Cette diversion fut d'autant plus utile, que notre cavalerie en profita pour se rallier, et

---

[1]. Le général qui commandait la cavalerie mit de l'hésitation et perdit du temps pour exécuter la charge générale que le général en chef lui ordonna, à plusieurs reprises, et lorsqu'il l'engagea, il ne le fit que partiellement, sans faire soutenir les premiers escadrons qu'il portait en avant, de sorte qu'ils furent successivement ramenés et mis en déroute. Si cette charge avait réussi, comme il y avait lieu de l'espérer, toutes les troupes autrichiennes qui étaient sorties du bois auraient été prises, et le combat pouvait se rétablir. Mais la défaite de notre cavalerie fit évanouir tout espoir. Le général en chef manqua lui-même d'être pris, en faisant de vains efforts pour rallier la cavalerie.

qu'elle s'appuya sur ce bataillon, pour se représenter au combat.

« La 8ᵉ demi-brigade commençait néanmoins à tourner la position de l'ennemi, lorsque celui-ci, profitant de l'avantage qu'il venait d'obtenir sur notre cavalerie, porta quatre à cinq mille hommes d'infanterie sur cette demi-brigade, qui n'était composée que de douze cents combattants. Le chef de bataillon Marcot, qui la commandait, donna l'exemple du courage aux braves qui étaient sous ses ordres ; mais il reçut un coup de feu, et il tomba au pouvoir de l'ennemi. Dès ce moment, la 8ᵉ demi-brigade, qui jusque-là avait soutenu cet engagement disproportionné, céda à la supériorité des ennemis et commença sa retraite sur Neuhausen, d'où elle fut rejoindre la division, et prendre position en avant du débouché de Tüttlingen.

« De part et d'autre, nous continuâmes à nous canonner avec la dernière vigueur, sans changer de position ; la nuit mit fin à ce combat opiniâtre, et j'établis mes troupes ainsi qu'il suit : la 25ᵉ d'infanterie légère, soutenue par les 4ᵉ et 5ᵉ régiments de hussards, sous les ordres du général Mortier, en avant du village de Liebtingen, pour garder la plaine ; la 67ᵉ demi-brigade, à la tête du bois, au débouché de la grande route de Tüttlingen à Liebtingen ; la 53ᵉ, au débouché de Tüttlingen à Neuhausen, où elle joignit la 8ᵉ demi-brigade ; deux forts détachements, tirés des 53ᵉ et 67ᵉ, se rendirent, par le bois, au débouché d'Emmingen, pour appuyer le 1ᵉʳ régiment de chasseurs à cheval, que j'y avais déjà placé. L'artillerie, réunie en une seule batterie, ayant, en arrière d'elle, le 17ᵉ régiment de dragons pour la soutenir, fut placée sur le rideau en arrière de Liebtingen, devant la 67ᵉ demi-brigade, pour battre la plaine et les débouchés du village.

« La nuit fut très-tranquille ; de part et d'autre, on s'occupa à emporter les blessés. Un peu avant le jour, je donnai ordre au général Mortier de replier en arrière de Liebtingen les troupes légères qui étaient en avant du village, et de placer la 25ᵉ demi-brigade dans des broussailles qui sont sur la gauche.

« Le 6 germinal (25 mars) toutes les troupes de l'avant-garde conservèrent leurs positions, sauf quelques légers changements. L'ennemi porta de l'infanterie et du canon dans Liebtingen, et il fit des dispositions qui parurent annoncer l'intention d'engager une nouvelle affaire. Mais ayant fait démasquer mon artillerie que j'avais tenue couverte et réunie en une seule batterie, elle le reçut de manière à l'étonner, l'obligea à s'arrêter, et le fit rentrer dans son camp, où il se tint tranquille. Nous y remarquâmes cependant du mouvement. L'ennemi envoya douze cents dragons de la Tour, de l'infanterie et du canon, pour occuper le village de Neuhausen.

« De mon côté, j'envoyai aussi le 4ᵉ régiment de hussards et deux pièces de quatre, pour joindre la 53ᵉ demi-brigade, à la tête du débouché de Tüttlingen sur Neuhausen, et le 1ᵉʳ régiment de chasseurs à cheval, avec les détachements d'infanterie qui l'avaient joint à Giessingen, pour défendre ce débouché et garder celui d'Emendingen.

« La bataille de Liebtingen a causé de grandes pertes aux ennemis, quoique l'avantage leur en soit resté. Nous leur avons fait trois mille prisonniers, parmi lesquels se trouvent cinquante officiers ; nous leur avons pris aussi deux obusiers ; en outre, ils ont eu plus de six mille hommes tués et blessés. Le lieutenant général prince de Fürstemberg est du nombre des premiers, ainsi que plusieurs autres officiers supérieurs. Le prince se portait, avec sa colonne, au secours d'une ligne d'infanterie que nous venions de renverser, dans une charge, lorsqu'une balle l'atteignit à la tête et le laissa mort dans le bois. Les ennemis ont également perdu considérablement de chevaux.

« Il paraît constant, d'après les rapports des déserteurs, que, pendant la bataille, l'archiduc Charles s'est beaucoup exposé ; il est presque toujours resté à la tête d'un corps de trois mille hussards, se portant partout où sa présence pouvait être nécessaire; mais ce corps fut tellement dispersé, que l'archiduc ne put en rassembler, le lendemain de l'affaire, qu'une très-faible partie. Les déserteurs disent aussi qu'on a retiré du champ de bataille plus de mille voitures de blessés autrichiens, qui ont été dirigés sur Stockach et Pfullendorf.

« Nous avons aussi à regretter des officiers recommandables et beaucoup de soldats, etc...[1] La conduite des corps et des militaires de tous grades, qui se sont trouvés à cette bataille, est au-dessus de tout éloge.

« Le 7 germinal (26 mars), l'avant-garde quitta la position qui est en arrière de Liebtingen et se replia sur Tüttlingen, où elle repassa le Danube et détruisit le pont; ensuite elle se dirigea sur Rothweil. L'ennemi ne fit poursuivre la division que par quelques escadrons des dragons de la Tour, qui cherchèrent à inquiéter la colonne dans sa marche. Le général Mortier, commandant l'arrière-garde, les ayant attendus au village de Weiler, sortit tout à coup de son embuscade, les chargea vivement avec le 5ᵉ régiment de hussards, il leur tua et blessa beaucoup de monde et leur fit trente prisonniers montés. Cette leçon rendit les autres plus circonspects, et nous continuâmes le mouvement, sans être de nouveau inquiétés. »

1. L'état de nos pertes était joint au rapport.

On voit par ce rapport que dans les deux batailles d'Ostrach et de Liebtingen, le plus grand effort de l'ennemi fut dirigé sur notre centre, qui ne consistait que dans la division d'avant-garde et dans la réserve de cavalerie; cette dernière même fut peu engagée. L'avant-garde ne reçut aucun secours des autres divisions, et leurs diversions ne furent même pour elle d'aucune utilité. Il était impossible, avec une pareille disproportion de forces, d'obtenir un meilleur résultat, quelle que fût la valeur déployée par nos soldats.

Au lieu d'éparpiller l'armée sur une étendue de douze milles d'Allemagne, on aurait dû la tenir concentrée, afin que les divisions pussent se soutenir mutuellement, et pour se procurer, sur un point donné, une supériorité relative sur l'ennemi. Un premier avantage obtenu en assurait d'autres : une fois la ligne ennemie rompue, on l'empêchait, par des mouvements rapides, de se reformer, et l'on en écrasait successivement les diverses parties qui étaient désunies. Il fallait, en un mot, imiter l'exemple que le général Bonaparte avait donné en Italie, deux ans auparavant, lorsqu'avec une armée constamment inférieure à celle des ennemis, mais qu'il avait soin de tenir toujours réunie, on le vit prendre et conserver toujours l'initiative des opérations, et parvenir à détruire cinq armées autrichiennes. C'est un très-grand défaut, à la guerre, de vouloir trop embrasser; on énerve ses forces, on se prive de la faculté de parer aux incidents imprévus qui peuvent surgir, on complique les opérations, et on fournit aux généraux subordonnés et qui sont livrés à eux-mêmes, l'occasion de s'abandonner à leur penchant pour l'indépendance.

Nos revers furent dus à l'oubli de ces règles, et leurs causes furent celles que j'ai déjà signalées : d'avoir embrassé beaucoup trop de terrain, d'avoir suivi le pernicieux système de marcher aux ennemis, sur autant de colonnes que l'armée comptait de divisions, de n'avoir pas réuni sous le même commandement les première et deuxième divisions avant leur attaque sur Stockach, d'avoir détaché le corps du général Saint-Cyr, pour aller au delà de Mœskirch tourner la droite des ennemis; enfin d'avoir fait continuer ce dangereux mouvement, lorsque l'avant-garde était déjà arrêtée dans les bois en avant de Liebtingen par l'excessive supériorité de nombre des Autrichiens, et lorsqu'il était démontré qu'elle ne pourrait pas se maintenir. Une seule de ces causes aurait suffi pour renverser le meilleur plan et pour faire perdre aux troupes le prix de leur courage.

Nous avons vu la première division, au moment d'arriver devant Stockach, se trouver dans l'impossibilité de renouveler son attaque et être forcée même à se retirer, parce que la deuxième division, qui devait la joindre pour cette attaque, était restée en arrière. Ces deux divisions apprirent, pendant la nuit, le fâcheux résultat de notre engagement, et elles reçurent l'ordre d'opérer immédiatement leur retraite : la première sur Neustadt, pour défendre la vallée de ce nom, qui aboutit au Brisgau ; la seconde sur les hauteurs de Brentz-Ebenen, d'où elle devait garder le débouché de Triberg et lier sa gauche à la division d'avant-garde. Celle-ci eut l'ordre de passer le Danube à Tüttlingen, de se diriger sur Rothweil, Kronschiltach et les hauteurs en arrière de Schramberg, pour défendre également les débouchés de la forêt Noire.

Le général Saint-Cyr s'était porté, ainsi que j'ai dit, du bois de Liebtingen sur Mœskirch. Arrivé à ce point, il fit prendre position à la 3e division, et il détacha le corps de flanqueurs du général Vandamme sur les derrières de l'armée autrichienne, dans la direction de la route de Pfullendorf. Ce général repoussa d'abord quelques détachements ennemis ; mais bientôt vivement ramené par des forces supérieures sur Mœskirch, il put être soutenu par le général Saint-Cyr. Ce dernier lui-même allait, à son tour, être enveloppé à la fois par les corps qui poursuivaient le général Vandamme, et par une forte colonne que l'archiduc Charles venait de détacher de son corps de bataille, en débouchant du bois de Stockach. Heureusement, à l'entrée de la nuit, plusieurs officiers, envoyés par le général en chef, purent parvenir jusqu'au général Saint-Cyr, pour l'instruire de ce qui s'était passé en avant de Liebtingen et lui remettre l'ordre d'opérer immédiatement sa retraite, d'aller passer le Danube à Sigmaringen et de se diriger sur Freudenstadt et le Knubis.

Les ordres de mouvement adressés aux diverses divisions m'avaient été communiqués par le général en chef. J'insistai auprès de lui pour rester en position, avec ma division, pendant toute la journée qui suivit la bataille de Liebtingen, afin de protéger ces mouvements et de contenir l'ennemi qui aurait voulu les inquiéter. Cette attitude, en effet, imposa à l'ennemi ; elle atteignit son but et elle contenta en même temps l'amour-propre des troupes, qui eurent ainsi l'honneur de séjourner sur un champ de bataille illustré par leur valeur. La retraite commença, le 27 mars (7 germinal); elle se continua avec beaucoup d'ordre et très-lentement, sans que les Autrichiens pussent trouver l'occasion de la troubler. Cependant, le 3 avril (14 germinal), la deuxième division ayant été tournée par sa droite, au débouché de Triberg, obligea, par sa retraite, l'armée à suivre son mou-

*Retraite de l'armée.*

vement et à repasser la chaîne de la forêt Noire, pour venir prendre, sur la rive droite du Rhin, une position plus concentrée et à portée des ponts de Kehl et de Neubrisach.

J'exécutai ce mouvement par la vallée de Kinzig, avec la division d'avant-garde et la deuxième division, mise temporairement sous mes ordres, pendant une absence que le général Souham avait été obligé de faire par des motifs de santé; j'établis ces deux divisions, la droite à Offenburg, sur la Kinzig, et la gauche dans la direction de Legelhurtz, pour couvrir le camp retranché de Kehl. Je n'eus, pendant cette retraite, que des engagements assez légers contre de fortes reconnaissances que l'ennemi dirigeait sur notre ligne, et contre un rassemblement de paysans qui, sous la direction de quelques officiers, essaya de nous disputer le défilé de Gengenbach, mais qui paya cher sa témérité. La troisième division était à notre gauche, défendant l'important débouché d'Oberkirch; la première division était chargée de protéger les ouvrages de la tête de pont de Neubrisach; enfin, le corps de flanqueurs du général Vandamme était à Lohr, sur la Schutter, pour éclairer le débouché de Fribourg.

Ces mouvements furent ordonnés par le général Ernouf, chef de l'état-major général, à qui le général en chef venait de remettre le commandement. Le général Jourdan avait espéré pouvoir défendre encore les débouchés de la forêt Noire, en attirant à lui le corps d'observation du général Bernadotte ; mais il n'avait pas pu obtenir ce mouvement. Le général Bernadotte avait de nouveau donné pour raison l'insuffisance de son corps, qui n'avait pas reçu les renforts promis par le gouvernement. Ainsi réduits à nos propres moyens, attaqués par un ennemi très-supérieur en force, et ne trouvant pas de ressources pour subsister, sur les âpres montagnes de la forêt Noire, nous jugeâmes que la retraite jusque dans la vallée du Rhin était pour nous une nécessité, et le général Ernouf ne fit que s'y conformer.

La santé du général Jourdan avait été fortement ébranlée par les fatigues de la campagne, et peut-être aussi par le chagrin que nos revers lui faisaient éprouver. Il fut à Strasbourg pour se rétablir, et il offrit sa démission au Directoire. Celui-ci avait les plus grands reproches à se faire. C'était lui qui avait entretenu le général en chef de fausses espérances, en lui promettant des renforts qui ne furent pas même mis en marche, et en le déterminant ainsi à entrer en campagne malgré toutes les représentations que le général n'avait cessé de faire. Mais c'était une raison de plus pour que le Directoire essayât de se décharger des torts et des fautes dont il était coupable, et de les mettre à la charge du général Jourdan. Il s'empressa, par conséquent, d'accepter la démission qui lui était offerte, et il investit le général Masséna du commandement en chef des armées sur le Rhin et en Helvétie, sous le nom d'armée du Danube, qui lui fut conservé. Les positions que nous avions prises autour de Kehl et de Neubrisach cessèrent d'être inquiétées par l'ennemi, qui dirigea la principale partie de ses forces sur la Suisse, et nous n'y laissâmes qu'un corps commandé par le général Souham.

Je reçus moi-même, quelques jours après, le 11 avril, l'ordre de me rendre à Bâle, pour y prendre le commandement d'une division. La Suisse allait devenir le principal théâtre de la guerre.

# NOTES ET PIÈCES

## DU CHAPITRE XI.

### N° 12.

*L'adjudant général Drouet au général Soult.*

Au quartier général à Willingen, le 16 ventôse.

Vous trouverez ci-joint, mon cher général, copie d'une lettre du général en chef au général Lefebvre. Il me charge de vous prier de reconnaître, sans perdre de temps, le terrain que vous occupez.

Les officiers que vous emploierez pour cet objet feront connaître aux patrouilles autrichiennes qu'ils rencontreront les dispositions pacifiques de notre gouvernement.

Salut et amitié,

DROUET.

## ARMÉE DU DANUBE.

### AVANT-GARDE.

*Au général de division Lefebvre.*

Au quartier général à Willingen; le 16 ventôse.

Le général en chef me charge, citoyen général, de vous faire connaître que l'intention du Directoire exécutif est que les armées de la République ne commettent les hostilités, qu'autant qu'elles y seraient forcées par les attaques de celles de l'ennemi. Le mouvement en avant que l'armée vient de faire ne doit être regardé que comme un mouvement de précaution, pour s'assurer des positions importantes. En conséquence, vous voudrez bien, général, établir votre ligne d'avant-postes de la manière la plus avantageuse, et ordonner expressément de ne point attaquer les patrouilles ennemies, mais de se tenir seulement sur la défensive, et de ne point faire usage de leurs armes, que dans le cas où elles seraient elles-mêmes attaquées, ou que le général en chef en ordonnerait autrement.

Le général Jourdan vous invite, général, à profiter de ce moment de repos, pour faire reconnaître avec soin le terrain que vous occupez, et pousser les reconnaissances le plus avant possible, sans se compromettre. Il faut également répandre avec profusion les proclamations qui vous ont été adressées, et employer tous les moyens pour en faire parvenir aux armées autrichiennes.

Salut et fraternité,        S. Dautlanne.

# CHAPITRE XII

## SOMMAIRE DU CHAPITRE XII.

Situation des armées en Suisse. — Insurrection des petits cantons. — Combats d'Altorff et du Saint-Gothard. — Opérations au centre. — Combats sur la Thur et la Toss. — Bataille du Zurichberg. — Retraite de l'armée sur l'Albis.

# CHAPITRE XII.

Les événements qui venaient de remplir la première partie de la campagne rendaient l'occupation de la Suisse de plus en plus importante. Les armées ennemies ne pouvaient rien entreprendre sur la France, avant de nous en avoir éloignés, et en les attirant sur nous, nous préservions nos frontières. Mais nous ne pûmes nous y maintenir que par une suite de combats à outrance, en luttant contre la nature autant que contre l'ennemi, souvent mourant de froid sur le sommet des glaciers, et souvent menacés d'être engloutis par les neiges. Ce n'était pas le moment, et il ne nous appartenait pas, d'examiner si le gouvernement n'aurait pas mieux fait de respecter l'indépendance de la Suisse et de conserver sa neutralité, pour couvrir cette partie de nos frontières. Nous étions là, pour faire notre devoir; il nous traçait la conduite que nous avions à tenir pour faire triompher les armes françaises, venger des revers que la valeur de nos soldats n'avait pu empêcher, et atténuer l'effet des désastres qui se succédaient en Italie.

Cette tâche n'était pas au-dessus des forces du général Masséna ; il l'embrassa avec confiance, et il la remplit avec gloire, en assurant le succès de ses audacieuses entreprises par la sagesse de ses calculs, et en surmontant les obstacles par sa persévérance. Aussi la France reconnaissante lui attribua avec raison de l'avoir sauvée dans cette campagne mémorable.

Un nouvel assaut, livré par le général Masséna aux retranchements de Feldkirch, le même jour où nous faisions d'inutiles efforts à Liebtingen, n'avait pas eu meilleur succès que les précédents, malgré tous les prodiges de valeur du général Oudinot. Il fallait attendre, pour prendre de nouvelles dispositions, que le général Jourdan se fût élevé à la hauteur de l'armée d'Helvétie. Mais lorsque le général Masséna apprit que l'armée du Danube avait au contraire été obligée de se replier sur les débouchés de la forêt Noire, il se hâta de se renforcer dans la défense des têtes de pont qu'il avait fait élever à Stein, à Schaffhouse et à Eglisau, sur la rive droite du Rhin, au-dessous du lac; il augmenta la garnison de Constance et fit perfectionner les ouvrages du camp retranché du Petit-Bâle. Il voulait entretenir ses communications avec l'armée du Danube, ainsi que lui offrir un appui, si, après s'être fait joindre par une partie de l'armée d'observation, le général Jourdan parvenait à se reporter en avant, comme il en avait annoncé le projet.

Cette disposition du général Masséna était excellente sous tous les rapports, et si elle ne put pas servir à l'armée du Danube pour un retour d'opérations offensives, elle lui fut très-utile pour sa retraite, en contenant les ennemis qui furent mis dans l'impossibilité de nous poursuivre. En effet, ils se seraient exposés à être pris en flanc et à revers par ces débouchés que le général Masséna s'était réservés sur le Rhin. Aussi l'archiduc jugea-t-il avec raison que la première opération qu'il eût à entreprendre était de s'emparer de ces débouchés, avant de commencer les opérations contre l'aile droite du général Masséna, dans les Grisons. Ces dernières opérations devaient être favorisées par les progrès que les armées russe et autrichienne allaient faire en Italie. Mais l'archiduc perdit beaucoup de temps aux attaques des têtes de pont de Stein, de Schaffhouse et d'Eglisau, ainsi qu'à l'attaque de Constance, où il employa une flottille de chaloupes canonnières, équipée par l'Anglais Williams. S'il avait enlevé ces postes rapidement, aussitôt après la retraite du général Jourdan et avant que les moyens de défense en eussent été augmentés, ce mouvement nous eût fait perdre une grande partie de la Suisse et eût exposé à un grand danger l'armée du général Masséna, dont la droite, encore engagée vers les sources de l'Im et de l'Adige, eût peut-être été forcée de chercher un refuge en Italie. Dans ce même moment, les habitants des petits cantons, réunis à ceux des Grisons qui s'étaient insurgés de nouveau, venaient de pénétrer en force jusqu'à Reichenau, au-dessus de Coire. Si les Autrichiens les eussent soutenus, le passage par ces montagnes pouvait être interdit à nos troupes; tandis que le général Masséna eut le loisir de soumettre cette insurrection et de protéger le retour du corps commandé par le général Lecourbe. En même temps, il usa du commandement supérieur dont il venait d'être investi, pour faire entrer en Suisse des renforts qui lui donnèrent le moyen de se mettre en défense sur les points principaux.

*Situation des armées en Suisse.*

Ainsi il ne laissa sur le bas Rhin que les troupes indispensables pour entretenir la petite guerre contre divers corps d'observation que l'archiduc y avait détachés, et contre les rassemblements de paysans. L'armée d'observation, qui était toujours en avant de Mannheim et dont le général avait été renouvelé, fut chargée de pourvoir à ce service, ainsi que de veiller à la conservation des camps retranchés de Kehl et de Dusseldorf, et à celle des places de Mannheim, de Mayence et d'Ehrenbreitstein. Tout le restant de l'armée fut dirigé sur la Suisse, et j'y retrouvai la plupart des troupes que je venais de commander. Je venais aussi de recevoir ma nomination au grade de général de division (avril 1799), dont j'exerçais les fonctions depuis la bataille de Liebtingen[1].

Je réunis ma nouvelle division dans le Frickthal, et je fus chargé de la rive gauche du Rhin, depuis le confluent de l'Aar jusqu'à Bâle. Les ennemis faisaient alors supposer, par leurs mouvements, qu'ils avaient le projet de passer le fleuve à Waldshuth ou à Seckingen, et de forcer notre gauche. Mais ces démonstrations n'avaient pour objet que de masquer l'attaque des postes que nous avions encore sur la rive droite. Le 13 avril, le général autrichien Nauendorff se présenta devant Schaffhouse et entra de vive force dans la ville, malgré l'opiniâtre résistance que lui opposa le détachement qui la défendait. L'ennemi ne put cependant empêcher cette petite troupe de repasser le Rhin et de se mettre à l'abri d'une nouvelle attaque, en brûlant le pont.

La perte de Schaffhouse et la retraite de la garnison de Constance, qui fut, pendant plusieurs

---

1. Voir, à la fin du chapitre, la composition de l'armée en Suisse, n° 13.

jours, vivement canonnée par la flottille de l'Anglais Williams, déterminèrent le général en chef à faire évacuer les postes de Stein et d'Eglisau.

En se bornant à ces avantages, les ennemis firent voir que, pour le moment, ils n'avaient pas le projet de pousser plus loin leurs conquêtes de ce côté. On en tira la conséquence qu'ils allaient diriger leurs efforts vers le haut Engadin et le pays des Grisons, pour forcer le corps du général Lecourbe, qui continuait à occuper ces deux pays, à se retirer, tandis qu'en même temps l'archiduc couvrirait les levées extraordinaires qui se faisaient dans le Tyrol, qu'il favoriserait les opérations des armées alliées en Italie, et qu'il donnerait l'appui de ses forces aux habitants des petits cantons dont l'insurrection faisait, de jour en jour, des progrès alarmants pour nous.

La guerre que les ennemis allaient ainsi porter au milieu des Alpes, était une guerre de postes, où la nature, l'art et la valeur des troupes nous permettaient de balancer la supériorité des Autrichiens et de gagner du temps. Le général Masséna était trop habile pour ne pas profiter de l'avantage momentané que lui donnaient ces nouvelles dispositions de l'ennemi. Jugeant, d'après elles, qu'il ne serait point inquiété sur sa gauche, il donna à sa droite tous ses soins, disposa des corps intermédiaires pour la soutenir, éleva des retranchements sur tous les débouchés, pressa la formation de plusieurs demi-brigades helvétiques qui, par la suite, lui furent d'un utile secours, et se hâta de pacifier les cantons de Schwitz, d'Uri et d'Unterwald, dont les habitants ayant pris les armes, avaient leurs avant-postes à Einsiedlen et menaçaient de marcher sur Zurich.

Je fus chargé de l'opération délicate d'aller les réduire, de les désarmer et de rétablir la paix dans leurs montagnes. Leur insurrection avait été accompagnée de grands excès. Au moment où elle avait éclaté, un grand nombre de Français épars dans ces cantons avaient été arrêtés, dépouillés et assassinés; de petits détachements avaient été surpris; les uns avaient vendu chèrement leur vie, d'autres avaient pu capituler, mais ils avaient été jetés dans les prisons. L'exaltation des esprits était à son comble et l'insurrection s'étendait rapidement; une foule d'agents autrichiens jetaient des promesses parmi ces populations simples, et leur annonçaient de prompts secours. Un gouvernement insurrectionnel, qu'un des chefs venait d'installer à Altorff, à l'imitation des fondateurs de la liberté helvétique, dirigeait tout ce mouvement.

Dans cette situation des esprits, l'indulgence ou la sévérité pouvaient également faire échouer mon entreprise. L'indulgence pouvait être considérée comme une marque de faiblesse, et l'impunité déterminer de nouveaux soulèvements. Il m'était aussi ordonné d'obtenir une prompte réparation des traitements inhumains qui avaient été exercés sur nos soldats, et de prendre des mesures efficaces, pour assurer, dans l'avenir, la sécurité de l'armée. Mais la sévérité avait également ses inconvénients : elle pouvait exciter les insurgés à la résistance, les déterminer à faire dépendre leur salut de leur courage, leur rappeler l'exemple de leurs pères qui s'étaient affranchis de la servitude autrichienne, nous engager enfin dans une nouvelle guerre qui emploierait une partie de nos forces et ferait une diversion favorable à l'ennemi.

Cette dernière considération me parut décisive. Elle venait se joindre à la répugnance que j'éprouvais pour des mesures rigoureuses, qui auraient confondu les innocents avec les coupables, et qui auraient pesé sur des populations dont le plus grand tort était de s'être laissé entraîner, tandis que les instigateurs et les chefs seraient, pour la plupart, parvenus à s'y soustraire. J'estimais le caractère suisse qui avait conservé des vertus antiques ; j'étais frappé de ses nobles qualités et j'avais le ferme espoir qu'il saurait comprendre ma modération. Je fus ainsi affermi dans le parti de la clémence, et je voulus n'avoir recours aux moyens de rigueur qu'à la dernière extrémité. Je pris sous ma responsabilité le pardon général que je désirais commencer par offrir aux insurgés.

Le 2 mai (12 floréal), je me présentai devant leur premier rassemblement qui était campé à Rothenthurm, près d'Einsiedlen. Ceux qui le composaient me donnèrent d'abord beaucoup de peine, pour éviter l'engagement qu'ils provoquaient par leurs bravades, et pour leur faire entendre des paroles de paix. Je parvins pourtant à faire répandre dans leurs rangs des exemplaires de ma proclamation, et j'en appuyai l'effet par l'appareil de mes forces qui étaient prêtes à les attaquer. Ils furent ébranlés et m'envoyèrent des députés pour me proposer leur soumission, à la condition de ne pas être recherchés sur le passé. Je le promis, et à l'instant le rassemblement fut dispersé, les armes furent déposées, la confiance se rétablit, et cette heureuse nouvelle se répandit dans les environs.

Je m'arrêtai quelques heures à Rothenthurm, pour donner le temps aux autres rassemblements, qui occupaient divers postes dans le canton, d'être instruits de ce qui venait de se passer, et pour les engager à suivre cet exemple ; puis je partis pour Schwitz avec ma division. Pendant la marche, j'éprouvai la satisfaction de voir les paysans venir en foule déposer leurs armes sur la route, offrir à ma troupe des rafraîchissements et nous témoigner leur reconnaissance. A une lieue de Schwitz, je

*Entrée à Schwitz*

vis venir l'ancien landammann, le respectable Réding, avec plusieurs magistrats du canton. Lorsque l'insurrection avait éclaté, ils avaient fait tous leurs efforts pour s'opposer aux désordres, et ils étaient parvenus à sauver le restant de quatre compagnies de la 76ᵉ demi-brigade, qui se trouvaient alors à Schwitz. Ces compagnies avaient soutenu un combat, avaient perdu du monde, et elles eussent été entièrement détruites sans l'intervention de ces hommes généreux. Incertains encore de l'accueil que j'allais leur faire, les habitants de Schwitz eurent l'idée, en venant à ma rencontre, de se faire précéder par nos soldats qu'on venait de faire sortir de prison. Cette médiation n'était pas nécessaire; j'avais proclamé un pardon général, et j'aimais mieux oublier les injures passées que les venger. Mais je fus vivement touché de la conduite de nos braves soldats, dont plusieurs portaient la marque de leurs récentes blessures et qui n'en venaient pas moins intercéder pour leurs ennemis. J'éprouvai plus d'émotion encore, lorsque j'arrivai au milieu d'une population à laquelle étaient venus se joindre la plupart des habitants du canton. Je venais en libérateur et j'apportais la paix, la sécurité, l'oubli du passé, dans ce lieu où, quelques heures auparavant, régnaient les alarmes, l'anxiété, l'effroi de l'avenir. Le changement si rapide et si heureux qui se faisait dans la situation produisait une allégresse générale qui se traduisait par toute sorte de démonstrations. Quant à moi, la réception qui m'a été faite par cette bonne population ne sortira jamais de ma mémoire, et j'éprouve une jouissance nouvelle, toutes les fois que j'y reporte mes souvenirs. En faisant le bien, tout homme s'en procure une pareille.

Le canton de Schwitz se trouva ainsi entièrement pacifié, sans que le sang eût été versé et sans que la moindre atteinte eût été portée aux propriétés. Mais les cantons d'Uri et d'Untervald restaient encore à soumettre, et leur soumission présentait de plus grandes difficultés. Ces difficultés me préoccupaient moins que la crainte de voir un nouvel orage éclater sur mes derrières. Pour maintenir le pays dans la soumission, et pour protéger l'administration du directoire helvétique, le général en chef avait pris la disposition de faire remplacer mes troupes, à mesure que j'avançais, par des demi-brigades suisses, dont les soldats, levés pour la plupart dans le canton de Zurich, annonçaient l'intention de renouveler d'anciennes inimitiés et d'exercer des vengeances sur le canton de Schwitz. A leur suite venaient des agents envoyés par le gouvernement, qui, pour augmenter leur importance, et peut-être aussi pour faire leurs affaires personnelles, voulaient traiter en rebelles et poursuivre ceux qui, sur la foi de mes promesses, venaient de se soumettre. Tout était perdu, si j'avais laissé continuer cet odieux système de réaction et si je n'étais parvenu à faire éloigner les soldats suisses : le peuple aurait repris les armes pour sa défense et recommencé une guerre civile qui eût augmenté nos embarras.

Je me hâtai d'écrire au général en chef :

« Schwitz, le 13 floréal an VII.

« J'apprends à l'instant, mon général, que les troupes helvétiques avancent sur nos derrières et qu'elles ont pris position à Schindellegi. Une de mes ordonnances les y a rencontrées, et à son retour, on l'y a retenue, pour lui persuader que de nouveaux attroupements étaient formés à Rothenthurm. Ce matin, l'ordonnance est passée à Rothenthurm ; elle n'y a vu aucun rassemblement et y a reçu le meilleur accueil de la part des habitants ; tout était parfaitement tranquille. En semant de pareils bruits et en manifestant des dispositions aussi violentes, il est certain qu'au lieu d'apaiser la révolte, on ne fera que l'exciter. Les esprits sont encore aigris ; il faut beaucoup de douceur pour les ramener entièrement. Je crois que par ce moyen on y parviendra plus sûrement que par une rigueur outrée, qui nous engagerait dans une longue et désastreuse guerre. Vous connaissez la haine qui existe entre les habitants de divers cantons; si on les met en contact, elle se propagera et elle produira de funestes effets. Je vous prie de réfléchir à ces considérations, elles sont de nature à fixer votre attention. »

Je disais dans une autre lettre : « On a envoyé de Lucerne un commissaire du gouvernement helvétique, pour suivre mes opérations. Cet agent est accompagné par l'ancien préfet de Schwitz, qui s'était sauvé, au premier avis qu'il eut que les habitants voulaient se soulever. Ce dernier est, je crois, un homme bien dangereux : il ne parle que de vengeance, et il paraît regretter que les insurgés aient été dissous pacifiquement. Je ne serais même point étonné qu'il entreprît de dénaturer mes dispositions, au résultat desquelles il devrait être le premier à applaudir. »

Ces représentations que j'adressais au général en chef, furent heureusement écoutées par lui. Les premières instructions qu'il m'avait données étaient très-sévères, à l'instigation sans doute des autorités helvétiques; elles portaient que les rebelles devaient être traités sans miséricorde. Mais son bon esprit le fit revenir facilement sur ces dispositions; d'après ce que je lui représentai, il rappela immédiatement les demi-brigades helvétiques et il fit donner l'ordre aux commissaires du gouvernement de se retirer. Je crus alors pouvoir me confier à la loyauté des habitants de Schwitz, malgré toute l'insistance que le directoire helvétique mettait à m'entraîner dans une voie différente [1], et je me disposai à continuer mon expédition sur les cantons d'Uri et d'Unterwald, que la nouvelle constitution avait réunis sous le nom de canton de Waldstetten. Je n'allais pas y trouver la même soumission qu'à Schwitz, et je m'attendais à faire usage de la force. Je me fis cependant précéder par une proclamation pareille à celle que j'avais adressée au canton de Schwitz, et j'y ajoutai l'heureux résultat qui venait d'être obtenu ; mais elle avait besoin d'un appui plus efficace.

Le principal rassemblement des insurgés était posté à Altorff, et il avait à sa tête un ancien officier, nommé Schmitt, retiré du service de France, qui avait un caractère énergique, de l'audace, la connaissance de l'état militaire, et le titre de président du gouvernement insurrectionnel, qu'il avait lui-même établi. La position qu'il avait prise était on ne peut mieux choisie. Couverte, sur ses flancs, par des montagnes que les neiges rendaient encore inaccessibles, elle avait sur son front (à la rive orientale du lac des Quatre-Cantons) une ligne continue de bons retranchements garnis d'artille-

---

1. Voir, à la fin du chapitre, n° 14.

rie, dont la droite allait s'appuyer aux rochers escarpés de Fluelen, et la gauche à la Reuss, près de son embouchure dans le lac. Les parapets avaient été renforcés par une grande quantité de ballots de marchandises pris à la douane d'Altorff, et tout annonçait la détermination de faire la plus opiniâtre résistance.

J'avais fait tout ce qui était possible pour éviter l'effusion du sang, mais je ne pouvais différer plus longtemps d'accomplir ma mission. Elle devenait, de jour en jour, plus urgente. Il fallait, à tout prix, rouvrir l'importante communication sur Bellinzona, où le corps du général Lecourbe devait se diriger en évacuant l'Engadin. Je ne pouvais mettre à mon opération d'autre délai que celui qui était indispensable pour faire mes préparatifs et pour rendre décisifs les premiers coups que je porterais.

En été, j'aurais pu faire partir une colonne du Muttenthal et la diriger, à travers la chaîne du Bruhnwald, sur Spiringen, dans le Schachenthal, d'où elle se serait portée sur Burglen et Altorff, pour prendre à dos la ligne ennemie. J'avais même engagé la 53ᵉ demi-brigade dans cette direction, sur l'assurance qu'on m'avait donnée que les âpres sentiers qu'elle devait suivre étaient déjà praticables aux gens du pays. Mais pendant la nuit, il tomba une si grande quantité de neige, que la demi-brigade fut forcée de rétrograder et ne put participer à l'action. Je la fis suppléer par deux autres colonnes, que je destinai à faire diversion sur les deux rives du lac des Quatre-Cantons, en passant par les dangereux sentiers qui sont à peine tracés à travers ces précipices. La première colonne, composée d'un bataillon, s'était avancée de Stantz sur Siblisberg et Bauen ; elle dut gagner Seedorff et Attinghausen, vis-à-vis Altorff, pour s'emparer du pont de la Reuss, qui est entre ces deux endroits, et pour m'ouvrir au besoin un débouché. La seconde, forte de trois compagnies détachées à Sissiden, eut ordre d'aller, par la chapelle de Guillaume Tell et par les rochers qui sont au-dessus de Fluelen, inquiéter la droite des ennemis, pendant que moi-même, à la tête de la colonne principale, je me proposais de les attaquer de front.

*Combat d'Altorff.*

Je ne pouvais amener cette colonne que par le lac, pour débarquer en face des retranchements ennemis. Je fus retardé d'abord par la difficulté de réunir les transports nécessaires, et ensuite par les vents contraires, qui nous retinrent, pendant trois jours, au port de Brunnen, près de Schwitz. Enfin, le 9 mai, le temps devint favorable, et je me hâtai d'en profiter. Mon rapport au général en chef contient tous les détails de mon opération.

« Steig, le 19 floréal an vii.

« Je m'empresse, mon cher général, de vous rendre compte du succès de mon expédition. Ce matin, à 3 heures, je me suis embarqué à Brunnen avec trois pièces d'artillerie légère, la 1$^{re}$ demi-brigade de ligne, trente chasseurs à cheval du 1$^{er}$ régiment, et une compagnie de sapeurs, me dirigeant sur Fluelen et Seedorff. A 7 heures, étant à hauteur des postes avancés des insurgés, j'ai ordonné le débarquement. Le 1$^{er}$ bataillon de la 1$^{re}$ demi-brigade l'a opéré au pied des rochers à droite et à hauteur de Seedorff, d'où il a gagné ce village, ensuite celui d'Attinghausen, et s'est porté sur Steig, en suivant les deux rives de la Reuss. Le 2$^{e}$ bataillon de la même demi-brigade a débarqué au fond de la baie qui est à gauche de Fluelen; il a gravi les montagnes, tourné le village, et il s'est porté, par Altorff, en avant de Burglen, dans le Schachenthal. L'artillerie, les chasseurs à cheval et les sapeurs ont suivi ce mouvement, qui a été protégé par la colonne que j'avais fait passer au bord du lac, et qui s'était portée au-dessus de Fluelen, tandis que l'attaque de droite a été secondée par le bataillon de la 103$^{e}$ demi-brigade, venu de Bauen.

« Les rebelles avaient deux mille hommes et

quatre pièces de canon, pour s'opposer au débarquement; ils étaient parfaitement retranchés dans la plaine et tenaient toutes les hauteurs. Nous avons trouvé partout la plus vive résistance; mais aussitôt que nous avons eu gagné terre, les ennemis ont été abordés, au pas de charge, et mis en déroute, du premier choc. Les retranchements enlevés, l'artillerie prise, des armes abandonnées, une grande quantité de marchandises éparses sur le champ de bataille, et beaucoup d'hommes tués, sont les résultats de cette action, qui compte au nombre de ses victimes le fameux Schmitt, auteur de l'insurrection.

« Les insurgés qui sont parvenus à s'échapper se sont retirés partie dans le Schachenthal, d'où ils ont gagné les montagnes, et partie par Steig sur Wasen. Ceux-ci ont répandu le bruit que, si nous les forcions à ce dernier endroit, ils passeraient le Saint-Gothard, pour aller en Italie.

La 53ᵉ demi-brigade devait, comme je vous l'ai annoncé par ma dernière, partir du Muttenthal et se diriger sur Spiringen, dans le Schachenthal, d'où elle se serait portée sur Burglen et Altorff, pour couper la retraite aux insurgés. Ce mouvement était même commencé, mais la nuit dernière, il est tombé une si grande quantité de neige sur les montagnes, que la 53ᵉ, ne pouvant avancer, a été forcée de retourner sur ses pas. J'espère qu'elle me rejoindra aujourd'hui. Pendant la nuit, je réunirai les deux demi-brigades entre Steig et Silenen, pour marcher de bonne heure à la poursuite des insurgés et les chasser au delà des monts. Le 3ᵉ bataillon de la 103ᵉ restera en avant d'Altorff, pour contenir le pays et faire rentrer les habitants, dont la plupart sont épars dans les montagnes.

« Les insurgés devaient incessamment recevoir des renforts du Valais, du pays des Grisons et de la Levantine; déjà deux cents hommes de cette dernière contrée étaient arrivés. La défaite qu'ils ont éprouvée, en avant d'Altorff, a fait retirer ces auxiliaires et a empêché les autres d'arriver.

« Je reçois à l'instant une de vos lettres, pour la faire passer au général Lecourbe; j'en aurai peut-être des nouvelles quand je serai à Urseren. D'après le compte que je viens de vous rendre, vous devez juger qu'il n'est pas aisé de communiquer avec lui. »

Cette première défaite éprouvée par les insurgés, les pertes qu'ils avaient faites, et surtout celle de leur général, devaient commencer à les ébranler; mais, pour atteindre les derniers rassemblements qui continuaient à résister, il fallait leur ôter la possibilité d'arrêter notre marche dans le long défilé que nous devions suivre pour gagner Bellinzona, par le mont Saint-Gothard. Dans ce défilé, le moindre obstacle, soutenu par cent hommes déterminés, pouvait rendre tous nos efforts inutiles et nous forcer à revenir sur nos pas. Rien n'était plus facile que d'obstruer ou de couper le chemin qui est presque partout suspendu sur les abîmes, de détruire quelques ponts, surtout le pont de la Reuss, appelé le pont du Diable, qui réunit les bords d'un précipice, et de boucher le trou d'Uri, étroite galerie percée à travers une montagne, et qu'il est impossible d'éviter.

La crainte que j'avais de rencontrer ces obstacles n'était pas sans fondement. Des prisonniers m'avaient même prévenu que je trouverais, à Wasen, un corps d'insurgés disposé à défendre la difficile entrée de ce village, et que les hommes qui n'avaient pas d'armes avaient été envoyés sur les montagnes taillées à pic, au delà de Wasen, et au pied desquelles serpente la route, pour faire rouler des rochers sur nos têtes, si, après avoir forcé le passage à Wasen, nous nous engagions dans le défilé. Ils ajoutaient qu'on avait le projet de détruire le pont du Diable, et que sur le sommet du mont Saint-Gothard, on avait tracé dans les neiges un camp retranché où, comme à Altorff, les balles de marchandises, trouvées en dépôt à l'hospice, servaient de revêtement.

Il fallait la plus grande célérité, pour prévenir, s'il était possible, ces préparatifs de défense. Le 11 mai, avant le jour, je fis attaquer et enlever de vive force le poste fortifié de Wasen, où les insurgés éprouvèrent d'assez grandes pertes. Nous entrâmes aussitôt dans le défilé et nous forçâmes notre marche, pour prévenir, à Urseren, de nouveaux rassemblements. J'avoue que l'horrible fracas des masses de rochers, qu'un ennemi invisible précipitait incessamment sur nous, me causa un instant d'inquiétude, et que ma troupe étonnée hésita, un moment, à s'engager plus avant. Déjà une douzaine de soldats étaient écrasés ; l'effroi gagnait les autres, la route s'embarrassait, et le désordre qui se prolongeait dans la colonne rendait notre position de plus en plus critique. Heureusement, un détachement de flanqueurs que j'avais, en sortant de Wasen, fait diriger sur les crêtes des montagnes, parvint, à travers mille périls, à les escalader et à éloigner ceux qui nous accablaient. Nous pûmes continuer notre marche rapide, et, le même jour, nous parvînmes encore à sauver le pont du Diable, qu'on commençait à détruire, ainsi qu'à débarrasser le passage du trou d'Uri, qui était obstrué. Nous arrivâmes ainsi à Urseren.

Après ces affreux précipices, et au sortir du trou d'Uri, où l'on est plongé dans l'obscurité, on se trouve tout à coup dans le joli bassin d'Urseren, qui fait le contraste le plus frappant avec le chaos qui l'environne et qui semble être produit par les convulsions de la nature. A l'autre extrémité de ce bassin, et au pied du mont Saint-Gothard, est le village de l'Hôpital. J'y arrêtai mes troupes, pour leur donner un jour de repos et pour prendre des renseignements sur les nouvelles dispositions de défense des insurgés. J'expédiai le rapport suivant au général en chef :

« Urseren, 24 floréal (14 mai) an VII.

Combat du Saint-Gothard.

« Je vous rends compte, mon général, d'une nouvelle affaire que j'ai eue avec les insurgés. Après que je les eus défaits à Wasen et empêchés, par la rapidité de ma poursuite, de se rallier à Urseren et à Hôpital, ceux du Valais se retirèrent dans leur pays, par Réalp; les autres, la plupart émigrés du canton de Waldstetten, auxquels s'étaient joints quelques renforts venus de la Levantine, s'étant arrêtés sur le mont Saint-Gothard, se retranchèrent dans les neiges, au moyen de balles de coton et de soie qu'ils avaient trouvées au dépôt de l'hospice ou fait venir d'Airolo. Aucun émissaire n'était revenu, et les reconnaissances que j'avais avancées vers le mont ne m'ayant pas donné de renseignements satisfaisants, je partis moi-même, hier au matin, avec la première demi-brigade d'infanterie de ligne, commandée par le général Bontemps, pour aller m'assurer de ce qui se passait au mont Saint-Gothard. A moitié chemin du village de l'Hôpital à l'hospice, nous rencontrâmes les insurgés qui avaient pris une position resserrée entre deux rochers, que la route traversait. Il fallait défiler, un à un, pour y parvenir, et suivre une pente extrêmement rapide, où l'on enfonçait dans la neige jusqu'au milieu du corps. Cinq compagnies de la première demi-brigade reçurent l'ordre de gravir la montagne, dite Matten-Alpenly, de la tourner, et de venir ensuite attaquer les insurgés sur leurs derrières.

« Nos soldats déployèrent la plus grande audace, quoiqu'ils fussent exposés, non-seulement au feu de l'ennemi qui, de son côté, avait également envoyé des troupes pour s'emparer du sommet de la montagne, mais encore à la chute des avalanches que le mouvement rendait plus fréquente, et au danger imminent d'être entraînés dans les abîmes, à la descente des rochers, qu'ils ne pouvaient effectuer qu'en se laissant glisser sur la neige. Toutes ces difficultés, à force d'audace, furent heureusement surmontées. Les insurgés, n'ayant pu se maintenir sur la montagne, et voyant qu'ils allaient être enveloppés entre les deux rochers, se retirèrent dans leurs retranchements sur le mont même du Saint-Gothard, où je les fis suivre. Ici je rencontrai les mêmes difficultés et je répétai la même manœuvre, en dirigeant trois compagnies de la première demi-brigade sur la droite des insurgés, par la montagne dite Bley-Berg. J'obtins le même résultat ; les ennemis forcés sur tous les points, débordés à droite et ne pouvant plus se défendre dans leurs retranchements, se sauvèrent en déroute sur Airolo.

« Il tomba dans ce moment une si grande quantité de neige, que le ralliement de la première demi-brigade en fut retardé ; la trace des chemins fut perdue, le temps obscurci. On ne pouvait avancer qu'avec une extrême précaution, pour éviter de s'égarer dans les précipices, et nos soldats manquaient de crampons pour se soutenir. Cependant je donnai ordre au général Bontemps de poursuivre les insurgés au delà d'Airolo, où je me rendis moi-même. A cinq heures du soir, nous étions maîtres de ce dernier endroit ; j'en suis revenu à minuit, laissant le général Bontemps avec la 1re demi-brigade, pour continuer la poursuite, et après lui avoir recommandé de porter, ce matin, une reconnaissance vers Faido. A mon départ, l'avant-garde était déjà à Manderana.

« Les rebelles ont eu beaucoup d'hommes tués

et considérablement de blessés; la neige était couverte de traces sanglantes qu'ils avaient laissées, en cherchant à gagner les montagnes, où un grand nombre se sont dispersés. J'ai aussi éprouvé quelques pertes; je n'en connais pas au juste le détail, mais j'ai connaissance d'une douzaine de soldats qui ont été engloutis dans les neiges ou par des avalanches. En suivant la route, on avait ordinairement de la neige jusqu'aux genoux, et jusqu'à la ceinture, si on allait sur les côtés.

« Le résultat de cette opération va nous assurer la communication jusqu'à Bellinzona; car d'après les renseignements que j'ai recueillis, les insurgés avaient déclaré que, s'ils étaient battus, ils se retireraient en Italie. Cela leur sera difficile, si, comme on l'annonce, Bellinzona est déjà occupée par nos troupes.

« Je dois des éloges à la première demi-brigade et particulièrement au chef de bataillon des Graviers-Berthelot, qui la commande, etc.... »

Par un second rapport du même jour, je mandais au général en chef :

« Mon aide de camp, que j'avais laissé à Airolo, arrive à l'instant; il me rend compte que les insurgés ont été poursuivis jusqu'à Ambri, où hier, à onze heures du soir, on se battait encore. Un carnage horrible a été fait, sans qu'on pût porter ces malheureux à la soumission. La route était jonchée de cadavres et les montagnes remplies de fuyards; il en reste par conséquent très-peu qui soient réunis.

« Le sous-préfet d'Ambri a demandé par écrit à capituler, au nom des habitants de la Levantine, surtout pour le peuple qui, dit-il, n'a été qu'égaré. Je lui fais répondre de remettre sur-le-champ les armes et les munitions et de livrer les auteurs de la révolte; sans cela, point de rémission pour le passé.

« Les renseignements que je reçois annoncent que le général Loison est arrivé à Bellinzona, et que, dans cette partie, il a aussi battu les insurgés. Je fais occuper Réalp, qui ferme l'entrée du Valais; j'ai aussi des troupes en avant du second débouché sur la même vallée; j'enverrai des reconnaissances vers le mont Furca. Le désarmement continue, et les paysans rentrent chez eux.... »

Deux jours après, le 26 floréal (16 mai), je rendis compte au général en chef de la fin de cette expédition.

« Tout est enfin terminé, mon cher général; le restant des rebelles qui était encore dans la Levantine s'est dispersé, partie dans les montagnes, et partie dans la vallée de Maggia. Hier, mes troupes ont fait leur jonction avec celles du général Lecourbe, en avant de Faido; ainsi la communication avec Bellinzona est rétablie, et vos dépêches ont passé.

« Les prisonniers de la 103ᵉ demi-brigade, que les insurgés avaient emmenés, m'ont été rendus, hier, à Giornico.

« Aujourd'hui, toutes les troupes sont en mouvement, pour se rendre à la nouvelle destination que vous m'avez donnée (dans le Frickthal); j'en aurai, ce soir, à Schwitz. La 1ʳᵉ demi-brigade repasse le Saint-Gothard à midi; j'espère être, dans deux jours près de vous, à Zurich. »

Je partis, en effet, pour me rendre à Zurich, près du général en chef. Mais je devais m'embarquer à Fluelen, pour traverser une partie du lac des Quatre Cantons. Lorsque j'y arrivai, les chaloupes de ma flottille n'étaient pas encore revenues de Lucerne, où elles avaient dû faire un transport. J'étais pressé; j'acceptai la proposition que me firent les bateliers de Fluelen, de me conduire sur une de leurs embarcations. Ces hommes avaient fait partie des derniers rassemblements et ils s'étaient trouvés tous au combat d'Altorff, où ils avaient certainement perdu quelque parent ou quelque ami. Cependant, j'avais une telle confiance en leur bonne foi, que je n'hésitai pas à me mettre entre leurs mains, sans escorte, et n'ayant avec moi que mes aides de camp.

Nous partîmes. La rame en main, nos douze

<small>Chapelle de Guillaume Tell.</small>

conducteurs commencèrent aussitôt à discourir sur les événements qui venaient de se passer, et naturellement ils remontèrent jusqu'à l'histoire des fondateurs de leur liberté, histoire dont la tradition est fidèlement conservée parmi eux. L'entretien était d'autant plus intéressant, qu'à mesure qu'on découvrait les points où les actions s'étaient passées, ils avaient soin de nous les faire remarquer, et, chaque fois, avec un redoublement d'enthousiasme. Ce fut avec orgueil qu'ils nous montrèrent la chapelle de Guillaume Tell, située sur un rocher au bord du lac et au lieu même où ce héros échappa au tyran Gessler. Nous en étions si près, qu'ils me proposèrent de m'y conduire, pour me faire admirer, disaient-ils, la hardiesse de l'entreprise, et pour me faire contempler les traits de leur illustre libérateur. Ils avaient excité ma curiosité, et ils s'étaient exprimés de manière à me faire accepter leur proposition; ma complaisance à céder à leur désir leur fit plaisir. J'éprouvai moi-même de l'émotion en entrant dans ce sanctuaire, où les principales actions de la vie de Guillaume Tell sont peintes à fresque sur les murs. Mes conducteurs voulurent me les raconter : « Le voyez-vous, me dirent-ils, s'associant à Stauffacher de Schwitz, et à Arnold d'Unterwald; ici, il abat la pomme placée sur la tête de son fils, et il montre au tyran la seconde flèche qu'il lui destinait, si la première avait manqué son coup; là, il s'élance de la barque, sur ce même rocher où nous sommes; plus loin, l'arc en main, il attend que Gessler se présente pour l'immoler à sa vengeance; le voici qui délivre la terre de ce monstre; enfin, dans ce tableau, il raconte à ses confédérés les détails de sa victoire, et il leur fait jurer de s'affranchir avec lui de la servitude. » Mes compagnons de voyage s'animaient de plus en plus, lorsqu'un d'eux s'écria, en me regardant fixement : « Les Suisses de ce temps-là valaient mieux que les Suisses d'aujourd'hui, si nous leur avions ressemblé, jamais vous n'auriez pénétré dans nos montagnes! — Je n'en sais rien, lui répondis-je ; autres temps, autres événements, et vous avez bien aussi vos qualités ; mais il se fait tard, reprenons notre navigation. » L'espèce d'amende honorable qu'ils avaient voulu faire, les avait calmés ; ils partirent sans répliquer, et deux heures après, ils me débarquèrent à Brunnen, près de Schwitz, où nous nous quittâmes fort bons amis.

Je passai quelques jours auprès du général en chef, qui me témoigna toute sa satisfaction sur l'heureux résultat de mon expédition ; il accorda toutes les récompenses que je lui demandai, et il approuva les dispositions que j'avais prises dans les petits cantons, pour assurer le maintien du bon ordre. Nous nous entretînmes de la suite de la campagne ; puis je retournai dans le Frickthal, avec ma division.

Nous touchions au moment où l'archiduc Charles allait déployer toutes ses forces, pour attaquer le centre de notre ligne, qui était la partie de l'armée la plus exposée. Il avait voulu commencer par dégager l'Engadin et le pays des Grisons. Cependant, les attaques des Autrichiens, dans cette partie, furent devancées par l'insurrection des petits cantons. Ce fut une faute, en cette circonstance, de n'avoir pas mis le temps à profit; et quel qu'ait été le motif de la temporisation de l'archiduc, soit qu'il trouvât la saison encore trop peu avancée pour engager ses troupes dans les hautes montagnes, soit qu'il voulût attendre les progrès de l'armée d'Italie, il ne nous en laissa pas moins le loisir de réduire l'insurrection avant l'arrivée des secours qui auraient dû la soutenir. Le 1$^{er}$ mai, cependant, les généraux Hotze et Bellegarde, qui commandaient dans le Voralberg et le bas Engadin, combinèrent leurs dispositions pour attaquer simultanément le corps du général Lecourbe et la division Ménard, qui défendait l'entrée des Grisons, en avant de Lucis-Steig.

Ce poste, extrêmement fortifié avant qu'il fût en notre pouvoir, venait d'être perfectionné par beaucoup d'ouvrages et bien garni d'artillerie. Il était la clef du pays des Grisons, et il interceptait les communications des divers corps autrichiens entre eux. Ce fut par là qu'ils commencèrent, par conséquent, leurs opérations, mais aux deux premières attaques, le général Hotze fut repoussé avec des pertes considérables. Averti par ce revers des dispositions qui devaient assurer le succès de son entreprise, ce général renouvela, le 14 mai, son attaque, avec de plus grandes forces et de nouvelles dispositions; il parvint, à l'aide des habitants du pays, à faire passer une colonne sur la sommité des rochers qui servaient d'appui à notre ligne, et à la prendre à revers. Deux bataillons de la 14<sup>e</sup> demi-brigade d'infanterie légère qui, jusque-là, avaient fait la plus belle résistance, durent céder ainsi à la supériorité du nombre, et, malgré leurs efforts pour se rallier et pour s'ouvrir un passage, ils furent en partie détruits.

A la même époque, le général Lecourbe était également obligé d'évacuer l'Engadin. Déjà, dans le courant d'avril, le général Desolles, menacé par la vallée de l'Adige, avait dû passer dans celle de l'Inn, pour se réunir au général Lecourbe; mais bientôt après, il avait été rejoindre l'armée d'Italie. Le général Lecourbe était réduit à sa seule division, lorsque, le 1<sup>er</sup> mai, il fut vivement attaqué à Ramis et à Zernetz, par le général Belle-

Retraite du général Lecourbe de l'Engadin.

garde. L'affaire fut très-glorieuse pour le général Lecourbe, qui repoussa l'ennemi avec de grandes pertes; mais il sentit qu'il ne pouvait pas tenir plus longtemps dans cette position aventurée, et il opéra sa retraite sur Lenz, pour rentrer dans la vallée du Rhin. La brigade Loison avait été laissée dans la Valteline; elle passa par Chiavenna, le val San-Giacomo et le Splugen, où elle rejoignit le général Lecourbe. Ce dernier avait eu la pensée de rester sur le Rhin, en se portant à Tusis; mais le général en chef sentait qu'il était désormais impossible de tenir la vallée du Rhin supérieur; il fallait concentrer l'armée, et je devais être rappelé au centre, où le danger devenait, de jour en jour, plus pressant. Le général Lecourbe fut destiné à garder l'important débouché de la Reuss, et il eut en conséquence l'ordre de descendre à Bellinzona, pour remonter au Saint-Gothard, mouvement qu'il opéra sans pouvoir toutefois emmener son artillerie, qui ne put suivre à travers de pareilles montagnes[1]. C'était pour favoriser ce mouvement et pour rouvrir la communication avec les généraux Lecourbe et Loison, qu'en arrivant sur le Saint-Gothard, j'avais précipité mes opérations sur Airolo et la haute Levantine. La marche du général Lecourbe fut aussi

---

1. Voir, à la fin du chapitre, n° 15.

secondée par les défaites que les insurgés des vallées du Rhin et des Grisons venaient de subir. Ces insurrections, excitées par les agents autrichiens, avaient éclaté lors de la première attaque du général Hotze sur Lucis-Steig, et elles avaient formé des rassemblements considérables à Reichenau, près de Coire; mais, dans l'intervalle des deux attaques, le général Ménard avait eu le temps de se porter sur ces rassemblements, de les refouler jusqu'à Dissentis, et de les disperser après une action meurtrière.

Quoique l'évacuation de l'Engadin, par le général Lecourbe, eût ouvert, depuis plusieurs jours, le pays des Grisons aux Autrichiens, le général Bellegarde, retardé par les difficultés du passage de l'Albula-Berg, n'y pénétra que le lendemain de la prise de Lucis-Steig. A son arrivée à Coire, le 16 mai, il dirigea des colonnes, pour s'emparer des divers passages sur le Rhin, et pour poursuivre l'arrière-garde du général Lecourbe, qui se retirait, par Dissentis, sur le Saint-Gothard. Il essaya même de ranimer l'insurrection; mais les populations des vallées du Rhin et des petits cantons se souvenaient trop bien de la leçon qu'elles venaient de recevoir, pour s'y exposer de nouveau; et de son côté, le général Lecourbe, en se rapprochant du Saint-Gothard, avait pourvu à la défense des sentiers qui y aboutissaient.

Le général Lecourbe fit ainsi facilement sa retraite sur le Saint-Gothard; mais il n'y resta que le temps nécessaire pour rallier ses troupes. Quelques jours après, il descendit à Wasen, où il prit une forte position; elle servait de base à une défensive active, qui couvrait tous les débouchés sur le lac de Lucerne. Les généraux Bellegarde et Jellachich y dirigèrent plusieurs attaques, qui furent repoussées. Renonçant alors à forcer le général Lecourbe, ils se portèrent dans le canton de Glaris, sur le lac de Wallenstadt.

De son côté, le général Hotze, après la prise de Lucis-Steig, fit passer le Rhin à son corps d'armée, vis-à-vis Balzers et Mayenfeld, repoussa sans peine nos postes jusqu'au delà du lac de Wallenstadt, entra par Verdenberg dans la vallée de la Thur, pour pénétrer dans le Toggembourg, fit occuper le Rhinthal, Appenzell, le canton de Saint-Gall, et se prépara à joindre, dans la Turgovie, la principale armée de l'archiduc Charles, lorsque celle-ci, après avoir passé le Rhin, à Stein et à Schaffouse, vint s'étendre sur la Thur.

Le plan de campagne de l'archiduc avait alors reçu un si grand développement, qu'il devenait, de jour en jour, plus difficile d'en borner les progrès. Les Autrichiens étaient maîtres des deux rives du Rhin, depuis sa source jusqu'au confluent de la Thur, des versants de la Reuss jusque près du lac de Lucerne, du cours de la Linth jusqu'à toucher le territoire de Zurich, de l'entrée du Valais, des passages du Saint-Gothard, du Simplon, du Saint-Bernard, et de toutes les principales chaînes des Alpes, dont ils tenaient les sommités. Débordant notre droite, pouvant librement communiquer avec l'armée d'Italie, ils avaient en outre une immense supériorité de forces sur nous, tandis que nous n'avions, pour les arrêter, que la faible barrière de la Thur. Il paraissait ne plus y avoir d'obstacle pour retarder notre défaite, même avant l'arrivée de l'armée russe du général Korsakow, qui accélérait sa marche pour prendre part à la victoire, et nous nous trouvions menacés, non-seulement de perdre, en Suisse, nos derniers appuis au dehors, mais de ne pouvoir empêcher l'exécution du grand plan d'invasion de la France. L'armée autrichienne devait franchir le Jura, ce qui la portait sur la partie la plus faible de nos frontières, puis ouvrir aux armées alliées d'Italie, qui déjà s'avançaient en Piémont, les débouchés de la Savoie, et porter ainsi le théâtre de la guerre dans l'intérieur même de la république.

Il semblait que la France ne pouvait échapper au danger qui la menaçait; elle y parvint cependant. Parmi les causes qui contribuèrent à la sauver, on doit remarquer d'abord les fautes commises par les alliés, qui disséminèrent leurs forces en Italie, au point que, malgré leur grande supériorité numérique, la plus forte partie de l'aile gauche de l'armée de l'archiduc dut quitter la Suisse, pour aller les renforcer. Il faut aussi citer la rivalité de commandement entre les généraux russes et autrichiens, surtout entre le prince Charles et le maréchal Souwarow, généralissimes tous deux, et qui recherchaient également la gloire sans partage, comme j'aurai bientôt l'occasion de le faire remarquer. Enfin l'antipathie nationale entre les deux armées peut aussi y avoir joué un rôle. De notre côté, au contraire, il y avait unité; nous avions un général en chef doué de rares qualités; sa persévérance à lutter contre la fortune, sa perspicacité à démêler les projets des ennemis, son habileté à profiter de leurs fautes, nous inspiraient une entière confiance en lui. Il y avait aussi la connaissance familière que nos généraux avaient acquise de l'art de la guerre dans les montagnes, l'intelligence de nos officiers, et celle même de nos soldats, qui, dans une guerre de postes et de détachements, savaient se frayer des passages, se ménager des issues, et se procurer des ressources que d'autres troupes n'auraient pu trouver. Ces avantages étaient loin de compenser notre infériorité de nombre et de position, mais ils en atténuaient l'effet, et ils nous aidaient à prolonger notre résistance, en attendant que nous pussions rencontrer une occasion favorable, une faute que les ennemis pourraient commettre, et en profiter.

Néanmoins, cette résistance devenait chaque jour plus difficile, et le cercle se rétrécissait autour de nous ; les faibles succès que nous remportions ne parvenaient même pas à suspendre le cours des opérations ennemies. Ainsi, dans les premiers jours de mai, le général Masséna avait essayé de faire une diversion sur la droite de l'archiduc, en faisant partir un fort détachement du camp retranché, en avant du petit Bâle, et en l'envoyant faire une incursion dans le Brisgau ; il avait espéré attirer de ce côté l'attention de l'archiduc, et le distraire de l'attaque qu'il dirigeait sur les Grisons. Mais l'archiduc avait deviné le général français ; il n'avait tenu aucun compte de cette tentative isolée, et promptement contenue par le corps d'observation que les Autrichiens avaient de ce côté, et il avait immuablement poursuivi l'exécution de son plan.

Le général Masséna ne pouvait cependant pas tarder plus longtemps à concentrer son armée, soit pour marcher aux ennemis, les rejeter au delà du Rhin, et gagner de nouveau l'appui du lac de Constance, soit pour prendre une position centrale, sous la protection de laquelle il pût attendre les renforts qui lui étaient annoncés, et l'effet de la diversion qu'on avait l'espoir d'obtenir de l'armée d'observation, si cette armée pouvait déboucher de Mannheim, pour menacer la Souabe. Le général Masséna se prépara à ce dernier parti, en faisant construire un camp retranché sur le Zurich-Berg, pour couvrir Zurich et la rive droite de la Limmath. Ce n'était pourtant qu'un pis-aller, et, avant de le prendre, le général Masséna voulut essayer une opération offensive, en se plaçant avec son centre entre la principale armée de l'archiduc Charles, qui, de Stein et de Schaffouse, où elle avait passé le Rhin, s'était portée à Andelfingen, sur la Thur, et le corps du général Hotze, qui était en marche pour la joindre par la vallée de la Thur, Appenzell et Saint-Gall.

*Opérations sur la Thur et la Toss.*

Trois divisions d'infanterie, ayant chacune une brigade de cavalerie et un bon train d'artillerie, formant ensemble près de vingt mille hommes, furent destinées à s'opposer à la réunion de ces deux corps, et à les attaquer séparément. Ma division en faisait partie et formait la réserve des deux autres divisions. Le 25 mai, le général en chef se mit à notre tête, et nous fit marcher, sur trois colonnes, de Winterthur à la rencontre des ennemis.

La colonne de droite, commandée par le général Oudinot, suivit la route qui conduit à Frauenfeld, et donna sur l'avant-garde du général Hotze;

cette dernière, fatiguée d'une marche de nuit et attaquée à l'improviste sur un terrain désavantageux, fut presque détruite. Mais, après avoir dépassé Frauenfeld, nous trouvâmes, entre cette ville et la Thur, la réserve du général Hotze en position ; elle soutint l'engagement et obligea même le général en chef à disposer de la colonne de la réserve, que ses premières instructions avaient dirigée sur Altikon. On se battit avec acharnement jusqu'à la nuit, et les pertes furent très-considérables de part et d'autre. Les demi-brigades suisses attachées à ma division montrèrent autant de courage que nos troupes ; mais le général Weber, leur commandant, officier d'un rare mérite, ayant été tué vers la fin de l'action, au moment où les ennemis tentaient un dernier effort pour nous repousser, ses troupes, privées de leur chef, fléchirent et découvrirent le rideau qu'elles devaient défendre. Le lendemain matin, notre aile droite se replia sur la montagne appelée Steig-Pass, entre Frauenfeld et Winterthur.

A son début, notre colonne de gauche eut aussi des succès. Partie de Pfungen sur la Toss, elle se dirigea sur Andelfingen ; en approchant de cette ville, elle enleva tous les postes autrichiens qui étaient sur la rive gauche de la Thur. Les régiments de Barco et de Mezaros-hussards, chargés de les soutenir, furent culbutés et jetés dans la

Thur, malgré les efforts des généraux Kienmayer et Piaczeck, qui furent l'un et l'autre blessés. Nos troupes s'emparèrent même du pont d'Andelfingen ; mais le feu dominant de la rive opposée les empêcha de s'y maintenir ; l'engagement se soutint avec vivacité, d'un bord à l'autre, jusqu'à la fin de la journée. Pendant la nuit, nos troupes se replièrent, et le lendemain elles rejoignirent la colonne de droite sur le Steig-Pass.

Les efforts que nous fîmes sur la rive gauche de la Thur, pour empêcher la réunion des deux corps autrichiens et les rejeter au delà du Rhin, furent donc sans succès. Si les Autrichiens essuyèrent des pertes considérables, nous en éprouvâmes aussi, et les ennemis remplirent leur but, car la jonction de l'archiduc et du général Hotze s'opéra. Il en fut de même à la position du Steig-Pass. Dès le matin du 26, le général Hotze s'y présenta avec son corps d'armée, et il recommença l'engagement. Le général Masséna avait garni de tirailleurs les deux bois qui sont sur les flancs de cette montagne, et il avait fait soutenir ces tirailleurs par nos lignes d'infanterie et de fortes batteries plongeant leurs feux dans les replis du terrain. Plusieurs fois les colonnes ennemies se présentèrent courageusement, et tant que nous n'eûmes affaire qu'aux troupes du général Hotze, elles furent constamment repoussées en désordre ; mais dans l'après-midi, l'archiduc Charles les fit renforcer par des troupes de son armée, et l'attaque reprit avec une nouvelle fureur. Malgré notre vive résistance, nous fûmes forcés d'abandonner la position, pour aller, le même jour, nous remettre en bataille sur la gauche de la Toss.

Le combat recommença encore, le lendemain matin; mais le général en chef reçut bientôt l'avis qu'une colonne autrichienne venait de passer le Rhin à Églisau, et qu'elle manœuvrait pour tourner notre gauche. Nous nous mîmes aussitôt en marche pour nous rapprocher de Zurich; c'est ce qui rendit ce troisième engagement beaucoup moins sérieux que les deux premiers. Quoique très-inférieur en forces, le général Masséna ne cédait le terrain que pied à pied, et après avoir défendu opiniâtrément toutes les positions qui offraient le moindre moyen de résistance. Il voulait retarder, autant que possible, le moment où il serait obligé de se concentrer derrière la Limmath et le lac de Zurich; il jugeait avec raison, qu'en disputant ainsi aux Autrichiens les avantages qu'ils remportaient, au prix de si grands sacrifices, il les forcerait, à la longue, à devenir moins entreprenants et à nous laisser quelque repos.

D'après ce plan, nous ne pouvions nous dispenser de nous arrêter sur la Glatt. Cette rivière sort du lac de Greifensee, coule dans des terrains marécageux au pied de la montagne de Zurich-Berg, à une lieue et demie de Zurich, et va se jeter dans le Rhin, au-dessous d'Églisau. Le général Masséna considérait la Glatt, où, en temps ordinaire, on ne trouve pas de gué, comme le poste avancé du Zurich-Berg. Par conséquent, il l'avait fait retrancher avec soin, couvrir d'abatis, et munir d'une bonne artillerie pour défendre les approches de Zurich. En quittant les bords de la Toss, la Glatt nous fut donc indiquée pour nouvelle position. Ma division ayant moins souffert que les deux autres dans les combats précédents, fut destinée à défendre la droite du camp retranché, où l'on croyait que les ennemis dirigeraient leurs principaux efforts. Je pris ma ligne depuis Herliberg, sur le lac de Zurich, jusqu'au ruisseau de Seebach, lequel se réunit à la Glatt, au-dessous de Schwamendingen, et j'occupai, en avant de mon centre, les villages d'Ebmatingen et de Fellanden, sur le Greifensee. La division Oudinot prit position, à ma gauche, sur la Glatt, pour y défendre une ligne de redoutes, se reliant au système du camp retranché. Le général en chef porta l'autre division sur la rive gauche du lac de Zurich, pour l'opposer aux ennemis, qui, de ce côté, faisaient déjà des progrès alarmants.

C'était une grande opération que d'entreprendre de nous forcer au Zurich-Berg, où tous les moyens de défense avaient été réunis; et les ennemis parurent avoir cette opinion, à en juger par le temps qu'ils mirent à faire leurs préparatifs, et par le soin qu'ils portèrent à reconnaître les endroits accessibles de notre position. En attendant, ils nous resserraient de plus en plus, et ils refoulaient nos postes avancés. Nos reconnaissances qui éclairaient les mouvements des colonnes autrichiennes, et les prisonniers qu'elles nous ramenaient, nous apprirent que l'archiduc, dont le quartier général était établi à Kloten, ne différait son attaque, que pour la rendre générale et y employer la plus grande partie de son armée, mais que ses dispositions annonçaient plus particulièrement le projet de porter sa principale attaque sur notre droite. La bataille qui se donna prit, en effet, cette direction; elle commença le 2 juin, de grand matin, et elle ne finit que le 4, fort avant dans la nuit.

Voici mon rapport au général en chef.

« Birmensdorff, le 19 prairial an vii (7 juin 1799).

« Les différents mouvements que la division a faits m'ont empêché, mon cher général, de vous adresser mon rapport sur les combats qu'elle a eu à soutenir pendant les journées des 14, 15 et 16 de ce mois. Je profite du premier moment de tranquillité pour remplir ce devoir.

*Bataille du Zurich-B*

« Le 14, l'ennemi attaqua en force la brigade de droite aux ordres du général Humbert. L'étendue que cette brigade occupait, ne lui ayant pas permis de faire une longue résistance dans ses postes avancés, je lui donnai ordre de se replier, et d'appuyer sa droite au lac de Zurich, en arrière de Zollikon, sa gauche, au bois qui est en arrière de Witikon, et de se lier, par Geeren, à la brigade du centre, que je fis en même temps retirer de Fallanden, pour prendre la position en arrière de Dubendorff. Sur cette nouvelle ligne, l'engagement se soutint avec un égal succès ; à dix heures du soir, on se battait encore ; l'obscurité de la nuit fit cesser le combat.

« Les dispositions de l'ennemi, que j'avais observées, faisaient croire que, le lendemain, l'attaque serait plus générale, et je m'étais préparé à la soutenir. Elle commença à trois heures du matin, mais elle ne se porta encore que sur la brigade de droite. L'ennemi engagea l'affaire avec six bataillons d'infanterie, le régiment de Waldeck-dragons et neuf pièces d'artillerie. On se battit toute la journée, par une pluie continuelle, sans avantage décidé, de part ni d'autre ; le mauvais temps fut sans doute cause que l'engagement ne fut pas plus général. Pourtant nous fîmes éprouver aux Autrichiens une perte considérable en hommes tués ou blessés ; nous leur fîmes aussi cinq cents prisonniers, parmi lesquels se trouvent plusieurs officiers. Le soir, nous reprîmes nos positions. Pendant la nuit, l'ennemi ayant fait avancer de nouvelles troupes, renforça tous ses points d'attaque, pour se préparer à la bataille du lendemain.

« Le 16, à six heures du matin, l'attaque fut générale, sur tout notre front. L'ennemi la commença avec vingt pièces de canon, et fit passer la Glatt à ses troupes légères, tandis que, portant ses principales forces sur le centre de la division, en avant de Wilbach, il l'attaqua vigoureusement, et fit filer des colonnes d'infanterie, pour s'emparer de la montagne qui est à droite. Le centre se maintint dans sa position; mais, vers les deux heures de l'après-midi, l'ennemi, débouchant avec des forces infiniment supérieures, s'approcha du chemin de communication de la montagne, et ayant débordé les troupes qui le défendaient, il les obligea, pour éviter d'être entièrement enveloppées, à se retirer sur le Zurich-Berg.

« La brigade de gauche, commandée par l'adjudant général Werlé, et attaquée en même temps que celle du centre, fit durer sa résistance, une heure de plus, en tête du village de Schwamendingen et sur la hauteur en arrière; ensuite elle entra dans le camp retranché, pour assurer la défense des abatis.

« Pendant ce temps, les troupes aux ordres du

chef de brigade Brunet, qui fait les fonctions de général de brigade, continuaient à se battre dans le bois de Witikon. Différentes charges furent exécutées, et l'ennemi, qui avait cherché à s'établir dans cette partie, fut forcé à la retraite, après avoir perdu beaucoup de monde.

« Le général Humbert se défendait avec un égal succès, sur la droite, jusqu'au lac de Zurich. La brigade qu'il commande arrêta l'ennemi, qui voulait déboucher, entre le Zurich-Berg et la ville, et le força à reprendre ses positions du matin. De part et d'autre, on se maintint jusqu'au soir, malgré les tentatives que l'ennemi fit, à plusieurs reprises, pour se porter en avant.

« Partout on se battit avec acharnement; mais au centre, cet acharnement fut au delà de toute expression. Nos troupes avaient été repoussées jusqu'au dedans des abatis. Diverses charges, exécutées avec vigueur par l'infanterie, ne purent éloigner du bois les ennemis, qui, profitant de cet avantage et de leur supériorité, rassemblèrent, au pied du Zurich-Berg, une nouvelle colonne de troupes fraîches, composée de six bataillons de grenadiers hongrois, du régiment de Bender-infanterie, et de la garde d'honneur de l'archiduc, pour forcer les abatis et attaquer nos retranchements. A hauteur de cette masse, les troupes qui avaient combattu dans la journée se formèrent aussi, sur plusieurs colonnes, et attendirent que le signal fût donné, pour s'avancer au même moment. Je me trouvais justement au Zurich-Berg, lorsque, sur les huit heures du soir, un feu roulant de mousqueterie, soutenu par des décharges à mitraille de toute notre artillerie, m'avertit que les ennemis approchaient. L'embrasement était général; alors le Zurich-Berg ressemblait à un énorme volcan couvert de flammes. La résistance fut des plus opiniâtres; on se battit corps à corps et à coups de crosses, avec les grenadiers hongrois. Néanmoins, les abatis furent forcés, et les ennemis se répandirent au milieu de nos retranchements.

« Il n'y avait de ressource que dans un coup d'audace. Je pensai qu'en prenant en flanc les troupes qui avaient forcé notre ligne, et à la faveur de leur désordre, je les mettrais en déroute; qu'avec elles j'entraînerais aussi celles qui n'avaient pas encore débouché, et que j'assurerais ainsi le succès de la journée. J'avais près de moi, en réserve, quelques compagnies de la 1re demi-brigade d'infanterie de ligne et de la 14e d'infanterie légère. Tous les officiers de mon état-major, prévenus de ma détermination de payer de nos personnes, se réunirent à l'instant près de moi, et nous-mêmes, l'épée à la main, nous fonçâmes sur les ennemis. Le choc fut si rude, qu'ils ne purent le soutenir. Culbutés, taillés et mis en pièces, ils se précipitèrent vers le pied de la montagne, où ils entraînèrent la garde du prince et tous ceux qui la suivaient. Les grenadiers hongrois, qui avaient pénétré dans l'intérieur des retranchements, se trouvant alors coupés, se dispersèrent, au nombre de plus de mille, dans les bois en arrière, d'où nos patrouilles, pendant la nuit et la journée du lendemain, les retirèrent et les amenèrent prisonniers à mon quartier général.

« Après cette défaite, l'ennemi ne disputa plus la victoire et nous laissa le champ de bataille. Il comptait si bien sur le succès de sa dernière attaque, qu'il ne fit avancer la garde du prince que pour en partager l'honneur avec les grenadiers hongrois ; ceux-ci mis en déroute, les gardes furent entraînés et partagèrent leur sort.

« Ainsi, les Autrichiens ne pénétrèrent dans nos lignes que pour y trouver leur perte. D'après leur aveu, ils étaient vingt-cinq mille hommes pour l'attaque du Zurich-Berg. L'archiduc Charles les commandait en personne, et il avait près de lui un de ses frères. Ils laissèrent plus de deux mille morts sur le dernier champ de bataille, d'où ils retirèrent plus de trois mille blessés, et, comme je l'ai dit, nous leur fîmes en outre plus de mille prisonniers. Le général Hotze et quatre autres généraux furent blessés.

« Je n'avais, tout au plus, que sept mille hommes à opposer aux ennemis ; aussi je ne puis trop louer la valeur de ces braves, que je regrette de ne pouvoir tous citer, car pour cela il faudrait nommer tous les militaires de ma division. Mais parmi ceux qui se sont le plus distingués, je mettrai ces intrépides soldats qui se sont battus à coups de crosses et corps à corps, dans les abatis, avec les grenadiers hongrois ; je mettrai aussi les canonniers de la 2ᵉ et ceux de la 7ᵉ compagnie du 7ᵉ régiment d'artillerie légère, dont le feu à mitraille n'a pas été un instant interrompu ; ils s'étaient mis en chemise, pour avoir plus d'agilité, etc., etc. »

Ce rapport se terminait par l'état de nos pertes, dont le total était de douze cent cinquante hommes; il ne rendait compte que de ce qui s'était passé sur le front de ma division, où, comme je l'ai dit, les ennemis avaient dirigé leurs plus grands efforts. Cependant, à ma gauche, la division Oudinot fut attaquée, en même temps, et avec une égale fureur, et elle repoussa de même les Autrichiens, avec une grande perte. Mais le général Oudinot y fut blessé, en communiquant à ses troupes sa valeur et son sang-froid.

Si la victoire est à celui qui reste maître du champ de bataille, l'honneur de la bataille du Zurich-Berg appartient incontestablement à l'armée française, puisqu'elle repoussa les ennemis, se maintint dans ses positions, et y séjourna même le lendemain. Cet honneur lui est également dû, si l'on considère la disproportion des combattants, les efforts de courage qui furent faits, et le nombre de morts, de blessés et de prisonniers qu'il y eut, de part et d'autre. Si, au contraire, on attribue la victoire à celui qui recueille les avantages, les Autrichiens, sous ce rapport, furent les vainqueurs.

Nous avions passé la journée du 6, entourés de tout ce qui attestait notre victoire de la veille; nous nous préparions à soutenir un nouvel assaut, si les ennemis revenaient nous attaquer, comme on s'y attendait. L'ordre était donné de continuer la défense au Zurich-Berg, et j'avais pris mes dispositions en conséquence. Mais le général en chef fut instruit que l'avant-garde de l'aile gauche de l'archiduc s'était portée de Glaris sur Einsiedlen, d'où elle s'avançait sur la rive gauche du lac de Zurich, et menaçait de faire de nouveaux progrès vers la ville, qui renfermait le quartier général de l'armée.

Le général Masséna n'avait aucune troupe à opposer à ce nouveau corps ennemi; ses deux ailes étaient trop loin, et d'ailleurs trop occupées elles-mêmes; l'aile droite était engagée aussi avec l'ennemi, et l'aile gauche était nécessaire sur l'Aar et la basse Limmath, pour en défendre les passages. On pouvait encore moins prendre au centre, sans rendre la défense du Zurich-Berg impossible. Le moment était venu d'exécuter le mouvement rétrograde et celui de la nouvelle concentration de l'armée, que le général en chef prévoyait déjà depuis plusieurs jours, et pour lesquels il avait déjà donné ses instructions éventuelles[1]. Ces considérations devaient l'emporter sur le maintien du camp retranché, quoique la première pensée eût été d'y continuer la défense. Ainsi, le camp retranché fut évacué dans la nuit du 6 au 7 juin ; tout ce qui appartenait à l'armée sortit de Zurich, et les divisions du centre furent s'établir sur la célèbre position de l'Albis. Le général en chef établit son quartier général à Bremgarten, sur la Reuss.

La retraite de l'armée sur l'Albis forme une phase remarquable dans la campagne de Suisse. L'armée prit une position qui ne changea plus, de tout le courant de l'été, et où elle attendit l'occasion de reprendre une offensive heureuse. Voici quelle était cette position au mois de juin 1799.

Un corps détaché, commandé par le général Xaintrailles, d'abord destiné à aller renforcer l'armée d'Italie, occupait le Valais, où il s'était

*Retraite sur l'Albis.*

---

1. Voir, à la fin du chapitre, n° 16.

arrêté pour soumettre les habitants insurgés de cette vallée. Il s'y passa des scènes déplorables, que je préfère me dispenser de décrire. Le général Xaintrailles fut plus tard remplacé par le général Turreau, qui répara, autant qu'il était en son pouvoir, les excès commis avant son arrivée.

L'aile droite, composée de deux faibles divisions, aux ordres du général Lecourbe, avait quitté la partie supérieure du lac des Quatre-Cantons, pour venir appuyer sa droite à la partie inférieure, placer son centre en avant du lac de Zug, sur la rive gauche de la Sihl, et sa gauche vers le lac de Zurich. Le corps autrichien du général Jellachich était opposé à cette aile ; il s'étendait depuis Brunnen, près de Schwitz, où il avait un gros détachement avec une forte batterie, sur la rive droite de la Sihl jusqu'au lac de Zurich ; il occupait Einsiedlen, Schindellegi, et il avait des postes sur le lac Egeri.

Les divisions du centre étaient campées sur l'Albis, rameau détaché des Alpes, qui sépare le lac de Zurich et la vallée de la Limmath, de la vallée de la Reuss, et qui est en face de Zurich ; elles étendaient leur droite sur la rive gauche de la Sihl jusqu'au pont de Sihlbruck. La ligne passait devant Zurich, joignait au-dessous d'Alstetten les bords de la Limmath, suivait le cours de cette rivière jusqu'à l'Aar et ensuite l'Aar jusqu'à son confluent avec le Rhin. Ces divisions avaient devant elles les principales forces de l'archiduc, qui occupaient la rive droite de la Limmath, et qui avaient en avant de Zurich une forte avant-garde. Ma division était précisément opposée à cette avant-garde.

Les bords du Rhin, depuis l'Aar jusqu'à Rhinfelden, étaient défendus par un corps d'observation.

L'aile gauche enfin gardait le camp retranché du petit Basle et la position de l'Arrach, sur la rive droite du Rhin, plutôt pour couvrir Basle et donner à notre gauche un excellent appui, que pour inspirer des craintes sérieuses au corps détaché de l'armée autrichienne qui lui était opposé.

Par rapport à l'étendue que nous devions embrasser avec notre armée, de beaucoup inférieure à celle des ennemis, il était impossible d'occuper une ligne plus resserrée et par conséquent d'une défense plus avantageuse. Sa bonté ne fut pourtant appréciée qu'après en avoir fait l'épreuve, en déjouant l'essai que les Autrichiens, pour nous en éloigner, firent, le 8 juin, presque aussitôt que nous y fûmes établis.

Mais, avant d'entrer dans le détail de ces nouvelles opérations, j'ai besoin d'exposer quelle était alors la situation générale des armées françaises, situation qui exerçait une puissante influence sur celle de notre armée en Suisse. C'était surtout l'armée d'Italie, dont l'action sur nous était immédiate, qui nous faisait sentir cette influence. Nous avions, à l'ouverture de la campagne, concerté avec elle nos dispositions, et nos opérations étaient liées avec les siennes. Nous en étions désormais séparés; et découverts, de ce côté où nous devions trouver un appui, nous restions exposés à un danger auquel nous n'échappâmes, presque que par miracle. L'armée d'Italie avait été accablée par des revers qui lui avaient fait perdre toutes nos conquêtes jusqu'au pied des Alpes françaises.

# NOTES ET PIÈCES

## DU CHAPITRE XII.

## N° 13.

Voici quelle était alors l'organisation de l'armée, sous le commandement en chef du général Masséna :

### AILE DROITE.

Commandée par le général de division Férino, ayant pour chef d'état-major le général de brigade Theinwald.

*Cette aile est composée de trois divisions.*

1<sup>re</sup> division, commandée par le général de division Mesnard.

2<sup>e</sup> division, commandée par le général de division Lecourbe.

3<sup>e</sup> division, commandée par le général de division Lorge.

### CORPS DU CENTRE.

*Composé de quatre divisions.*

1<sup>re</sup> division, commandée par le général de division Vandamme.

2ᵉ division, commandée par le général de division Oudinot.

3ᵉ division, commandée par le général de division Tharreau.

4ᵉ division, commandée par le général de division Soult.

#### AILE GAUCHE.

*Composée de deux divisions.*

1ʳᵉ division, commandée par le général de division Souham.

2ᵉ division, commandée par le général de division Legrand.

#### DIVISION DU BAS-RHIN.

Comprend seulement les troupes stationnées en avant de Mannheim et dans cette place. Elle est commandée par le général de division Collaud.

#### LES QUATRE DÉPARTEMENTS RÉUNIS.

Sont commandés par le général de division Dufour, ayant sous ses ordres les généraux de division Freyta et Turreau.

#### CINQUIÈME DIVISION MILITAIRE.

Commandée provisoirement par le général de brigade Laroche.

#### DIVISION DE L'INTÉRIEUR DE L'HELVÉTIE.

Commandée par le général de brigade Nouvion.

#### LE GÉNÉRAL DE DIVISION KLEIN.

Commande en chef la cavalerie de l'armée, et particulièrement la réserve de grosse cavalerie.

#### LE GÉNÉRAL DE DIVISION NEY.

Commande la cavalerie légère de l'aile droite et du corps du centre.

N° 14.

*Le Directoire helvétique au général Soult.*

Lucerne, 18 floréal an VII (7 mai 1799).

Citoyen général,

Le Directoire exécutif est informé que, sous divers prétextes, plusieurs citoyens de Schwitz ont trouvé moyen de se dispenser de rendre leurs armes, soit qu'ils aient obtenu une exception favorable, soit qu'ils aient su se soustraire aux recherches que vous avez ordonnées. Il sait en particulier, à n'en pouvoir douter, que dans plusieurs lieux, les officiers municipaux ont conservé leurs armes; et cependant ces fonctionnaires élus au moment de l'insurrection, par cela même qu'ils ont joui, dans ce temps, de la confiance du peuple, doivent avoir perdu celle du gouvernement helvétique et des républicains français.

En général, le Directoire, instruit par l'expérience funeste du passé, croit devoir vous inviter à ne pas permettre qu'il soit commis la moindre négligence ou fait la moindre exception, dans le désarmement du canton de Schwitz. Les suites funestes que peut avoir cette excessive douceur, pour le temps où votre présence ne contiendra plus les malveillants, sont terribles, et tous nos efforts doivent tendre à les prévenir.

Salut républicain.

Le président du Directoire exécutif,

Pierre Ochs.

*Le Directoire helvétique au général Soult.*

Lucerne, ce 19 floréal an vii (8 mai 1799).

Citoyen général,

Les dépositions volontaires d'un membre du conseil de guerre insurrectionnel, dépositions qui se trouvent actuellement dans les archives du Directoire, prouvent avec la dernière évidence qu'il entrait dans les projets des rebelles de laisser pénétrer sans obstacle les Français dans le pays, puis de se lever en masse dans les districts d'Ensiedlen et d'Arth, pour les prendre à dos et les massacrer plus sûrement.

Voilà, citoyen général, un avis dont le Directoire exécutif vous invite à faire usage, afin que vous puissiez apprécier la mesure des procédés dont les rebelles doivent être l'objet, et prévenir par là les maux qui pourraient résulter d'une douceur excessive.

Le président du Directoire exécutif,

Pierre Ochs.

## N° 15.

*Masséna, général en chef, au général de division Soult.*

Au quartier-général de Zurich, 19 floréal an VII
(8 mai 1799).

Je reçois, mon cher général, une lettre du général Lecourbe, qui m'annonce qu'ayant appris que vous marchiez sur Bellinzona, il a changé de route, c'est-à-dire qu'il s'est dirigé sur Tusis, et le général Loison sur Chiavenna. Je pars à l'instant pour me rendre dans les Grisons, afin de changer, s'il en est temps encore, la route du général Lecourbe. En attendant, vous vous emparerez de la tête du haut Valais et du passage du Gothard. Ce sera à mon retour que je vous donnerai des instructions.

Salut et amitié.

MASSÉNA.

## N° 16.

*Masséna, général en chef, au général de division Soult.*

Au quartier général, Zurich, 15 prairial an VII
(3 juin 1799).

Instruction générale pour un changement de position en arrière, dans le cas où l'armée serait obligée de quitter celle qu'elle occupe.

La division Lecourbe évacuerait la vallée d'Altorff, pour occuper le canton d'Unterwald.

Elle évacuerait 1° le double passage du Grimsel, dont l'un, par Oberwald, communique avec le haut Valais, et dont l'autre, par la Fourche, va dans la vallée d'Urseren ; 2° le passage, par le Meyen Thal, derrière le Tittlis, qui descend à Wasen ; 3° celui, par le Surenen Alp, qui va d'Engelberg à Altorff ; 4° enfin celui qui, par le Seelisberg, conduit de même à Altorff.

La brigade de cette division, qui est à Schwitz, évacuerait ce point, et prendrait position en avant d'Arth, en tenant le Riggi ; elle occuperait Steinen, Sattel, Morgarten, Rothenthurm, et la chaîne des hauteurs jusqu'à Schendellegi, gardant le passage qui conduit à Ensiedlen.

La division commandée par le général Chabran évacuerait la rive gauche du lac et prendrait position derrière la Syhl, la droite à Schendellegi et la gauche à la hauteur d'Adlischwill, où est le pont sur la Syhl. Elle couvrirait principalement la route de Horgen à Zug et le passage du grand Albis.

La division Soult évacuerait Zurich, appuierait sa droite à la hauteur d'Adlischwill, et sa gauche à Dietikon ; elle couvrirait la route de Bremgarten.

La division Oudinot passerait la Limmath à Zurich et à Baden, viendrait appuyer sa droite à Dietikon, et sa gauche au confluent de la Limmath.

Elle couvrirait le débouché de Dietikon, et garderait les bords de la Limmath.

La division Tharreau passerait l'Aar sur les ponts et bacs établis, et prendrait position au confluent de la Limmath, et la gauche au Rhin.

La présente instruction sera suivie, et on n'aura pas égard à celles précédemment données.

Masséna.

# CHAPITRE XIII

## SOMMAIRE DU CHAPITRE XIII.

Malheureuse campagne en Italie. — Défaites du général Scherer sur l'Adige. — Arrivée de l'armée russe. — Bataille de Cassano. — Perte du Milanais et du Piémont. — Retraite du général Moreau sur Gênes. — Marche de l'armée de Naples. — Bataille de la Trebbia. — Retraite de l'armée de Naples. — Bataille de Novi. — L'armée russe quitte l'Italie. — Armée des Alpes. — Opérations sur le Rhin. — L'archiduc Charles arrive sur le Bas-Rhin. — Expédition anglo-russe contre la Hollande. — Bonnes dispositions du général Brune. — Batailles de Bergen et de Beverwick. — Capitulation d'Alkmaer.

# CHAPITRE XIII.

Pour défendre les conquêtes que le traité de Campo-Formio avait consacrées, et pour soutenir la gloire de nos armes en Italie, il était fort difficile de nommer le général qui devait succéder au général Bonaparte, dans le commandement des troupes. L'opinion publique désignait le général Moreau, dont les talents inspiraient une juste confiance ; mais alors le Directoire lui faisait expier ses tardives révélations au sujet de Pichegru, et il venait même de lui infliger une humiliation, en lui donnant l'emploi subordonné d'inspecteur d'infanterie, qu'il garda jusqu'au moment où le général Scherer, qui lui avait été préféré, fut contraint, par la nécessité, de l'employer plus activement.

Le général Scherer sortait du ministère de la guerre, et le scandale des dilapidations, dont les membres du gouvernement étaient coupables, rejaillissait malheureusement sur lui. La honteuse

*Armée d'Italie.*

tyrannie du Directoire avait sacrifié l'armée aux fournisseurs, et le général Scherer avait été trop faible pour pouvoir lui résister ; mais le soldat, qui souffrait, allait plus loin dans son jugement, et c'était à son chef, le ministre de la guerre, qu'il s'en prenait. Aussi, le général Scherer, sans mériter peut-être cet excès de sévérité, en éprouva-t-il tous les effets, et son arrivée à l'armée fut mal accueillie. Les mauvaises dispositions qu'il prit au début de la campagne, et qui furent cause de nos désastres, ne purent qu'aigrir de plus en plus les esprits contre lui, et effacer la réputation d'habileté qu'il s'était faite, trois ans auparavant, à la bataille de Loano.

L'armée de Naples, sous les ordres du général Macdonald, ainsi que les troupes et les garnisons disséminées dans les États romains, en Toscane, dans le Milanais et en Piémont, étaient perdues pour l'armée active. La première et la plus considérable faute, soit qu'elle tînt aux ordres du Directoire, soit qu'elle fût à imputer au général Scherer, qui exerçait sur ces troupes le commandement supérieur, était de ne pas les avoir réunies à l'armée. Toutefois, le général Scherer entra encore en campagne avec six bonnes divisions d'infanterie, une belle cavalerie et un train nombreux d'artillerie. Le général Moreau commandait trois de ces divisions.

A ce moment, l'armée française était au moins égale en force à l'armée autrichienne, commandée par le général Kray, et qui n'avait point encore reçu ses renforts. Elle allait se battre sur un théâtre qui lui rappelait les plus glorieux souvenirs. Mais on avait accumulé faute sur faute, et, après celle que le Directoire avait commise, de provoquer une nouvelle guerre, la plus grave avait été le choix du général, qui devait en avoir la principale direction; surtout de n'avoir pas exigé de ce même général, qu'il prît sur les ennemis une supériorité plus marquée, pour frapper à son début un coup décisif.

*Défaite du général Scherer sur l'Adige.*

Le général Scherer partait des places de Mantoue et de Peschiera, sur la ligne du Mincio; il commença ses opérations, le 26 mars, pour forcer la ligne de l'Adige. Il opérait sur trois colonnes; celle de gauche, commandée par le général Moreau, réussit. Elle passa l'Adige au-dessus de Vérone, coupa la droite de l'armée autrichienne, et elle était à même de poursuivre ses succès vers Vicence, si elle avait été soutenue; mais les autres divisions du centre et de la droite, que le général Scherer commandait en personne, se firent battre par l'ennemi. Cependant, le succès que venait de remporter le général Moreau suffisait pour que le restant de l'armée pût s'appuyer sur lui, le rejoindre, marcher sur Vicence, rejeter les Autrichiens sur la Brenta, et les séparer des places de Vérone et de Legnago. Le général Moreau donnait ce conseil au général Scherer; mais au lieu de le suivre, celui-ci eut la singulière idée de rappeler le général Moreau, sur la rive droite de l'Adige, pour recommencer par sa droite la même opération, quatre jours après. Cette fois, la leçon fut plus sévère; on y perdit une partie de la division Serrurier, qu'une suite de faux mouvements compromit sur la rive gauche de l'Adige, et qui, entourée par des forces supérieures, finit par être accablée.

Enfin, une troisième tentative, faite le 5 avril, fut encore moins heureuse. Malgré des succès, d'abord remportés au centre par le général Moreau, la droite de l'armée fut tournée, à la fin de la journée, par une manœuvre habile du général Kray. Il y avait tant d'incohérence dans tous les mouvements, que cet échec ne put être réparé; le désordre vint s'y joindre, et l'armée entière précipita sa retraite, non pas seulement derrière le Mincio, où le général Scherer aurait pu tenir, à l'appui des places de Peschiera et de Mantoue, mais derrière l'Adda.

La journée de Magnano décida du sort de l'Italie. Dix jours avaient suffi pour réduire l'armée à moins de trente mille combattants, pendant que, d'un autre côté, toutes les troupes éparpillées, depuis le Pô jusqu'à Naples, étaient non-seulement trop éloignées pour lui amener des renforts en temps utile, mais se trouvaient elles-mêmes, de jour en jour, plus compromises. En même temps, l'armée ennemie avait remplacé toutes ses pertes, et elle acquérait une supériorité de plus en plus grande, par les renforts qu'elle recevait à tout instant; elle était, en outre, à la veille d'être rejointe par l'armée russe, qui, en effet, arriva sur l'Adige, le 15 avril.

L'exaspération de l'armée, dont le courage avait été si mal employé, était au comble, et elle eût produit des actes d'indiscipline et de désobéissance, si le général Scherer fût resté. Il le comprit, il partit pour Milan, sous prétexte de diriger les levées extraordinaires qu'on y faisait, et ne revint plus. Il avait remis, avant son départ, le commandement au général Moreau.

Lorsque le général Moreau prit le commandement que la confiance et le vœu des troupes lui avaient déféré, l'armée était sur la rive droite de l'Adda, dont elle voulait défendre le passage, pour couvrir Milan et avoir le temps de recevoir les renforts qu'on faisait enfin venir des diverses parties de l'Italie, de la France et de l'armée de Suisse. Mais déjà la plupart des places, où l'on avait laissé inutilement des garnisons, étaient tombées au pouvoir de l'ennemi, ainsi qu'un immense matériel d'artillerie et les équipages de

*Arrivée de l'armée russe.*

pont. Les Russes entraient en ligne avec le maréchal Souwarow, qui prenait alors le commandement supérieur des armées impériales alliées. La faible armée française devait être écrasée par des forces aussi disproportionnées, et que secondaient encore les dispositions des peuples d'Italie, toujours favorables au parti victorieux, pour changer de domination.

<small>Le maréchal Souwarow.</small>

Les exploits de Souwarow, contre les Turcs et en Pologne, avaient retenti dans tous les coins de l'Italie. Quand il y fut, tout en lui parut admirable aux Italiens : son maintien, ses regards, qui parfois étaient terribles, l'air inspiré d'un enthousiaste, la rudesse demi-sauvage de ses manières, que son génie, fécond en ressources, savait varier suivant les effets qu'il voulait produire, son austérité, l'originalité et l'âpreté de son éloquence, qui captivaient la multitude. Son approche faisait éclater un tel enthousiasme, qu'il dut souvent en laisser réprimer les transports, ou d'autres fois s'arrêter pour satisfaire l'avide curiosité de la foule. Souvent burlesque et puéril, extravagant dans ses caprices, bravant toutes les convenances, heurtant la raison, il paraissait avoir pris à tâche de cacher, sous des formes aussi bizarres, et où le merveilleux couvrait le ridicule, les talents d'un militaire consommé, à vues justes et grandes. D'un coup d'œil sûr, hardi dans ses projets, impétueux dans leur exécution, vaillant et intrépide au delà de toute expression, accoutumé à voir couronner par le succès toutes ses entreprises, à faire plier tous les obstacles devant ses volontés, il possédait, par-dessus tout, le merveilleux talent d'exercer sur son armée un empire sans limites. Adoré de ses soldats, qu'il connaissait à fond, il leur avait inspiré une soumission et une confiance quasi-superstitieuses, une sorte de fanatisme; il les avait rendus insensibles aux rigueurs de la discipline la plus outrée, aux jeûnes[1], aux privations, aux fatigues et à tous les dangers; et en même temps, il était prêt à les sacrifier, jusqu'au dernier, pour soutenir sa renommée. Il amenait en Italie, pour les faire passer ensuite en Suisse, quarante mille de ces soldats, qui semblaient devoir renverser nos derniers efforts de résistance.

L'armée alliée, en Italie, était ainsi portée à cent dix mille combattants, et le général Moreau n'en avait que vingt-sept à vingt-huit mille, sur l'Adda. On ne peut pas imputer au général Moreau le choix de cette ligne de l'Adda, puisque le général Scherer avait déjà pris toutes les dispositions, lorsqu'il remit le commandement à son succes-

[1]. Souvent, quand il manquait de vivres, il ordonnait un jeûne, en expiation de telle ou telle faute qu'il reprochait à ses soldats, et il n'y en avait pas un seul qui pensât à murmurer.

seur, qui, attaqué au même moment, n'eut pas le temps de les changer. Cette ligne était mal choisie. Quelque intérêt qu'il pût y avoir à couvrir Milan, il eût mieux valu prendre immédiatement le parti de repasser le Pô et d'aller au-devant de la division qui venait de Toscane, pour prendre avec elle une bonne position, sur la rive droite du fleuve, et attendre l'armée du général Macdonald, qui commençait l'évacuation de Naples. Il fallait surtout éviter de s'engager contre des forces supérieures, avant d'être joint par cette dernière armée. Dans ce cas, la division du général Dessolles, qu'envoyait le général Masséna, et les détachements qui seraient venus de France, auraient été destinés à défendre les débouchés des Alpes, vers la Suisse et la Savoie, où les défilés et les obstacles de localité donnent l'avantage au premier occupant, et suppléent à son infériorité.

La jonction des deux armées eût réuni soixante mille hommes, auxquels le maréchal Souwarow eût eu de la peine à opposer un nombre supérieur, parce que la moitié de son armée eût été nécessairement employée aux siéges et aux blocus de toutes les places situées sur la rive gauche du Pô, depuis Mantoue jusqu'à la citadelle de Turin, ainsi qu'à l'observation des divers débouchés des Alpes, que nous occupions. Le général Lecourbe occupait alors les bailliages italiens.

La position prise sur l'Adda ne pouvait s'expliquer que par l'espoir de s'y défendre avec avantage, d'y attirer l'attention et les principales forces des ennemis, de dégager la droite de l'armée, et si ensuite on était forcé à la retraite, de l'opérer plus facilement, en refusant tout à coup l'aile gauche, pour se diriger sur Alexandrie. Mais ce mouvement, qui peut-être eût été bon avant la bataille et avant que l'armée fût entamée, avait un tout autre caractère, en l'exécutant après une affaire malheureuse et avec une armée battue; car, affaiblie encore par de nouvelles pertes, l'armée devait éprouver alors de plus grandes difficultés pour se relever, et peut-être même, si l'ennemi la poursuivait avec vigueur, ne plus être en état d'opérer sa jonction avec l'armée de Naples.

Le maréchal Souwarow disposait d'une telle supériorité de forces, qu'il put laisser le général Kray aux siéges de Mantoue et de Peschiera et détacher le comte de Hohenzollern sur la rive droite du Pô, pour menacer Tortone. Avec le gros de son armée, formée sur trois fortes colonnes, il se présenta lui-même, le 25 avril, sur l'Adda. L'attaque générale eut lieu le 27. Le général Rosenberg se porta avec la colonne de droite vers le point oriental du lac de Côme, surprit le passage de l'Adda, à Brivio, et isola du restant de l'armée française la division du général Serrurier, qui

*Bataille de Cassano.*

devait défendre la gauche. La colonne du centre, dirigée par le général Chasteler, quartier-maître général des alliés, obtint le même avantage à Trezzo, où elle établit un pont, avant que son mouvement fût soupçonné; tandis que le général Mélas put aussi, avec la colonne de gauche, emporter la tête de pont et le pont même de Cassano. Moreau, voyant sa gauche en péril, détacha la division Grenier pour la secourir. Un combat terrible s'engagea alors autour de Cassano, qui a donné son nom à cette désastreuse journée. Mais la division Grenier, avec une brigade de la division Victor, malgré des prodiges de valeur, ne put lutter contre les corps réunis de Chasteler et de Mélas. Ainsi tout espoir fut perdu de dégager le général Serrurier, qui, de son côté, faisait une défense désespérée; mais il fut enfin réduit à capituler avec les débris de sa division.

*Perte du Milanais et du Piémont.*

La retraite des autres divisions se fit cependant avec assez d'ordre. Le général Moreau fit passer l'aile droite à Lodi et à Plaisance, le centre à Pavie et à Vogherra, et l'aile gauche à Vigevano et à Novare, pour réunir l'armée entre Tortone et Alexandrie. Milan fut évacué, le 27 avril, Turin et toute la partie du Piémont située à la gauche du Pô, le 7 mai. De fortes garnisons, qui bientôt devaient succomber, restèrent néanmoins dans le château de Milan et dans la citadelle de Turin.

Les Français avaient perdu sur l'Adda le tiers de leur armée, plusieurs généraux et cent pièces de canon; ils étaient réduits à moins de vingt mille hommes, quand ils prirent, entre Tortone et Alexandrie, leur nouvelle position. En s'y arrêtant, le général Moreau se proposait de retenir Souwarow sur la gauche du Pô, pour favoriser la retraite du général Macdonald et couvrir Gênes; mais ses moyens ne lui permettaient plus de défendre cette ligne, quoiqu'elle fût assez resserrée et qu'elle eût deux places, Tortone et Alexandrie, pour ses appuis. Le comte de Hohenzollern venait de passer la Scrivia; il s'emparait de Novi, de Gavi, tenait bloquée la garnison du château de Tortone, et découvrait entièrement la droite des Français, tandis que leur gauche était menacée par une avant-garde russe, qui allait passer le Pô au-dessus de Valence, et que sur leurs derrières, tous les habitants, depuis Cherasco sur le Tanaro jusqu'à Oneille, étaient en pleine insurrection, enlevaient des détachements, interceptaient les communications et les secours que l'armée attendait de la Provence.

Alors le général Moreau concentra son armée entre le Pô et le Tanaro, appuyée d'un côté à Alexandrie, et de l'autre à Valence; il fit encore occuper par des détachements les villes de Casal et de Verue sur le Pô, et il parut résolu à se défendre jusqu'à la dernière extrémité, afin de favoriser les dispositions que le général Perignon faisait à Gênes, pour mettre cette place à l'abri d'un coup de main. Il obtint même deux avantages qui, dans toute autre situation auraient pu relever les espérances, mais qui, dans celle-ci, n'eurent d'autre résultat que de faire sentir l'impuissance d'en profiter.

Une division russe de sept mille hommes passa le Pô, le 12 mai, au-dessus de Valence. Prise en flanc par les divisions Grenier et Victor, elle fut enfoncée, faite prisonnière en partie ou culbutée dans le Pô. Sur la droite, un corps autrichien avait passé la Scrivia et s'était établie à Torre-di-Garofolo; le général Moreau voulut le surprendre, et il l'attaqua, le 16 avril, avec sept mille hommes. Il remporta un premier succès, mais une division russe vint rétablir le combat, et la retraite se fit sur Alexandrie dans le meilleur ordre. Ces affaires isolées ne pouvaient pas avoir d'influence sur la marche des événements; elles ne firent qu'accélérer les mouvements des alliés, pour livrer bataille à l'armée française ou l'obliger à s'éloigner.

Ce dernier parti était le seul que le général Moreau pût prendre. Étroitement resserré entre Alexandrie et Valence, il voyait sa gauche menacée par l'armée russe qui envahissait le Piémont, sa droite débordée, et ses communications, de jour en jour, plus compromises par les insurrections qui éclataient sur la ligne des Apennins. Une seconde bataille, qu'il n'avait pas l'espoir de gagner, eût exposé les débris de son armée à être enveloppés, avant d'atteindre les frontières de France. Pour prévenir cette dangereuse extrémité, Moreau laissa une forte garnison dans la citadelle d'Alexandrie, et il se mit en marche, le 19 mai, dans la direction de Coni. Mais arrivé à Fossano sur la Stura, il changea brusquement de direction, se rejeta dans l'Apennin, fit enlever, en passant, Mondovi et masquer la petite place de Ceva, dont les habitants s'étaient soulevés, et il parvint enfin, par une marche à la fois des plus pénibles et des plus habiles, à traverser la montagne et à arriver, le 6 juin, à Loano dans la rivière de Savone, d'où il gagna Gênes.

A cette époque, tous les passages de l'Italie et du Piémont vers la Suisse, la Savoie et le Dauphiné étaient ouverts aux armées alliées. Les armées françaises de Suisse et d'Italie n'avaient plus entre elles aucune communication. Les ennemis poussaient vivement les sièges des citadelles de Turin, d'Alexandrie et de Tortone, dont les garnisons allaient bientôt être réduites à capituler, comme l'avaient déjà fait celles de Peschiera, de Pizzighitone, du château de Milan et de Ferrare. Une escadre russe et turque, commandée par l'amiral Putowskin, bombardait la forteresse d'Ancône. Les légations, ainsi que les duchés de Modène et de Parme, étaient envahies, et déjà de l'autre côté des Apennins, des partis ennemis faisaient des incursions jusqu'à Massa Carrara et au golfe de la Spezzia, sur la Méditerranée. A la gauche du Pô, la seule Mantoue tenait encore; les ennemis, qui d'abord en avaient pressé les attaques, se bornaient alors à la bloquer, et ils se hâtaient de réunir leurs forces sur la droite du Pô, pour les opposer à l'armée de Naples, prête à déboucher des Apennins.

*née de Naples.*

Le général Macdonald avait eu de nombreux combats à soutenir contre des soulèvements de la population, qui était vivement excitée, contre des insurrections dans plusieurs provinces, et en dernier lieu contre une entreprise que le cardinal Ruffo, avec les insurgés calabrais, avait dirigée sur Naples, à l'aide d'un corps de troupes anglaises débarquées à Salerne. Lorsqu'il fut rappelé dans la haute Italie au secours de l'armée battue, il dut abandonner le pays et hâter son retour, qui avait été trop différé. Il laissa pourtant une forte garnison au fort Saint-Elme, qui domine Naples, afin d'entretenir la confiance des partisans que les Français avaient dans cette capitale, et de leur donner un gage de la promesse qu'il leur fit de revenir parmi eux, quand les affaires du nord de l'Italie seraient rétablies. Mais le gage fut perdu, faute d'avoir pu tenir la promesse, et il en fut de même à Capoue, à Gaëte, à Rome, à Civita-Vecchia, à Ancône et dans plusieurs autres places. Plutôt que d'y laisser des garnisons qui affaiblirent l'armée et qui furent sacrifiées, on eût mieux fait d'évacuer ces places; si les alliés les eussent occupées : c'eût été aux dépens de leur propre armée.

Cette faute, dont les conséquences furent graves, était due aux instructions du Directoire, qui partout poursuivait le même système. Il est regrettable toutefois que le général Macdonald, qui était sur les lieux et qui pouvait mieux en juger, n'ait pas cru devoir prendre sur lui de contrevenir à de pareilles instructions. Je fais cette observation avec d'autant plus de liberté, qu'à côté d'elle on doit placer le talent et l'énergie que le général Macdonald déploya dans une retraite hérissée de difficultés, et qu'il fut trompé dans l'assurance que lui avait donnée le général Moreau de seconder le mouvement de l'armée de Naples, en manœuvrant avec l'armée d'Italie dans sa direction.

On ne peut qu'admirer le mouvement que fit le général Macdonald pour évacuer le royaume de Naples, traverser les États de l'Église, et se présenter par la Toscane aux débouchés des Apennins. Il faut donner les mêmes éloges à la célérité,

*Marche habile du général Macdonald.*

à la parfaite combinaison de ses marches, au bon ordre que ses troupes observèrent et à la confiance qu'il sut leur inspirer, même en les faisant renoncer à leurs bagages, auxquels l'habitude et l'intérêt les attachaient. Les ennemis en furent vivement alarmés, et leurs craintes se seraient probablement réalisées, si les généraux Macdonald et Moreau avaient mieux concerté leurs dispositions, ou si, pour être plus exact, ce dernier avait montré plus d'empressement à favoriser de tous ses moyens les opérations de son collègue, au lieu de rester, de son côté, à peu près inactif.

Les garnisons qui furent laissées dans le royaume de Naples et dans les États romains avaient réduit l'armée du général Macdonald à moins de vingt mille hommes; elle fut renforcée en Toscane par la division du général Gauthier, qui gardait les passages des Apennins, et par celle du général Montrichard, placée en observation pour défendre Bologne; elle reçut ensuite de l'armée du général Moreau la faible division du général Victor. Tout cela réuni donnait au général Macdonald trente mille combattants et une belle artillerie. Arrivé à Florence, le 24 mai, son premier soin fut de rétablir les communications avec Gênes; il assura la défense de Livourne, porta des avant-gardes dans la direction de Modène et de Reggio, fit reprendre Pontremoli, établit le gros de ses troupes dans un camp retranché près de Pistoie, et fut avec la réserve attendre, à Lucques, que le général Moreau se rapprochât, pour concerter de nouvelles opérations.

Par ces dispositions, le général Macdonald s'était préparé à agir offensivement. Il proposa au général Moreau de réunir les deux armées au débouché de Bobbio, d'attaquer conjointement les corps séparés des ennemis sur la droite du Pô, et si, comme il l'espérait, la fortune favorisait leur entreprise, de passer le fleuve, pour aller débloquer Mantoue, couper la ligne d'opérations de l'armée de Souwarow, et lui enlever une partie de ses détachements, avant qu'il eût le temps de les rallier sur le haut Mincio ou sur l'Adige.

Le succès de ce plan dépendait de l'accord des deux généraux, et surtout de la célérité de leurs mouvements. Le général Macdonald consentit à des modifications, pour obtenir la détermination du général Moreau; mais il ne parvint pourtant pas à vaincre son hésitation, et quoique Moreau eût fini par promettre son concours au plan convenu, il ne le donna cependant pas au dernier moment, et il se borna à détacher à l'armée de Naples la faible division du général Victor. Après le départ de cette division, il se trouvait encore à la tête de vingt-cinq mille hommes, grâce aux renforts qu'il avait reçus de France, et aux déta-

*Inaction du général Moreau.*

chements de son armée qu'il avait réunis, et il pouvait, sans aucun danger, les joindre aux trente mille hommes du général Macdonald, soit au débouché de Bobbio, soit dans la vallée du Taro, par Pontremoli. Mais la crainte d'être seul responsable d'une manœuvre aussi hardie, et un excès de prudence hors de saison, tinrent le général Moreau longtemps indécis, et finirent par lui faire manquer l'occasion d'assurer le succès d'une combinaison qu'il avait lui-même encouragée. Il se renferma dans une timide défensive entre Gênes et les sources de la Scrivia, tandis que, persistant dans ses premiers desseins, le général Macdonald s'élançait avec audace au milieu des ennemis.

Le général Macdonald dut avoir conservé jusqu'au dernier moment l'espoir d'être soutenu par l'armée d'Italie, ou du moins de lui voir faire une puissante diversion, pour retenir devant elle, sur la Scrivia, le gros de l'armée ennemie. On ne pourrait pas s'expliquer autrement la témérité avec laquelle il se serait engagé, au milieu de l'armée ennemie, avec des forces tellement inférieures, et aurait été la chercher, pour lui livrer bataille; car il n'avait certainement pas l'espoir de passer au travers d'elle, pour aller se présenter devant l'armée du général Moreau, au pied des Apennins, et la tirer de son inaction. Il était beaucoup plus simple de faire sa jonction avec cette armée, sans avoir besoin de combattre, par la route de Sarzane et de la Spezzia; d'ailleurs le général Macdonald devait être instruit que Souwarow se hâtait de réparer la faute qu'il avait commise, après la bataille de Cassano, de disséminer ses troupes.

En effet, le maréchal Souwarow avait alors répandu son armée sur toute la surface de l'Italie, pour attaquer à la fois les diverses places où étaient restées nos garnisons, envahir tout le pays, depuis l'Adriatique jusqu'aux Alpes françaises, et pousser même des avant-gardes jusque dans les passages qui conduisent en France. C'était le moment qu'il fallait choisir pour réunir les cinquante-cinq mille hommes des deux armées françaises sur la rive droite du Pô, où elles n'eussent trouvé que des divisions éparses et hors d'état de leur résister. Ce moment, mis à profit, pouvait réparer les malheurs de la campagne, nous faire reprendre l'avantage sur les ennemis et changer le sort de l'Italie : c'est ce que fit le général Masséna, en Suisse, au mois de septembre suivant. Mais un jour de retard, le moindre désaccord dans les opérations combinées des deux armées françaises, laissait échapper cette unique occasion, et devait nous attirer de nouveaux désastres, en donnant le temps à Souwarow de réparer, par une prodigieuse activité, l'imprudence qu'il avait commise. Tous les corps de l'armée alliée étaient alors en mouvement, et allaient à marches forcées, pour se présenter sur la Trebbia avec une supériorité imposante.

A la vue de ces préparatifs, le général Macdonald fit accélérer son mouvement; déjà sa droite était dégagée, et la division détachée à Bologne avait livré deux combats avantageux au corps autrichien du général Klénau, qui fut forcé d'abandonner le blocus d'Urbin et de se replier sur Ferrare. Le 8 juin, le restant de l'armée passa, sur trois colonnes, les Apennins. Une division, partie de Florence, se réunit à celle qui était à Bologne, pour former l'aile droite. Le centre, également composé de deux divisions, se dirigea sur Modène, et l'aile gauche marcha, de Fivizzano, sur Reggio. Le 11, les Français engagèrent une affaire de cavalerie, qui fut suivie, le lendemain, d'une action très-vive contre le corps du comte de Hohenzollern, chargé de défendre Modène. Il y eut plusieurs mêlées, dans l'une desquelles le général Macdonald fut blessé. La ville fut pourtant prise, et les ennemis, qui avaient beaucoup souffert, furent forcés de s'éloigner. Macdonald envoya une division à leur poursuite, et il la chargea de répandre le bruit qu'il allait passer le Pô, pour débloquer Mantoue; tandis que, rassemblant le gros de ses troupes près de Reggio, il traversa cette ville, se porta sur Parme, et entra, le 5, à Plaisance, où il fit aussitôt commencer l'attaque de la citadelle.

Jusque-là, tout avait réussi : le débouché de Bobbio se trouvait dégagé, et le général Macdonald devait croire que le général Moreau ne tarderait pas à le joindre, comme il l'avait promis. Mais le général Moreau ne bougea pas, et ce ne fut que deux jours après, quand tout était fini sur la Trebbia, qu'il fit avec deux divisions un tardif mouvement dans la plaine, entre Alexandrie et Tortone. Le général Grouchy y remporta un brillant avantage sur le général autrichien Bellegarde; mais cet avantage partiel ne servit à rien. Le général Macdonald comptait sur une autre coopération de la part de l'armée d'Italie; il s'attendait à la voir à tout instant déboucher de Bobbio, et ce fut dans cette confiance qu'il s'engagea sur la basse Trebbia.

Toutefois, je ne puis me dispenser de placer encore ici la remarque, qu'il y avait là trop d'imprudence. La première condition du plan d'attaque était la réunion des deux armées; tant qu'elle n'était pas effectivement remplie, le général Macdonald ne devait pas prendre sur lui d'engager l'affaire, à lui seul, et, puisqu'il ne voyait pas arriver l'armée d'Italie, il eût mieux fait d'aller se présenter lui-même au débouché de Bobbio; il n'est pas douteux qu'il n'eût ainsi forcé le général Moreau à sortir de son inaction. Mais le général Macdonald fut emporté par trop d'ardeur; il calculait combien le temps était précieux, et que le succès de l'attaque dépendait de sa célérité; il croyait peut-être trouver l'armée alliée non encore concentrée. Toutes ces raisons étaient entraînantes sans doute, mais elles n'auraient pas dû l'emporter sur la considération fondamentale : que la réunion des deux armées était la première condition à remplir.

*Bataille de la Trebbia.* Quoi qu'il en soit, le général Macdonald, dont le parti était pris, rassembla son armée, le 17 juin, en avant de Plaisance, et fit passer la Trebbia à la division du général Salm, pour aller reconnaître les ennemis. Ce général rencontra le corps autrichien du général Ott, qui était de sept à huit mille hommes, et le poursuivit jusque près de Castel San-Giovani, où ce corps se rallia à l'avant-garde du général Mélas, qui arrivait à son secours et qui était suivi de l'armée entière de Souwarow. Le combat s'engagea de nouveau; bientôt le général Salm fut grièvement blessé. Sa division, accablée par le nombre et menacée d'être enveloppée, dut se retirer, et elle eût infailliblement péri, en son entier, si le général Macdonald ne s'était préparé à la protéger, et ne l'eût fait écouler par les intervalles de sa ligne. Mais déjà Souwarow était devant lui avec ses Russes, et il les précipitait en foule dans la Trebbia, pour en forcer le passage. Les Français tinrent ferme à leur position, sur la rive opposée, et ils reçurent les ennemis, presque à bout portant, avec un feu terrible. Repoussés dans leurs attaques réitérées et ayant perdu beaucoup de monde, les Russes s'éloignèrent enfin.

De part et d'autre, on se prépara à livrer bataille, le lendemain. Elle commença par des attaques simultanées des deux côtés, et elle dura, avec une fureur sans égale, toute la journée et même une partie de la nuit. Enfin la gauche de l'armée française, sur laquelle Souwarow avait porté son principal effort, se trouva débordée, et toute l'armée se retira de nouveau sur la rive droite de la Trebbia.

Ces deux essais auraient dû faire sentir au général Macdonald, que désormais ses efforts seraient inutiles, et qu'il ne parviendrait pas à s'ouvrir un passage à travers l'armée ennemie. La force de cette armée était le double de ce qui restait à l'armée française, et elle augmentait encore incessamment par les renforts qu'elle recevait. Néanmoins, le général Macdonald ne voulait pas encore croire que le général Moreau l'eût entièrement abandonné; il s'attendait à le voir, attiré par le furieux combat qui se livrait depuis deux jours, déboucher, le lendemain, par Bobbio, et descendre la vallée de la Trebbia, ou bien à apprendre qu'il avait marché par la Bocchetta, sur Tortone et sur Voghera, sur les derrières de l'armée alliée, et qu'il y était aux prises avec l'ennemi. D'après ce raisonnement, il croyait devoir persister dans son attaque, pour dégager le général Moreau. Mais ce raisonnement n'était malheureusement fondé, que sur des espérances beaucoup trop éloignées de leur réalisation, et si le général Macdonald eût pesé toutes les chances d'incertitude, il aurait attendu, sur la défensive, qu'une des deux circonstances qu'il espérait, se présentât réellement, pour en profiter alors. On n'en doit pas moins admirer sa générosité, à se précipiter de nouveau dans un terrible danger, pour porter au général Moreau un secours qu'il supposait lui être nécessaire.

Ainsi, le lendemain 19 juin, il passa de nouveau la Trebbia, et il attaqua l'ennemi avec une vigueur telle, qu'il commença par rompre la première ligne des Autrichiens, au centre. Mais Souwarow y ayant dirigé ses réserves, écrasa les deux divisions françaises, dont l'une se mit en déroute, et il profita aussitôt de la trouée qu'elle laissait, pour y lancer ses masses, et pour couper la ligne française. Cependant, le général Macdonald parvint à rallier son centre dans les positions du matin, sur la rive droite de la Trebbia, tandis que les divisions de gauche et de droite, qui, de leur côté, avaient remporté des avantages, furent obligées de suivre le mouvement général. Ce n'était pas encore assez pour l'infatigable Souwarow; il voulait encore emporter, le même jour, les dernières positions des Français, et il les fit attaquer; mais il finit cependant par être repoussé.

A l'acharnement qu'on mit à s'entre-détruire, dans cette terrible bataille de trois jours, on eût dit que chaque armée faisait dépendre le salut de sa patrie, du succès de la journée. Vingt mille hommes étaient restés sur le champ de bataille, ou en avaient été emportés blessés. Cette énorme perte se partageait à peu près également, entre les deux armées; mais elle était infiniment plus sensible pour les Français, eu égard à leur petit nombre. Ils étaient réduits à quatorze mille combattants, leurs munitions étaient presque épuisées, et il ne leur restait que peu de généraux et d'officiers supérieurs en état de commander.

La retraite était devenue d'une absolue nécessité; et le général Macdonald, quoique très-souffrant lui-même de ses blessures, la dirigea successivement sur la Nura, le Taro et sur Reggio, où il réorganisa son armée, avant de rentrer en Toscane. Cette retraite n'offrit d'ailleurs rien de remarquable, le maréchal Souwarow ne l'ayant pas suivie au delà du Taro, parce qu'il apprit alors le mouvement tardif du général Moreau, et l'échec éprouvé par le général Bellegarde. Il fit aussitôt contre-marche, et il se porta sur le général Moreau; qui, trop faible pour l'attendre, et apprenant, en même temps, la reddition de la citadelle de Turin, n'eut plus qu'à repasser le col de la Bocchetta et à rentrer dans les environs de Gênes. Les corps russes qui revenaient de Turin, et les divers détachements qui rejoignaient, portaient de nouveau l'armée du maréchal Souwarow à soixante mille hommes, qui ne voyaient plus dans la haute Italie d'ennemi devant eux.

Tel fut le résultat, à la fois, de l'indolence du général Moreau et de la trop grande précipitation du général Macdonald. Je dis l'indolence du général Moreau, car on ne peut pas le justifier du séjour prolongé qu'il fit à Gênes, pendant que le général Macdonald soutenait, sur la Trebbia, une lutte trop inégale. On ne peut pas le justifier de n'avoir envoyé qu'un simple détachement à Bobbio, pour y être tranquille spectateur des sanglants combats qui se livraient près de là, au lieu d'y marcher lui-même, avec toute son armée, comme il l'avait promis. On ne peut pas non plus le justifier de n'avoir entrepris la diversion qu'il substitua, de son chef, au premier plan, qu'au moment où le général Macdonald fut hors d'état d'en profiter, et lorsque Souwarow victorieux, fut à même de revenir sur lui, avec toutes ses forces; car sa tardive opération n'eut d'autre effet, que de détourner les Russes de poursuivre trop vivement le général Macdonald. Souwarow manœuvra avec une grande habileté et une grande décision, lorsqu'il se plaça entre les deux armées françaises. Il fit ce que les généraux français auraient dû faire, lorsqu'ils pouvaient réunir leurs cinquante-cinq mille hommes au pied de l'Apennin, et dans un moment où l'armée ennemie était divisée. Cinquante-cinq mille de ces soldats, qui firent de si grandes et de si inutiles merveilles de bravoure, dans ces malheureuses batailles, réunis sous des chefs expérimentés, eussent infailliblement remporté la victoire, et eussent fait perdre à Souwarow le fruit de ses premiers succès.

Après la bataille de la Trebbia, le général Macdonald se dirigea sur la Toscane, pour en retirer les garnisons, les dépôts et les bagages de l'armée, qu'il y avait laissés. Ses moyens étaient bien faibles pour une opération qui présentait de grandes difficultés; mais il y mit si bon ordre, et ses mesures furent si bien prises, qu'il triompha de tous les obstacles. Je ne sais si la retraite de la Trebbia à Gênes, par la Toscane, ne fait pas plus d'honneur au général Macdonald, que sa marche de Naples à la Trebbia. Pour moi, je donne encore plus de prix à la seconde partie de ce beau mouvement qu'à la première, quoique cette première partie ait déjà été digne de tous les éloges.

*Retraite de l'armée de Naples.*

Trois corps autrichiens avaient été chargés, par le maréchal Souwarow, de poursuivre l'armée de Naples, et de faire tous leurs efforts pour l'entamer dans sa retraite; mais toutes les affaires d'arrière-garde, dont plusieurs furent sérieuses, furent à l'avantage des Français, et ils entrèrent dans Modène, en chassant un corps ennemi qui s'y était établi. Le général Macdonald détacha alors une division sur Bologne, pour y attirer l'attention de l'ennemi. En effet, le général autrichien Kray, trompé par cette démonstration, prit des dispositions défensives sur le Pô inférieur. Cependant l'armée, qui s'était auparavant assurée des passages des montagnes, passa sans être inquiétée, de Modène à Pistoie, et la division détachée sur Bologne la rejoignit bientôt, par la route de Florence. Le général Macdonald rassembla tout ce qui pouvait rejoindre l'armée, et il ne laissa rien en arrière, malgré des insurrections qui avaient éclaté et qui avaient formé un corps de vingt-cinq mille hommes à Arezzo. Il évacua le camp retranché de Pistoie, et, après avoir tout réglé et tout prévu, il prit, avec son armée réunie, la route de Gênes, par Lucques et Sarzane; le gros matériel fut transporté par mer, sur des bâtiments envoyés de Gênes.

Ce mouvement, si bien conduit, ne fut terminé qu'à la fin de juillet, et il ne resta alors aux Français, des conquêtes du général Bonaparte en Italie, que le territoire de Gênes; car la citadelle d'Alexandrie avait capitulé, le 22, et Mantoue elle-même, le 28 du même mois. Le peu de garnisons qui pouvaient encore faire résistance, dans le royaume de Naples, ne tenaient que pour sauver leur honneur et obtenir de meilleures conditions, puisque aucune n'avait l'espoir d'être secourue. La citadelle de Tortone se conserva plus longtemps ; un mois après, elle donna lieu à la bataille de Novi, que je vais rapporter immédiatement, pour en finir avec cette malheureuse campagne d'Italie.

Quand la réunion fut opérée, l'armée d'Italie se trouva forte de quarante mille hommes, qui restaient de cent vingt-cinq mille hommes, y compris les renforts reçus depuis l'ouverture de la campagne ; le surplus était mort, blessé ou prisonnier. Cette prodigieuse consommation de vaillants soldats fut d'autant plus affligeante, que ce sacrifice fut en pure perte, et qu'on est en droit de l'attribuer, du moins pour ce qui dépasse les proportions ordinaires, à la désunion des chefs et à leurs fausses combinaisons. Des deux généraux qui, en dernier lieu, avaient commandé en Italie, l'un, Macdonald, rentra en France, pour y guérir ses blessures, l'autre, Moreau, attendit, à Gênes, l'arrivée du général Joubert, que le Directoire avait nommé pour le remplacer.

Joubert possédait toutes les connaissances militaires. Jeune encore, il s'était placé au rang de nos premiers capitaines, par des succès marquants et des faits d'armes glorieux, dont ses qualités relevaient encore l'éclat. Maître de lui, quand il n'était pas sur le champ de bataille, son ardeur s'enflammait à la vue de l'ennemi; alors il mesurait tout à son courage; il donnait aux timides de la valeur, et il était lui-même à la tête des plus braves. Cette excessive ardeur, que l'expérience et l'âge auraient sans doute modérée, était le seul défaut qu'on connût au général Joubert, comme homme de guerre; c'était une vertu, tant qu'il fut en sous-ordre; elle changea de caractère, quand il changea de situation. Devenu chef d'armée, il ne pouvait, sans péril pour ses troupes, s'exposer, comme il le faisait auparavant.

La première disposition que le général Joubert manifesta, à son arrivée, fut son extrême impatience de combattre et d'aller à l'ennemi, au lieu de l'attendre; il avait la confiance que son armée partageait cette impatience. Il était, en outre, sollicité par deux puissants motifs : d'une part, prévenir la réunion du corps du général Kray, qui, après avoir pris Mantoue, venait joindre l'armée du maréchal Souwarow; de l'autre, secourir la citadelle de Tortone, qui était à la veille de succomber. Le général Moreau contribua aussi à l'affermir dans cette résolution, en lui proposant de rester, pour l'aider jusqu'après la bataille qui devait se livrer, et d'en concerter avec lui les dispositions

L'armée se mit en marche, le 14 août, et elle fut occuper Novi et les hauteurs en arrière. Souwarow ne fit aucun mouvement. Cette assurance fit penser, et on en eut bientôt la confirmation, qu'il avait été rejoint par le corps du général Kray, revenu du siége de Mantoue. Dès lors, la partie était par trop inégale; mais le général Joubert n'était pas homme à reculer, quoiqu'il connût le danger de sa position. Le maréchal Souwarow, de son côté, n'hésita pas, et, le lendemain matin, la bataille s'engagea avec fureur. Joubert, conduisant sa principale colonne, se met à la tête d'une charge d'infanterie; il crie à ses soldats : En avant! en avant! Mais une balle l'atteint au cœur, et il n'a que la force de s'écrier encore : Marchez toujours! marchez toujours!... Ainsi mourut un héros qui aurait été accompli, s'il avait pu modérer son courage. Des cris de désespoir annoncèrent à l'armée la perte qu'elle venait de faire. Moreau était près de là; pour la seconde fois la voix unanime de l'armée lui déféra le commandement; il était dans le secret des dispositions qu'il avait lui-même concertées avec Joubert; mais ce n'était plus la même impulsion.

Pendant toute la journée, et surtout du côté de Novi, l'acharnement tint de la fureur. Deux

*Bataille de Novi.*

fois, le général Kray présenta ses colonnes pour enfoncer notre centre, et fut rudement repoussé. Trois fois, le maréchal Souwarow ramena au combat les divisions russes, sans pouvoir vaincre une résistance des plus opiniâtres ; mais supérieur en nombre, et non moins obstiné, il remplaça ses premières divisions qui étaient presque détruites, et revint à la charge. Les Français n'avaient pas ce moyen, ils s'épuisaient par leurs pertes, tout était engagé ; enfin leur ligne fut rompue, et le général Mélas déborda leur aile droite. Moreau démonté, ses habits percés de balles, ne pouvait plus défendre Novi ; il ordonna la retraite, mais il y avait presque autant de danger à s'éloigner qu'à rester. L'arrière-garde se trouva arrêtée, près de Pasturana, par l'artillerie qui était encombrée dans le défilé, et par l'innombrable colonne de blessés qui n'avait pu s'écouler. Tout fut enveloppé. Les généraux Pérignon, Grouchy, Colli, Partouneaux, firent d'inutiles efforts pour rétablir l'ordre ; ils tombèrent eux-mêmes, criblés de blessures, au pouvoir des ennemis, sans avoir pu se faire jour. Grouchy avait livré deux charges ; dans la première, un étendard qu'il tenait à la main lui fut arraché ; dans la seconde, ayant mis son chapeau au bout de son sabre, en signe de ralliement, il fut, au milieu de la mêlée, renversé de cheval. La nuit fit cesser cette terrible affaire, et donna au général Moreau la possibilité de rallier son armée dans les montagnes qui couvrent Gênes, où il la disposa pour en défendre les passages.

Dans cette bataille, considérée comme une des plus sanglantes qu'on eût encore livrées, les ennemis avouèrent qu'ils avaient eu quinze mille hommes hors de combat. La perte des Français s'éleva aussi haut; mais, en raison de leur petit nombre et par les généraux qu'ils perdirent, elle leur fut infiniment plus sensible; ils y laissèrent aussi la plus grande partie de leur artillerie. Il est vraisemblable que si le maréchal Souwarow avait cherché à profiter de la victoire, il aurait mis le général Moreau dans la nécessité d'aller, de nouveau, prendre l'appui du col de Tende, et se couvrir de la forteresse de Coni, la seule place qui ne fût point encore au pouvoir de l'ennemi; car il n'y aurait pas eu moyen de conserver Gênes, dans l'état où cette ville se trouvait alors. Encombrée de bouches inutiles, manquant d'approvisionnement, mal armée, n'ayant que des débris de corps pour défenseurs, une escadre anglaise devant son port, et, en perspective, l'incurie du gouvernement ou son impuissance pour envoyer des secours, telle était Gênes. Réduite à cette extrémité, avant d'être attaquée, il semble qu'il ne fallait plus qu'un faible effort, de la part des alliés, pour que l'armée française fût chassée de Gênes, et pour que sa destruction fût complète.

Mais déjà le maréchal Souwarow pensait à s'éloigner de ce théâtre de ses victoires. Peu après la bataille de Novi, il fit partir l'armée russe, pour l'envoyer en Suisse, par Bellinzona et le Saint-Gothard, et il ne différa lui-même de s'y rendre, que jusqu'à la reddition de la citadelle de Tortone. En effet, quand il eut recueilli ce dernier laurier, il alla rejoindre ses troupes, laissant au général Mélas le commandement de celles qui restaient en Italie, avec la recommandation de contenir les Français, du côté des Alpes maritimes, pour préparer le siége de Coni, et pour décider l'évacuation par nos troupes du pays de Gênes.

Nous retrouverons bientôt, sur un autre théâtre, le maréchal Souwarow. En attendant, il m'a paru nécessaire d'entrer dans ces détails sur ses opérations et ses succès en Italie, pour faire ressortir les opérations du maréchal Masséna en Suisse, et donner les motifs de ses mouvements. Ainsi, en rapprochant les événements, on comprend les rapports qui les lient, l'esprit juge de leurs effets et de leur influence réciproque, et l'on obtient un ensemble propre à nous donner d'utiles leçons. Je n'ai pas cru, non plus, pouvoir me dispenser de signaler les causes des revers que nos armées éprouvèrent dans cette campagne, car il y a de grands enseignements à en retirer, et notre instruction doit en profiter. Ces diverses considérations m'ont entraîné à m'étendre, peut-être un peu plus que je n'aurais dû le faire, sur les événements qui se passèrent en Italie ; je reprendrai ce qui m'est personnel, par le récit des opérations militaires en Suisse. Mais, auparavant, il me reste encore à terminer le tableau de la situation générale, à cette époque si critique.

Depuis le commencement de la Révolution, la France n'avait pas été dans un plus grand danger. L'Italie était perdue ; l'armée, qui devait défendre cette importante conquête, était presque anéantie ; les ennemis étaient victorieux, sur la partie de nos frontières la moins en état de leur résister. Menacée, au nord, par un puissant armement de l'Angleterre, inférieure en forces, sur tous les points, épuisée de moyens, manquant d'argent, la France, à l'intérieur, gémissait sous le poids des charges et les excès de l'anarchie. Le zèle patriotique était refroidi par tant de maux, par les désastres qui s'étaient si rapidement succédé, et par le honteux exemple que donnait le gouvernement. Le Directoire, divisé de vues ou d'intérêts, laissait flotter entre ses mains les rênes de l'administration, et l'on voyait les chefs de l'État plus occupés de se ravir, tour à tour, un faible reste d'autorité, que de remédier aux maux

*Le maréchal Souwarow quitte l'Italie.*

dont leur impéritie était la seule cause. Cependant, effrayé des revers qu'il n'avait pas su prévoir, et près de tomber dans l'abîme, le gouvernement fit un appel à l'honneur national, en ordonnant la levée d'une conscription extraordinaire, destinée à remplacer les pertes des combats et à former de nouvelles armées. Dans la circonstance où l'on se trouvait, on ne pouvait faire plus ; la valeur des troupes et les talents des généraux devaient faire le reste.

<small>Dangers de la France.</small>

Quand, accablée de revers, l'armée d'Italie centralisa ses forces sur le territoire de Gênes, soixante lieues de frontières, qu'elle laissa à découvert, offrirent aux ennemis des passages multipliés, par où ils pouvaient pénétrer dans l'intérieur de la France, sans trouver d'obstacles capables de les arrêter. Le premier plan des alliés était, en effet, de donner à la guerre cette direction ; après avoir séparé entièrement les armées françaises de Suisse et d'Italie, et assuré la conquête du Milanais et du Piémont, les deux grandes armées impériales devaient lier leurs opérations par les Alpes, pour se porter simultanément aux débouchés du Jura, où leur réunion se serait opérée. Nous avons vu le prince Charles suivre ce plan, en cherchant avec persévérance à déborder la gauche du général Masséna, jusqu'au moment où les ordres réitérés du cabinet autrichien l'obligerent à détacher une partie de son aile gauche pour aller renforcer, en Italie, le maréchal Souwarow. Il n'en fut heureusement pas de même de ce dernier. Il était habitué à tout rapporter à lui, et à n'avoir en vue que ses propres triomphes ; voulant tout embrasser, il oublia facilement le plan convenu ; il tint à ce qu'il ne restât plus rien à faire en Italie, quand il l'aurait quittée, et aussi à terminer tout, par lui-même, en Suisse. Toutefois, et malgré le temps qu'il faisait ainsi perdre aux alliés, la France n'en restait pas moins exposée à un danger imminent. Le Directoire ordonna la formation d'une nouvelle armée des Alpes, qu'il chargea de défendre la Savoie et le Dauphiné. Cette armée devait, en même temps, et suivant les circonstances, seconder le général Masséna, du côté de la Suisse, ou se porter au secours de l'armée d'Italie.

Le commandement de cette nouvelle armée fut confié au général Championnet, qui venait de venger, devant un conseil de guerre, son honneur indignement attaqué par les misérables, dont il avait courageusement réprimé les excès et les abus de pouvoir, à Naples. Ce procès, scandaleux pour l'autorité, dont les agents y jouaient un rôle honteux, venait de se juger à Grenoble, où le général Championnet se trouvait encore, quand il reçut les ordres du Directoire, qui le faisaient passer,

*Armée des Alpes.*

du banc des accusés, à la tête des troupes. Son premier soin fut d'assurer la défense des places, des retranchements et des passages, qui sont à l'entrée de la Savoie et du Dauphiné. Il chercha ensuite, par des diversions utiles, à favoriser les mouvements de l'armée d'Italie, dans le temps où Joubert allait livrer la funeste bataille de Novi.

Le général Championnet devait avoir cinquante mille hommes. Dès qu'il en eut vingt-cinq mille, il descendit dans les vallées du Piémont, depuis la Novalèse, au débouché du Mont-Cénis, jusqu'au col de Tende, et il fit enlever à la baïonnette les postes importants de la Tuile, sur le Saint-Bernard, de la Ferrière, d'Oulx, d'Exilles, du Mont-Genèvre, et plusieurs autres, jusqu'aux Barricades. Après la mort de Joubert, le Directoire nomma le général Championnet pour le remplacer, et il lui laissa les troupes de l'armée des Alpes, pour les joindre à celles de l'armée d'Italie, qui, seule, conserva sa dénomination. Moreau lui remit, à Gênes, le commandement. Pouvant alors disposer de plus de cinquante mille hommes, Championnet crut pouvoir, après le départ des Russes, reprendre l'offensive sur les Autrichiens. Je reviendrai plus loin sur l'opération qu'il essaya alors.

Opérations sur le Rhin. J'ai à dire quelques mots des opérations sur le Rhin, quoiqu'elles aient été bien insignifiantes pendant cette campagne, et sans influence sur le sort de la guerre. Les moyens étaient faibles de part et d'autre, les entreprises sans importance, et l'armée que nous avions de ce côté ne sortait pas du rôle secondaire qui lui était dévolu. Elle n'en joua un que pour servir de prétexte au mouvement prématuré que fit l'armée de l'archiduc Charles, lorsqu'elle quitta la Suisse, un peu avant l'arrivée du maréchal Souwarow, mouvement qui portait l'armée autrichienne sur le bas Rhin, où nous n'avions cependant, de notre côté, rien qui pût lui inspirer quelque inquiétude.

Pendant la courte expédition du général Jourdan sur le haut Danube, l'armée d'observation, sous les ordres du général Bernadotte, n'avait rien fait, car on ne peut attacher aucune importance à quelques combats partiels du côté d'Offembourg, vers Philisbourg, et sur le Necker. Le général Bernadotte, ayant été appelé au ministère, fut remplacé provisoirement, dans le courant de juillet, par le général Muller, en attendant l'arrivée du général Moreau, qui était nommé au commandement de cette armée. Elle devait être de soixante mille hommes, mais en y comprenant les garnisons des places, depuis Strasbourg jusqu'à Dusseldorff, de sorte qu'il ne restait qu'environ trente mille hommes pour l'armée active. On en avait formé trois divisions, qui étaient en avant de Kehl et de Mannheim ; une quatrième division, tirée de la garnison de Mayence, se tenait aux environs de Francfort et sur les deux rives du Mein, pour lever des contributions. Cette petite armée avait devant elle un corps d'observation commandé par le général Sztarray, et environ d'égale force. Ce corps était soutenu par une landsturm, ou levée en masse, des habitants de la partie de l'ancien électorat de Mayence, situé à la droite du Rhin ; le baron d'Albini, ancien ministre de l'électeur, l'avait organisée, et elle comptait dans ses rangs vingt mille hommes bien armés[1].

Néanmoins, le général Muller avait reçu l'ordre d'attirer vers le bas Rhin l'attention des ennemis, et de leur enlever sur la rive droite toutes les ressources qu'il pourrait trouver. En conséquence, la division de Mayence, sous les ordres du général Baraguay-d'Hilliers, marcha sur Francfort, où elle imposa une forte contribution, passa le Mein à Sachsenhausen, envoya un détachement à Aschaffembourg, et se dirigea, par le pays de Darmstadt, sur Heidelberg, pour se réunir à la colonne du général Muller, qui était partie de Mannheim et avait ses avant-postes à Heilbronn. Le détachement d'Aschaffembourg fut vivement ramené par la landsturm du baron d'Albini, qui

---

[1] Voir à la fin du chapitre, n° 17.

reprit Francfort, occupa les bords du Mein, et donna des inquiétudes à Mayence, tandis que la cavalerie autrichienne éloigna d'Heilbronn les Français, et que d'autres corps les menacèrent par les routes de Pforlenheim et de Rastadt.

De tous côtés, l'attention des ennemis était ainsi éveillée; mais ils ignoraient encore le but de tous les mouvements du général Muller; ils ne l'apprirent que lorsque le général Muller, ayant secrètement rassemblé ses colonnes, dont la force totale pouvait s'élever à dix-huit mille hommes, eut investi Philisbourg, et porté à Bruschsal un corps d'observation. Cette entreprise, conduite avec beaucoup d'intelligence, lui fit un grand honneur, quoique le succès ne répondît pas à son attente; il s'y était préparé en faisant remonter de Mayence, par le Rhin, un équipage de grosse artillerie et un pont de bateaux qu'il laissa à Mannheim, afin d'assurer sa retraite en cas d'événement. Dans la nuit du 7 au 8 septembre, il fit commencer le bombardement de Philisbourg, et le continua sans interruption, pendant cinq jours et cinq nuits; la ville fut presque réduite en cendres. Le rheingrave, qui la défendait, renvoya les sommations qui lui furent adressées, comme déjà, quelques mois auparavant, il avait repoussé celles du général Bernadotte. Sa fermeté sauva la place. Aussitôt que le général Sztarray fut instruit de sa situation, il partit de Donau-Eschingen et marcha à son secours. Le 13, le siége fut levé, et le général Muller fit sa retraite sur Mannheim, où il s'arrêta, pour faire repasser le Rhin à son armée. Malheureusement, il y laissa une arrière-garde de cinq mille hommes, sous les ordres du général Laroche, dans l'espoir qu'elle pourrait défendre les retranchements imparfaits, élevés en avant de la ville. L'archiduc avait quitté la Suisse, depuis plus de quinze jours ; il fit forcer de marche à ses divisions, et le 17 septembre, il attaqua Mannheim avec vingt-cinq mille hommes. Le général Laroche leur opposa une vive résistance jusqu'au moment où les portes furent enfoncées à coups de canon. Il avait trop tardé à se retirer ; il ne put éviter le désordre, et il ne sauva que des débris de son corps : la plus grande partie tomba au pouvoir de l'ennemi.

*L'archiduc Charles arrive sur le Rhin.*

Ce fut le seul trophée que l'archiduc retira de son mouvement, puisque Philisbourg était déjà débloqué. Il pouvait se dispenser de marcher lui-même pour obtenir un si minime résultat, et il ne manquait pas de lieutenants qu'il pût en charger. Nous verrons bientôt, en reprenant le récit de la campagne de Suisse, les conséquences qu'a eues ce faux mouvement de l'archiduc. Il a été le fait capital de la campagne et la principale cause des succès que nous avons eu le bonheur de remporter.

On craignit que l'archiduc, après s'être rendu maître de Mannheim, ne fît passer le Rhin à son armée. Déjà, par ses ordres, la landsturm du baron d'Albini s'était approchée de Mayence; on rassemblait des bateaux pour jeter des ponts; les troupes autrichiennes, réunies au bord du fleuve, semblaient, par leurs démonstrations, être prêtes à le franchir; et, de leur côté, les Français n'étaient pas en état de les en empêcher. Le général Muller, affaibli par la perte d'une partie de la division Laroche, et obligé, pour la sûreté des places, d'y renvoyer les détachements qu'il en avait tirés pour faire son expédition, ne conservait près de lui, à Urckheim, qu'un faible corps d'observation. Mais tout se passa beaucoup mieux qu'on ne l'avait cru. Le prince renonça de lui-même à ses projets, lorsque les événements qui survinrent en Suisse l'obligèrent à se porter de nouveau de ce côté, et il ne fut plus question du passage du Rhin, dont le cabinet de Vienne avait conçu le projet. L'armée autrichienne revint sur ses pas, et elle laissa au général Muller la liberté de recommencer ses promenades sur la rive droite du Rhin.

Je terminerai ce chapitre par le récit succinct de ce qui se passa, à la même époque, en Hollande, où une expédition formidable, combinée entre l'Angleterre et la Russie, et qui nous avait inspiré de vives inquiétudes, échoua cependant par les

*Expédition anglo-russe contre la Hollande.*

excellentes dispositions du général qui y commandait. Nous y étions faibles, comme sur tous les autres points. D'après les traités avec la république batave, nous devions y tenir une armée de vingt-quatre mille hommes de troupes françaises, mais soldées et entretenues par ce gouvernement. Cependant, on en avait retiré la plus grande partie, pour envoyer des renforts aux autres armées, tout en continuant à exiger leur solde, et on n'avait laissé qu'environ dix mille hommes en Hollande. Après s'être plaint inutilement, le gouvernement batave vit qu'il devait prendre lui-même les mesures nécessaires pour se garantir de l'invasion, dont les préparatifs se faisaient avec grande ostentation dans les ports d'Angleterre. Il compléta son armée, qui fut mise sous les ordres du général Brune, commandant en chef des troupes françaises, et il fit, sur terre et sur mer, tout ce qu'il fallait pour la défense.

Cependant les alliés disposaient de tant de forces, qui devaient être aidées par la défection déjà préparée de la flotte hollandaise, qu'ils ne doutaient pas du succès. Vingt-sept mille Anglais, commandés par le général Abercrombie, officier de mérite, se tenaient prêts à être embarqués, et ils devaient être rejoints par vingt mille Russes, aux ordres des généraux Hermann et Essen, que des bâtiments anglais allaient chercher dans la

Baltique. Le duc d'York eut, comme généralissime, le commandement de toutes ces troupes.

Il est probable qu'une pareille armée, composée de corps choisis, et pourvue avec profusion de tout ce dont elle pouvait avoir besoin, aurait fait la conquête de la Hollande, si les divers corps de l'expédition avaient été plus prompts à se réunir, et surtout si l'on s'était gardé d'indiquer le point menacé, jusqu'au moment où toutes les troupes, rendues à la fois au lieu de débarquement, auraient pu commencer ensemble les opérations. Le général Brune, incertain sur le point d'attaque, eût tenu ses troupes dispersées, et n'eût pas pu les réunir à temps, pour s'opposer aux premiers progrès des ennemis. Mais on doutait à Londres si peu du succès, qu'on ne prit pas les plus simples précautions.

Les troupes anglaises furent envoyées les premières, et en deux convois. Le premier, composé de treize à quatorze mille hommes, débarqua au Helder, le 27 août; le général Abercrombie marcha aussitôt sur les Dunes, où il rencontra la division hollandaise du général Daendels. Après une affaire très-vive, et une belle résistance, celle-ci, obligée de céder à la supériorité du nombre, dut évacuer la presqu'île du Helder, pour prendre une position plus resserrée. La passe du Texel se trouva ouverte, et l'escadre de l'amiral Duncan y pénétra.

L'escadre des Hollandais, consistant en neuf vaisseaux de ligne et plusieurs frégates, était mouillée dans le chenal intérieur du Texel. L'amiral Story, qui la commandait, voulut la rapprocher de l'entrée du Nord, pour aller chasser les transports ennemis qui étaient à l'ancre dans la rade; il avait déjà rejeté la sommation de l'amiral Duncan, et, comptant sur la fidélité de ses équipages, il se préparait au combat. Mais au signal d'appareiller, la révolte éclata, les matelots menacèrent leurs officiers, jetèrent à la mer les munitions, et refusèrent d'obéir. Il ne restait à l'amiral Story qu'à se rendre prisonnier avec tous ses officiers; et les Anglais emmenèrent dans leurs ports les derniers restes de la marine hollandaise, sans donner même au stathouder, pour qui ils disaient avoir fait cet armement, la satisfaction de voir flotter ses couleurs.

Désormais fixé sur le point d'attaque, le général Brune y dirigea, de tous côtés, les troupes qui étaient à sa disposition; en même temps il pourvut à la défense d'Amsterdam, fit prendre les armes dans toutes les villes aux compagnies bourgeoises, et rassembler des secours en Belgique. Le 3 septembre, il établit son quartier général à Alkmaer; il avait en ligne vingt-cinq mille hommes français ou hollandais; sa gauche, placée en avant de Bergen, s'appuyait à la mer. Le général Abercrombie s'était retranché dans un terrain entrecoupé, appelé le Zip, où il attendait le restant de l'expédition; cinq mille hommes de la seconde division anglaise venaient de le joindre, et ils élevaient ses forces à dix-sept mille hommes. Le général Brune jugea qu'il convenait de les attaquer, avant qu'ils se fussent plus solidement établis et qu'ils eussent reçu de nouveaux renforts. Le 9, il les attaqua sur trois colonnes; mais il ne fut pas possible de les déloger des redoutes qu'ils avaient construites sur la digue du Zip, et où ils étaient protégés par le feu des frégates embossées près du rivage. La division hollandaise, celle qui venait de se distinguer à la défense du Helder, se mit même dans une déroute complète, et se sauva. Le général Brune dut faire des exemples, qui produisirent un excellent effet; la discipline fut raffermie, et pendant le reste de la campagne, les troupes hollandaises se conduisirent parfaitement; la défection des marins hollandais ne trouva point d'imitateurs dans l'armée de terre.

Les Anglais ne profitèrent pourtant point de l'avantage qu'ils avaient remporté le 9. Seulement une de leurs flottilles entra dans le Zuyderzée, s'empara de Medenblick et menaça Amsterdam, où, nuit et jour, on augmentait les moyens de défense. Le général Abercrombie, renfermé dans ses lignes du Zip, n'était pas en état de se livrer à d'autres entreprises, avant que le duc d'York l'eût rejoint avec le restant des Anglais et avec les Russes. Ils arrivèrent successivement, dans le courant de septembre; alors les alliés se trouvèrent avoir trente-cinq mille hommes réunis. Mais, pendant ce temps, le général Brune s'était affermi dans sa position par de bons retranchements; il avait aussi reçu des renforts, et il en attendait encore d'autres de la Belgique. Le duc d'York, voulant prévenir leur arrivée, se décida à une attaque générale, pour le 19. Il disposa son armée sur trois colonnes : celle de droite était destinée à enlever les positions des Français, en avant de Bergen, et à couper ensuite leur retraite, par la route qui longe les bords de la mer.

*Bataille de Bergen.* La gauche des Français fut, en effet, forcée dans le village de Bergen, et elle dut se concentrer dans un bois en arrière, pour y attendre des secours; mais elle découvrait la gauche du centre, qui était déjà pressé par le duc d'York. Cependant le général Brune fit soutenir le général Vandamme par ses réserves, et rappela, en même temps de sa droite le général Daendels, pour soutenir le centre. Cette belle manœuvre, faite au milieu du combat au moment où les ennemis paraissaient assurés de la victoire, eut un succès complet. Le général Vandamme, ayant reçu des renforts, reprit vivement l'offensive; il passa au travers de la colonne du général Hermann, la sépara des Anglais et l'enferma dans Bergen. Les Russes se défendirent dans les maisons et dans l'église, en désespérés; mais tout fut emporté à la baïonnette, tué ou pris; de neuf mille hommes et d'une artillerie considérable, il n'échappa presque rien. Le général Hermann se trouva parmi les prisonniers, et le général Essen, qui commandait sous lui, fut grièvement blessé. Cette action vigoureuse fit un grand honneur aux généraux Vandamme et Gouvion.

Le centre, composé des troupes hollandaises, se maintint bien, malgré de vives attaques dirigées par le duc d'York. La droite perdit un peu de terrain; mais le général Abercrombie, qui espérait pouvoir s'avancer dans la direction d'Amsterdam, fut arrêté par l'échec que la droite des alliés avait éprouvé. Pendant la nuit, l'armée alliée rentra dans ses lignes du Zip, et le général Brune reprit aussi ses positions.

Douze jours s'écoulèrent sans aucune opération de part ni d'autre, chaque armée s'occupant à s'affermir dans ses positions. Les alliés reçurent la division russe qui était restée en arrière. Le général Brune reçut aussi quelques renforts, qui cependant le laissaient toujours fort inférieur en force aux ennemis ; il y suppléa par des ouvrages de toute nature et des inondations. Mais le duc d'York ne pouvait plus différer de prendre un parti ; il n'avait fait encore aucun progrès, ses troupes commençaient à souffrir, le temps allait devenir mauvais, et les communications étaient déjà fort difficiles. Il avait aussi à cœur de venger l'affront reçu à Bergen, affront qui avait à la fois renversé les espérances du stathouder, et augmenté l'énergie de la résistance que les Hollandais opposaient. Il voulait enfin prévenir l'arrivée d'une nouvelle division française, que le général Kellermann amenait de la Belgique.

Il se décida ainsi à une seconde attaque générale, pour le 2 octobre, en portant, cette fois, son principal effort sur la gauche des Français, et en inquiétant seulement leur droite et leur centre. Cette disposition était bien entendue ; aussi le général Vandamme, accablé par le nombre et pris en flanc par le feu de chaloupes canonnières qui longeaient la côte, fut-il, après une résistance héroïque qu'il prolongea toute la journée, contraint à se retirer, et le restant de l'armée dut suivre ce mouvement. La retraite se fit dans le meilleur ordre, sans que l'ennemi pût parvenir à l'entamer, et l'armée put prendre, en arrière, au Beverwick, une position plus forte et plus concentrée que la première. Les ennemis ne retirèrent d'autre avantage de cette affaire sanglante, que d'occuper quelques lieues de pays inondé.

C'était pourtant un succès, qui relevait les espérances des alliés. Le duc d'York voulut le poursuivre, et le 6 au matin, il fit attaquer la position de Beverwick ; au début de l'affaire, il eut un léger avantage. Mais le général Brune, qui avait reçu, la veille, un renfort de troupes françaises, prit à son tour l'offensive ; puis, saisissant avec habileté un moment d'hésitation qu'il remarqua dans les colonnes ennemies, il se mit à la tête d'une charge générale qui rompit la ligne des alliés, et il les repoussa jusque près d'Alkmaer, en leur faisant éprouver des pertes très-considérables. Assuré de la victoire, à la nuit, il fit rentrer l'armée dans la position de Beverwick.

Dans l'état où se trouvaient les ennemis, cette défaite devenait décisive ; vaincus à Beverwick, comme ils l'avaient été à Bergen, ils étaient déçus de l'espoir d'être plus heureux dans de nouvelles attaques. Ils étaient enfermés dans un pays presque couvert d'eau, où ils ne trouvaient aucune ressource, et où ils ne pouvaient même pas s'étendre ; les chemins étaient devenus impraticables par les pluies et les inondations ; l'arrivage des subsistances était soumis aux contrariétés de la mer ; il n'y avait aucun établissement pour les blessés et les malades, dont l'armée était encom-

*Bataille de Beverwick.*

brée; le plan d'opération ne pouvait plus être changé, dans cette saison déjà trop avancée; la navigation allait aussi devenir de plus en plus difficile; il s'agissait enfin, non pas seulement de renoncer à une entreprise dont l'impossibilité était désormais démontrée, mais de sauver les restes d'une armée naguère si florissante. Sous l'empire de ces réflexions, un conseil de guerre, convoqué par le duc d'York, décida à l'unanimité qu'on devait se retirer, et reprendre les lignes du Zip, pour se rapprocher des vaisseaux et y attendre de nouveaux ordres du gouvernement.

*Retraite du duc d'York.* Autorisé par cette décision, le duc d'York mit son armée en mouvement, et la fit rentrer dans le Zip. Ses troupes marchèrent en bon ordre, malgré les difficultés qu'elles rencontraient à tout instant; mais ce ne fut pas sans laisser d'horribles traces de leur passage. Les chantiers, les établissements de marine, les propriétés publiques, les digues, les écluses, les vaisseaux et les bâtiments qu'on ne pouvait emmener, tout fut détruit et dévasté par les Anglais; et cependant ils abandonnaient, sur les routes, leurs blessés, en les confiant à la générosité française!

*Convention d'Alkmaer.* Ce mouvement de retraite fut suivi par l'armée française, et, bientôt après, le général Brune reçut un parlementaire qui apportait, au nom du duc d'York, la proposition d'un armistice, suivi de l'entière retraite et du rembarquement de l'armée anglo-russe. Ces bases furent acceptées, et le 18 octobre, une convention, signée à Alkmaer, stipula que les hostilités seraient suspendues, et que, de part et d'autre, tous les travaux d'attaque ou de défense cesseraient; que le rembarquement successif des Russes et des Anglais serait terminé le 1.$^{er}$ décembre; qu'ils laisseraient en bon état les ouvrages de fortification, ainsi que les batteries de côte ; que huit mille Français et Hollandais, faits prisonniers de guerre dans la campagne, ainsi que l'amiral Dewinter, seraient immédiatement rendus ; que l'escadre anglaise évacuerait, en même temps, le Zuyderzée, le Texel, les îles, ports et havres qui en dépendent, etc.... On parla de la flotte hollandaise, dont les Anglais s'étaient emparés par trahison ; mais la convention ne contint rien à ce sujet. Peut-être si le général Brune avait insisté sur ce point, aurait-il obtenu la restitution de cette flotte, car les ennemis étaient dans une position si fâcheuse, que, pour sauver leur armée, ils ne pouvaient éviter de se soumettre à cette condition de justice rigoureuse. Cependant, l'état de l'armée française, qui avait aussi beaucoup souffert, et la difficulté de lui faire tenir la campagne plus longtemps, peuvent n'avoir pas permis au général Brune de se montrer aussi exigeant. Il était encore possible que les ennemis parvinssent à lui échapper, après avoir consommé la ruine, déjà commencée, des nombreux établissements de marine qui sont répandus dans la Nord-Hollande ; tandis que la convention en assura, du moins en partie, la conservation, et cet objet avait une plus grande importance que la restitution de vaisseaux qui, à la rigueur, pouvaient se remplacer. A part cette légère observation, il n'y a que des éloges à donner à toutes les combinaisons du général Brune, combinaisons si bien prises, que, pendant toute la durée des opérations, il n'eut pas à y apporter le moindre changement, et c'est ce qui en prouve la perfection. Secondées par la valeur des troupes, elles devaient être couronnées de succès.

J'ai fait remarquer deux belles actions du général Brune, son mouvement habile et hardi à la bataille de Bergen, en manœuvrant de sa droite à sa gauche, à la tête de sa cavalerie, et la charge, qu'il dirigea en avant de Beverwick, pour rompre la ligne des Anglo-Russes. A ces traits, on reconnaît le chef digne de commander.

Du côté des alliés, deux fautes principales leur attirèrent l'humiliation d'être réduits à capituler, et de perdre ainsi les frais immenses d'un armement, qui avait non-seulement menacé d'envahir la Hollande, mais de changer le sort des pays voisins. J'ai déjà signalé la plus grave de ces fautes, l'envoi prématuré du général Abercrombie avec treize à quatorze mille hommes, avant que le restant de l'armée fût réuni et en état de suivre; la seconde division russe n'arriva qu'un mois après. Il était évident que cette avant-garde était insuffisante pour avancer dans l'intérieur du pays, qu'elle devait être arrêtée par la moindre résistance, et qu'en fixant l'attention sur le point d'attaque, bien avant qu'on fût à même de frapper un coup décisif, elle donnait le temps aux Français et aux Hollandais de rassembler leurs moyens, de multiplier les obstacles, de disputer le terrain pied à pied, d'attendre des secours et de rendre le succès incertain. Il y avait, en outre, les chances de la mer à craindre, moins encore pour le débarquement des troupes, que pour le service des subsistances pendant toute la durée des opérations, puisque les communications de l'armée n'avaient lieu que par mer. Enfin on devait s'attendre à ce que, pour s'établir et pour faire une conquête, il faudrait, tôt ou tard, livrer une grande bataille. On devait prévoir qu'on s'exposait à la perdre en l'engageant partiellement, et qu'il suffisait même d'une affaire indécise, d'une simple appréhension sur le résultat définitif, pour ruiner l'entreprise dans de pareilles conditions. Un tel projet exigeait aussi, pour réussir, un secret absolu jusqu'au moment de l'exécution. Le ministère anglais fit le contraire. Il annonça hautement le but de ses préparatifs; il se persuadait que leur immensité inspirerait la confiance aux uns et la terreur aux autres, et rendrait l'opération plus facile. Il fut égaré par sa présomption.

Cette faute est tout entière à reprocher au gouvernement. Quant au généralissime, il eut tort sans doute de s'y prêter; et, tout en obéissant, il devait au moins, par sa prudence et ses bonnes dispositions, corriger ce qu'il y avait de vicieux dans le plan. Cependant il commit, de son côté, les mêmes fautes. A l'affaire de Bergen, il commença par mal engager les troupes russes, en les mettant en ligne, dès le lendemain de leur débarquement, sans leur donner le temps d'étudier le terrain entrecoupé où elles allaient combattre, circonstance qui contribua à les désunir. En même temps, il se priva du corps commandé par le général Abercrombie, en le détachant à une trop grande distance, sur sa gauche, pour aller recueillir les fruits d'une victoire qu'il n'était pas encore assuré de remporter.

Tout dépendait du succès de cette première bataille; le duc d'York ne devait donc rien négliger pour la rendre décisive, en y faisant participer tout ce qu'il avait de moyens, et en se ménageant des réserves. S'il l'avait gagnée, il aurait pu alors envoyer au loin des détachements, et faire des progrès d'autant plus rapides, que les Hollandais consternés eussent été portés à se soumettre, pour éviter de plus grands malheurs. Il la perdit, et tout fut perdu sans espoir de retour, car il fut ensuite obligé de rester douze jours dans une inaction complète, et occupé à réparer le désastre de la journée du 19 septembre. L'effort, que le duc d'York fit le 2 octobre, lui fut commandé par la nécessité de faire sortir, au plus tôt, son armée de la fâcheuse position où elle se trouvait, et le léger succès qu'il y remporta ne lui procura aucun avantage, puisqu'il se trouva aussitôt arrêté devant une nouvelle position, où, quatre jours après, l'événement le plus ordinaire, une charge, le mit, avec toutes ses troupes, à la merci des vainqueurs. C'était la conséquence de l'épuisement de ses moyens, puisque une si faible cause le fit succomber avec la même facilité qu'un grain, jeté dans le bassin d'une balance, en rompt l'équilibre.

Je ne pousserai pas plus loin cette analyse de la campagne de 1799, en Italie, sur le Rhin et en Hollande. Elle suffit pour nous retracer l'ensemble de la situation à cette époque, et la liaison des événements qui, pour la plupart, exercèrent une influence directe sur la situation particulière de l'armée du Danube, celle qui m'intéresse spécialement. Ainsi je ne dirai rien de l'expédition d'Égypte, qui est tout à fait en dehors de mon cadre. Cette analyse me paraît également suffire pour signaler les principales causes des revers que nous éprouvâmes alors, ainsi que les fautes les plus saillantes qui furent commises de part et d'autre; il était nécessaire de les rappeler pour l'intelligence de l'histoire. Ce motif seul a pu surmonter ma répugnance à dire mon opinion, quand elle était sévère, sur le compte de certains hommes, et à censurer quelques-uns de leurs actes. Je n'avais pas à faire d'apologies, comme ont pu en faire des écrivains qui avaient des ménagements à garder; mais mon respect pour les réputations bien acquises, et la crainte d'être injuste, m'ont longtemps fait hésiter. J'ai cependant réfléchi que je pouvais encore, sans offenser personne ni nuire à aucune renommée, dire avec liberté mon sentiment. Quel qu'il soit, il pourra toujours servir à provoquer des rapprochements avec d'autres opinions accréditées, et à éclairer des études, comme celles que j'ai faites moi-même, pour en tirer des leçons.

# NOTES ET PIÈCES

## DU CHAPITRE XIII.

### N° 17.

#### NOTE.

L'organisation que reçut à cette époque la levée en masse des habitants de la rive droite du Rhin, était parfaitement entendue. Le peuple, soulevé par des proclamations qui lui représentaient les Français comme se livrant à tous les excès, enlevant les ressources du pays et exigeant des contributions, courut aux armes avec enthousiasme. Le nombre fut si grand, que le baron d'Albini dut en renvoyer une partie, mais il garda vingt mille hommes des plus dispos, auxquels il donna une formation régulière, et il choisit parmi eux des corps d'élite, grenadiers, chasseurs, hussards, même des artilleurs. Tous ces corps reçurent des anciens officiers et des soldats qui avaient servi dans la ligne, à raison d'un homme sur dix, pour les instruire et pour former leurs cadres.

Les paysans renvoyés furent divisés en deux classes; tous les huit jours ils devaient se rassembler dans leurs communes, et se tenir prêts à partir, soit pour aller tour à tour remplacer la première classe, soit pour marcher à son secours s'il le fallait; en temps ordinaire, ils veillaient à la sûreté de la commune. Rien de plus simple que cette organisation, qui réunissait les avantages de la régularité, de la promptitude et de l'économie, qui entretenait la sécurité et utilisait l'ardeur belliqueuse d'une nombreuse population, sans avoir aucun des inconvénients qu'on rencontre dans l'emploi des masses irrégulières et levées à la hâte. Les vingt mille hommes de la première classe, qui étaient en ligne, étaient seuls payés; les deux autres classes, ou bans de réserve, ne recevaient pas de solde, tant qu'elles n'étaient pas appelées à l'activité.

Cet exemple, dont l'application pourrait convenir à tous les pays populeux qui ont à craindre une invasion ennemie, surtout s'il existait dans ce pays des éléments de formation de garde nationale et d'anciens militaires retirés du service, m'a paru assez remarquable pour être signalé. C'est une même landsturm, ou levée en masse, qui fut si incommode à l'armée du général Jourdan, lorsque, en 1796, elle se retira sur le Rhin, après la perte de la bataille de Wurtzbourg.

# CHAPITRE XIV

## SOMMAIRE DU CHAPITRE XIV.

Seconde partie de la campagne de Suisse. — Situation des armées. — Combat d'Albis-Rieden. — Divers engagements devant Zurich et sur le lac des Quatre-Cantons. — Succès du général Lecourbe contre l'aile gauche des Autrichiens. — Reprise du Saint-Gothard. — Batailles de la Limmath et de la Linth.

# CHAPITRE XIV.

Le plan général de la guerre qui se poursuivait avec un égal acharnement, depuis Naples jusqu'au Texel, avait fait de la Suisse le pivot des grandes opérations d'attaque et de défense générales, que les parties belligérantes suivaient depuis l'ouverture de la campagne. Les armées en Suisse éprouvaient l'influence immédiate des succès ou des revers des autres armées, et elles étaient souvent obligées de changer leurs dispositions, pour suivre l'impulsion des armées voisines. C'est ainsi que le général Masséna fut obligé d'abandonner les avantages qu'il avait obtenus dans les Grisons et dans l'Engadin, lorsque sa gauche fut découverte par les défaites du général Jourdan à Ostrach et à Liebtingen, et sa droite, par celles du général Schérer, qu'il fut même forcé de secourir, en lui envoyant une de ses divisions. C'est encore ainsi, qu'après les batailles qui se

*Situation des armées en Suisse.*

livrèrent en avant de Zurich, l'archiduc Charles dut suspendre sa marche pour renforcer, de toute son aile gauche, le maréchal Souwarow, et que, près de remporter le prix de ses combinaisons, il vit son armée tout à coup privée de sa supériorité, et mise en équilibre avec celle du général Masséna. Il devait en résulter, sinon l'interruption des hostilités, du moins leur ralentissement, et une sorte de balancement qui en modérait l'activité.

Les deux armées comptaient chacune environ soixante mille hommes, et elles s'occupaient, l'une et l'autre, à s'affermir dans les excellentes positions où elles s'étaient arrêtées après la bataille du Zurich-Berg. Aucune ne pouvait prendre une supériorité marquée sur l'armée opposée, ni se permettre de grands mouvements, sans se découvrir elle-même et s'exposer. Le danger, égal de part et d'autre, contribua assez longtemps à maintenir l'équilibre et à empêcher des entreprises d'un effet décisif. Il y eut bien, pendant cette période, de fréquents engagements, tantôt au centre, entre les avant-gardes, tantôt sur les ailes, pour se déborder réciproquement ou s'enlever des appuis; mais toutes ces affaires, de postes ou de divisions, étaient plutôt des essais, pour provoquer des fautes chez son adversaire et les mettre à profit, que le développement d'un plan général, pour changer de situation. On s'observa des deux côtés en temporisant ; on éleva des retranchements, on reçut des renforts, et, en attendant que quelque occasion se présentât d'ébranler les masses, on fit des préparatifs.

Nous avons laissé, le 7 juin, l'aile droite de l'armée française, formée de deux divisions, aux ordres du général Lecourbe, et s'étendant, depuis le lac des Quatre-Cantons, en arrière de celui de Lauer et en avant de celui de Zug, jusqu'à la rive gauche de la Sihl, vers Menzigen. Elle avait, devant elle, le corps du général Hotze, commandé provisoirement par le général Jellachich. Le centre, composé de quatre divisions, dont celle que je commandais formait l'avant-garde, s'étendait depuis le pont de Sihlbruch, par la chaîne de l'Albis et Albis-Rieden, jusqu'à la Limmath, et suivait cette rivière jusqu'à l'Aar. En face étaient les principales forces de l'archiduc, avec une forte avant-garde en avant de Zurich, et occupant aussi Alstetten. Des corps d'observation gardaient l'Aar et le Rhin, jusqu'à Rheinfelden, et se liaient à l'aile gauche qui occupait le camp retranché du petit Basle, et en avant, la position de Larrach. Enfin, un corps détaché, sous les ordres du général Turreau, gardait le Valais.

Aussi resserrée que les localités pouvaient le permettre, la position de l'armée française réunissait les avantages de traverser tous les versants, depuis le Rhin jusqu'au Rhône, où l'on trouvait de bons appuis, et de couvrir les débouchés des vallées qui aboutissent à la plus faible partie de nos frontières; en même temps, elle offrait sur ses derrières de belles communications pour le transport des subsistances et des munitions, qu'on faisait en entier venir de France. Elle fut bientôt mise à l'épreuve.

*Combat d'Albis-Rieden.*  Le 8 juin, le lendemain de notre arrivée sur l'Albis, nous étions occupés à nous fortifier, lorsqu'une forte colonne autrichienne engagea le combat contre ma division. J'éprouvai d'abord du désavantage; je fus repoussé d'Albis-Rieden, du bois qui est en arrière et des abatis que nous y avions faits. Je n'avais, pour reprendre ma position, que huit cents conscrits, formant le 3ᵉ bataillon de la 106ᵉ, arrivés de la veille; ils paraissaient au feu, pour la première fois. Je craignais de m'en servir, et je les avais tenus en réserve; mais ils montraient une grande ardeur, ils avaient de bons officiers, et j'espérai qu'ils suppléeraient par leur courage à l'instruction qui leur manquait. Je leur ordonnai de charger à la baïonnette, sans tirer un coup de fusil. Ils s'ébranlèrent en silence, marchèrent avec calme, se pressèrent entre eux, pour ne point se désunir, joignirent les ennemis et les enfoncèrent; tout plia devant eux, les canonniers furent enlevés sur leurs pièces. Ce succès détermina un retour offensif du restant de la division; à 10 heures du soir, on se battait encore, et tous nos postes étaient repris. Nous gagnâmes à cette action beaucoup de prisonniers et le temps de rendre désormais notre ligne inexpugnable.

Le général en chef fut pourtant d'avis que, pour mieux assurer ce dernier avantage, ainsi que pour cacher nos desseins ultérieurs, il était bon d'imposer respect aux ennemis en prenant sur eux l'offensive, et de les tenir en échec, par des attaques souvent répétées sur divers points de la ligne, qui leur fissent craindre de plus grandes entreprises. C'était, à la fois, le moyen d'aguerrir les jeunes soldats, d'augmenter la confiance de l'armée et de fatiguer les Autrichiens, en leur faisant partager leurs forces et leur attention entre toutes ces petites affaires. Un résultat plus utile encore était d'y habituer l'ennemi, de lui inspirer une fausse sécurité, et de le rendre négligent, pour le jour où nous voudrions faire de plus grands mouvements.

Suivant ce plan, j'eus à attaquer le corps autrichien campé en avant de Zurich, qui nous gênait. Le 15 juin, à 2 heures du matin, je le fis assaillir par quatre colonnes. Dans un instant, tout fut enlevé, avec les villages d'Alstetten et de Windikon, qui appuyaient la ligne ennemie, et nous rejetâmes les Autrichiens dans Zurich. Mais il n'était pas en notre pouvoir de les y tenir enfermés; les renforts qu'ils reçurent, le canon de la place et le feu des batteries établies sur la rive droite de la Limmath, les favorisèrent pour s'avancer de nouveau. L'engagement était déjà pour nous sans utilité, et il avait produit tout ce que nous pouvions en attendre. A 9 heures, je fis cesser le combat et rentrer les troupes dans leurs positions ; les Autrichiens reprirent aussi leurs postes, excepté le village d'Alstetten, que nous gardâmes. Cette petite affaire occasionna aux ennemis une perte de huit à neuf cents hommes, dont trois cent cinquante prisonniers; celle que j'éprouvai ne s'éleva pas au quart.

L'occupation d'Alstetten nous fut très-utile, surtout celle du plateau qui est en arrière, par la facilité que j'y trouvai, pour le fortifier et pour en faire le principal appui de ma ligne. Le général en chef venait d'étendre cette ligne, en ajoutant au commandement de la 3$^e$ division, que j'avais déjà, celui de la 4$^e$ division établie à ma gauche. Cette disposition me mit à même de donner à la défensive plus de solidité et de prendre une attitude offensive, pour inspirer des craintes aux ennemis. Bientôt, à leurs précautions, nous jugeâmes qu'ils commençaient à en éprouver; leurs fréquents mouvements nous les confirmèrent, et les rapports que nous reçûmes d'un très-grand nombre de déserteurs, ne nous laissèrent plus de doute sur l'effet que nous avions produit.

Il était de la plus grande importance pour nous, que le centre de l'armée fût ainsi à l'abri des entreprises de l'ennemi, et que, sur ce point, on eût réduit ce dernier à la défensive. Le général Masséna y gagnait la liberté de faire agir sa droite, qu'il avait disposée pour se porter en avant, et le temps de mûrir ses projets, pour frapper des coups décisifs au moment favorable. Les quinze derniers jours du mois de juin furent cependant tranquilles. Les subsistances, dont l'armée supportait la cruelle privation, donnèrent seules des soucis. Le pays, généralement peu productif, était épuisé, les habitants étaient dans la misère, et les troupes, souvent sans pain, attendaient que des convois, venant irrégulièrement de France, apportassent des demi-distributions. Les guerres de la révolution ont offert plusieurs exemples de cette pénurie de vivres, qui entraînait souvent des revers. A l'époque et dans le pays où nous étions, il était presque impossible d'éviter un semblable embarras, quelle que fût la sollicitude du général en chef et la prévoyance de l'administration militaire. La Suisse n'a de ressources qu'en bestiaux; la plus grande partie des grains qu'elle consomme lui vient de l'étranger. Nos réquisitions avaient vidé les magasins, nos mouvements foulaient les récoltes. Les emprunts, les contributions que la nécessité faisait renouveler, cédaient aux cris de l'impuissance et ajoutaient au mécontentement des habitants, sans diminuer notre détresse, que le Directoire français était lui-même hors d'état de faire cesser. Si néanmoins l'armée resta impassible devant ces souffrances, si elle conserva son énergie, pour devenir, de jour en jour, plus redoutable aux ennemis, on doit admirer cette vertu du soldat français, qui lui faisait tout surmonter, pour remplir ses devoirs.

Dans les premiers jours de juillet, le général Lecourbe attaqua les Autrichiens sur tout le front de leur aile gauche, entre la Sihl et le lac des Quatre-Cantons. Il avait formé sur ce lac une flottille de plusieurs bateaux canonniers, dont on fit usage, pour la seconde fois[1]; et il l'employa à protéger le débarquement d'une colonne de grenadiers, dirigée sur le port de Brunnen. Il s'agissait d'y enlever une batterie de six pièces de canon, qui interceptait les communications avec le lac. La batterie fut emportée; mais les ennemis revinrent bientôt en force supérieure, pour la reprendre, et ils obligèrent le général Lecourbe à rentrer

---

1. A l'expédition contre les insurgés des petits cantons, j'avais employé, pour la première fois, des bateaux canonniers, armés de deux pièces.

dans ses positions. Il en fut de même au poste du Jort-Berg, situé au delà du lac d'Égeri, poste qu'on avait pris et qu'on ne put conserver.

Le général en chef fit faire aussi des démonstrations à son aile gauche. Le 11 juillet, partant de l'Arrach, elle remonta la rive droite du Rhin jusqu'à la hauteur de Seckingen ; elle ne rencontra que de faibles détachements, et revint sans avoir eu occasion de s'engager.

Le général Hotze, blessé à la bataille de Zurich-Berg, venait de reprendre le commandement de la gauche de l'armée autrichienne. Il lui parut qu'on avait trop négligé notre droite, et laissé s'écouler trop de temps, pour éloigner de la rive gauche du lac des Quatre-Cantons, les postes du général Lecourbe, qui couvraient la vallée d'Issithal, située un peu au-dessous de l'embouchure de la Reuss. Le 29 juillet, il les fit attaquer et les poussa vivement jusqu'à Bauen, le long du lac ; mais là, une demi-brigade, la 109$^e$, arriva à leur secours, et ramena les ennemis qui, pris en flanc, par le feu des bateaux canonniers, embossés près du rivage, se retirèrent en désordre, perdirent beaucoup de monde, et laissèrent au pouvoir des Français six cents prisonniers, avec le comte de Bey, leur général.

Cette entreprise du général Hotze était combinée avec l'attaque que le général Haddick dirigea dans le Valais, contre la division du général Turreau ; mais cette opération eut pour les ennemis des résultats encore plus fâcheux que la première. Battus partout, quoique la plupart des habitants fussent armés et les secondassent, ils y perdirent leurs canons, dix-huit cents prisonniers, beaucoup de tués et de blessés, et leurs dernières positions dans la partie supérieure de la vallée. Le général Turreau rétablit ainsi ses communications, avec l'aile droite de l'armée, et favorisa le beau mouvement que le général Lecourbe exécutait en ce moment.

*Opérations de l'aile droite.* Le général Masséna était instruit que le corps russe du général Korsakow, fort de vingt-six mille hommes et destiné pour la Suisse, devait passer à Schaffouse, vers le 18 août. Il avait résisté jusqu'alors aux plus pressantes sollicitations, pour reprendre l'offensive, et il avait même encouru la disgrâce du Directoire, en différant de se conformer à ses ordres ; il persistait à attendre qu'une occasion favorable se présentât. Dans ce moment, une partie de l'armée autrichienne se préparait à recevoir les Russes, et elle commençait à se déplacer ; le général Masséna choisit ce même moment, pour faire un grand mouvement, qui devait élever notre aile droite, déposter des petits cantons l'aile gauche des ennemis, et prendre sur elle des revers, après avoir gagné, au Saint-Gothard, la cime des Alpes.

L'exécution en fut fixée au 14 août, peu de jours avant l'arrivée des Russes sur la ligne. L'aile gauche et le centre, d'où plusieurs corps avaient été retirés pour renforcer la droite, durent occuper l'ennemi par des mouvements et des attaques, afin de détourner son attention et de l'empêcher de secourir son aile gauche, vers laquelle tous les efforts se dirigeaient. Je ne m'arrêterai pas au détail du combat de trois jours que je livrai avec ma division, au corps autrichien qui était en avant de Zurich. Comme ce long engagement n'avait pour but que de faire diversion, il suffit d'indiquer que l'objet fut rempli, et qu'à chaque reprise, nous forçâmes les ennemis à aller au-devant de leurs réserves, pour nous ramener dans nos positions. Nous retînmes ainsi, devant nous, les principales forces des Autrichiens, tandis que nous étendîmes notre ligne jusqu'au village de Kilchberg, situé entre la Sihl et le lac de Zurich, afin de priver les ennemis de toute communication par la rive gauche du lac. La division du général Gazan, qui était à ma gauche, me seconda parfaitement dans cette opération.

Pendant que notre centre contenait ainsi les ennemis, que par ses mouvements en avant du camp retranché du petit Basle, l'aile gauche cherchait aussi à attirer leur attention, et qu'on faisait même, du côté de Baden, la démonstration de

<small>Marche du général Lecourbe sur le Saint-Gothard.</small>

forcer le passage de la Limmath, le général Lecourbe déterminait, par de savantes dispositions, le succès de l'aile droite; il se rendait maître des passages du Saint-Gothard, du Furca et du Grimsel, des vallées de la Reuss, d'Urseren et des passages qui mènent par Dissentis, dans celle du Rhin supérieur, ainsi que des principales communications sur l'Italie. Cette manœuvre fut brillamment secondée par le général Turreau dans le haut Valais, et par la division du général Chabran, qui était campée entre la Sihl et le lac de Zug.

Celle-ci passa la Haute-Sihl, s'empara d'Einsiedlen, de Schindellegi et de Richtenschweil, sur le lac de Zurich, battit et dispersa le corps du général Jellachich, qui était chargé de lier la communication du centre de l'armée autrichienne avec son aile gauche. Après l'avoir rejeté sur la rive droite du lac, le général Chabran s'établit, avec sa division, en face de Pfeffikon. Sous la protection de ce mouvement, une brigade, laissée par le général Lecourbe sur la rive droite du lac des Quatre-Cantons, devait marcher sur Schwitz et le Muttenthal. Cette brigade attaqua, au mont Mutten et devant Schwitz, les Autrichiens, auxquels s'étaient réunis huit cents Suisses insurgés, elle les battit, leur fit perdre beaucoup de monde, et les força à se retirer par le Brackel, sur Glaris.

Du surplus de ses troupes, déjà rendues à la

gauche du lac des Quatre-Cantons, le général Lecourbe forma cinq colonnes. « Celle de droite, aux ordres du général Gudin, fut chargée de remonter la vallée de l'Aar, de franchir les sommités du Grimsel et le mont Furca, et de redescendre dans la vallée d'Urseren, pour gagner les défilés du trou d'Uri et du pont du Diable, et marcher ensuite, en descendant la vallée de la Reuss, à la rencontre des corps qui étaient destinés à la remonter.

« Une autre colonne, commandée par le général Loison, fut dirigée par le Godmenthal et le Meyenthal, de manière à déboucher dans la vallée de la Reuss, sur la rive gauche de cette rivière, à Wasen, au confluent du torrent de Meyen.

« Une troisième colonne, aux ordres du chef de brigade Daumas, était destinée à partir d'Engelberg, à franchir le mont Surenen, et à déboucher dans la vallée de la Reuss, sur Attinghausen. Par cette manœuvre, elle devait tourner Altorff et Seedorff, poursuivre ensuite l'ennemi dans le Schachenthal, et faire en même temps sa jonction avec la colonne du général Loison, venue par Wasen.

« Deux bataillons, ayant à leur tête l'adjudant général Porson, devaient se porter dans la vallée d'Altorff, par Bauen, Sissithal et Seedorff. Un détachement de ce corps avait ordre de chasser les postes autrichiens qui occupaient les montagnes de Rothstock, avant de redescendre sur Seedorff.

« Le général Lecourbe, de sa personne, s'était réservé l'attaque de front, qui devait s'effectuer par le lac de Lucerne; et, à cet effet, il devait s'y embarquer avec les grenadiers composant sa réserve. Son projet était de s'emparer, en passant, de Brunnen et du débouché du Muttenthal, et de venir ensuite, sous la protection de ses chaloupes canonnières, débarquer son monde à l'embouchure de la Reuss, et en remonter le cours, pour faire successivement sa jonction avec les différentes colonnes qu'il avait dirigées en avant de lui, et qui devaient arriver par les vallées transversales, aboutissant à la rive gauche de cette rivière. Un petit détachement partant de Gersau, par terre, devait longer le lac, pour venir seconder l'attaque de Brunnen et du pont de la Mutten, et pour couper la retraite de l'ennemi dans le Muttenthal. »

Ces diverses colonnes se mirent en marche, le 14 août, et l'attaque fut simultanée sur tout le front de la ligne ennemie. Le général Lecourbe, embarqué lui-même avec la réserve de ses grenadiers sur sa flottille, se réunit, à Brunnen, à la brigade du général Boivin, qui avait emporté Schwitz et le pont de Mutten, après un vif engagement. Les Autrichiens, mis en déroute, abandonnèrent, avec leur artillerie, bon nombre de prisonniers, et se retirèrent sur Glaris. Le général Lecourbe reprit ensuite sa navigation, pour se porter sur Fluelen, où, sous la protection de ses bateaux canonniers, il opéra le débarquement, et il marcha sur Altorff. Les colonnes de l'adjudant général Person et du chef de brigade Daumas se présentèrent au même instant, la première à Seedorf, la seconde à Attinghausen, sur la Reuss. La division autrichienne du général Simbschen, battue sur tous ces points, se retira en désordre, après avoir éprouvé de fortes pertes dans le Schachenthal. Le général Lecourbe, ayant rallié ses trois colonnes, fit poursuivre l'ennemi, rétablir les ponts détruits sur la Reuss, et il poussa, le soir même, jusqu'à Erstfeld.

Le général Loison avait suivi les âpres sentiers qui traversent les glaciers de la grande chaîne de l'Engelberg, pour gagner le Meyenthal. Le soir de la même journée, il arriva à l'entrée de la vallée, devant le fort de Meyen, hexagone revêtu, qui s'appuyait d'un côté à des précipices, de l'autre à des rochers coupés à pic, et qui fermait entièrement le passage. Les troupes demandaient l'assaut; leurs fatigues et l'approche de la nuit le firent remettre au lendemain matin. Le fort fut emporté; on y prit quatre cents hommes qui le défendaient et deux pièces de canon ; ensuite le général Loison pénétra sans obstacle dans la vallée de la Reuss, sur Wasen, d'où il envoya un bataillon à la rencontre du général Lecourbe. Ce dernier, parti de grand matin d'Erstfeld, remontait, de son côté, la vallée; les Autrichiens qu'il trouva en position, au-dessus d'Amsteig, furent attaqués et poursuivis dans le Maderanerthal. De là, continuant sa marche sur Wasen, il se réunit au général Loison.

Il ne restait à rallier que la colonne de droite, commandée par le général Gudin, qui franchissait alors le Grimsel et le mont Furcâ. Pressé de joindre cette colonne, de laquelle il n'avait pas de nouvelles, le général Lecourbe ne s'arrêta à Wasen que le temps de faire reprendre haleine à ses troupes, et, malgré leurs fatigues, il les remit en marche pour forcer, s'il était possible avant la fin du jour, le passage du pont du Diable et le trou d'Uri. Les ennemis l'attendaient à la tête du défilé, en arrière de Geschenen ; ils furent vivement attaqués et poursuivis. On eut l'espoir de passer le pont, pêle-mêle avec eux, mais ils s'étaient préparés à le détruire; des retranchements couverts par une ligne de chevaux de frise masquaient une mine pratiquée au milieu du pont, et qui sauta, à l'instant où passait le dernier soldat autrichien. Les nôtres n'arrivèrent, que pour voir l'abîme s'ouvrir tout à coup et séparer les combattants. Arrêtés par le précipice, et accueillis par un feu meurtrier de mousqueterie, qui partait du bord opposé, ils durent se mettre à l'abri.

Dans la nuit, la brèche du pont fut recouverte de troncs d'arbres, et le général Lecourbe se disposait à faire passer ses troupes, lorsque la tête de la colonne du général Gudin parut, sur la rive droite de la Reuss, au débouché du trou d'Uri. Ce général, après avoir chassé deux mille Autrichiens du Grimsel et du mont Furcâ, où il leur avait fait six cents prisonniers, était descendu dans la vallée d'Urseren, pour prendre entre deux feux le corps ennemi qui arrêtait le général Lecourbe. Mais les Autrichiens ne l'attendirent pas, et ils se retirèrent précipitamment, par l'Oberalp et les sentiers qui mènent à Dissentis.

Ce dernier mouvement rétablit les communications avec le général Turreau, qui venait d'arriver dans le haut Valais ; il rendit aussi le général Lecourbe maître du Saint-Gothard. Mais il restait encore un corps ennemi dans les montagnes du Crispolt, pour défendre l'entrée des vallées du Rhin et continuer à menacer celle de la Reuss. Il eût été imprudent de le laisser à cette proximité. Le général Lecourbe y marcha sur deux colonnes : celle de droite destinée à faire diversion, tourna le Saint-Gothard, par Airolo, pour se porter, par Ems et Sainte-Marie, dans le Mitler-Rhin, tandis que la colonne principale passa l'Oberalp et attaqua de front. Les Autrichiens firent une résistance opiniâtre que favorisaient toutes les difficultés dont cette position était hérissée; mais ils n'en essuyèrent pas moins une entière défaite; et les faibles débris qui parvinrent à s'échapper furent poursuivis jusqu'à Tareuch, près de Dissentis.

Ainsi fut terminé ce beau mouvement, conçu par le général Masséna, et dont l'exécution fit le plus grand honneur au général Lecourbe. Il faut y remarquer la parfaite combinaison des marches tracées aux cinq colonnes d'opération, et la précision avec laquelle ces colonnes se trouvèrent successivement aux divers rendez-vous, sans que la résistance de l'ennemi et les obstacles naturels les retardassent d'un instant. On doit aussi les plus grands éloges à tous ceux qui, généraux, officiers et soldats, concoururent à cette expédition; ils déployèrent tous autant d'intelligence que de valeur. Il est vrai que l'expérience acquise par nos troupes dans ce genre de guerre, depuis l'ouverture de la campagne, leur donnait une grande supériorité sur l'ennemi.

Quant aux avantages que l'armée française retira de cette brillante opération, indépendamment de six à sept mille hommes qu'elle fit perdre aux Autrichiens, elle leur enleva les grandes communications de la Suisse avec l'Italie, communications que le maréchal Souwarow devait suivre, un mois après, et où il devait rencontrer une résistance inattendue ; elle nous ouvrit des débouchés sur la vallée de la Linth et sur les Grisons; enfin elle priva d'appui et elle obligea à la soumission les habitants des petits cantons, qui servaient d'auxiliaires aux Autrichiens.

Cependant l'armée russe du général Korsakow se portait en ligne, à marches forcées. L'archiduc voulut utiliser ce puissant renfort qui était près de le joindre, pour faire diversion aux revers que sa gauche venait d'éprouver, et pour nous menacer de couper nos communications avec Basle et le Bas-Rhin. Il établit fortement sa gauche sur la rive droite de la Linth, entre les lacs de Wallenstadt et de Zurich; les divisions des généraux Jellachich et Simbschen, qui venaient d'être si maltraitées, vinrent s'y rallier, et une division russe fut destinée à soutenir cette aile. Le restant de l'armée russe se mettait en ligne sur la Limmath, et l'archiduc était alors en mesure de passer l'Aar. S'il y parvenait, les succès que le général Lecourbe venait d'obtenir ne nous étaient plus d'aucun avantage, et le général Masséna ne pouvait plus éviter d'évacuer entièrement la Suisse ; il ne serait peut-être parvenu, même au prix de très-grands sacrifices, qu'à rallier son armée au pied du Jura. C'était cette considération qui, jusqu'alors, avait rendu le général Masséna si circonspect à faire des mouvements qui risquassent de découvrir le point le plus faible de sa ligne; et le danger eût été d'autant plus grand dans la circonstance actuelle, que le général Lecourbe se serait trouvé séparé du restant de l'armée. Ce général allait être attaqué par le maréchal Souwarow; celui-ci alors, au lieu de diriger son armée par le Saint-Gothard, eût probablement préféré les passages plus directs du Simplon ou du Saint-Bernard, pour aller se réunir, au pied du Jura, avec l'archiduc. Le général Lecourbe, ainsi pris à revers, eût couru les plus grands dangers.

Heureusement rien de tout cela n'arriva, et le projet du passage de l'Aar, si dangereux pour nous, s'il avait été aussi vigoureusement exécuté que judicieusement conçu, échoua, malgré les moyens dont les Autrichiens disposaient. Le point qu'ils avaient choisi, au-dessous du confluent de la Limmath avec l'Aar, était Dettingen; un coude rentrant que fait l'Aar, en cet endroit, et le commandement de la rive droite sur la rive gauche, rendaient cette position très-favorable à l'établissement d'un pont.

Le 17 août, au matin, quarante pièces de canon, de fort calibre, ouvrirent tout à coup leur feu ; derrière elles, trente-cinq mille hommes attendaient que le passage fût ouvert. Cette canonnade fit accourir les généraux Ney et Heudelet, qui se hâtèrent de rassembler tout ce qu'il y avait de troupes dans les environs ; vers midi, ils avaient réuni dix à douze mille hommes sur le plateau de Borstein, en tête du bois qui domine la plaine de Dettingen. Ils devaient craindre d'être arrivés trop tard et que le passage ne fût effectué ; heureusement, l'imprévoyance et les mauvaises dispositions des Autrichiens y avaient pourvu. Des deux ponts qu'on voulait jeter, l'un était à peine commencé, et les pontonniers autrichiens ne savaient comment continuer l'autre, qui était arrivé à moitié ; les ancres des pontons chassaient sur le fond du lit de la rivière, qui était composé de roches. Découragés de leurs tentatives infructueuses, les Autrichiens finirent par abandonner leur projet, au milieu de l'exécution ; ils demandèrent même au général Ney la permission de retirer de l'eau leurs pontons, en promettant, de leur côté, de cesser le feu de leur artillerie. Le général Ney se hâta d'accepter cette proposition, et ainsi se termina une entreprise si dangereuse pour nous, et pour laquelle l'archiduc avait fait de si grands préparatifs.

<small>Tentative des Autrichiens sur l'Aar.</small>

Ce fut la dernière opération que le prince fit en Suisse ; car, aussitôt que les Russes eurent

<small>Départ de l'archiduc.</small>

remplacé, au centre de la ligne, les Autrichiens, il mit ces derniers en mouvement, pour leur faire repasser le Rhin à Eglisau et à Schaffouse, d'où il les dirigea, partie sur le Brisgau, et partie sur le Palatinat. Ces changements furent terminés à la fin d'août; alors l'archiduc laissa le commandement de l'armée alliée, qui restait en Suisse, au général Hotze, pour le remettre au maréchal Souwarow, quand celui-ci serait arrivé. Il se rendit en personne à Donau-Eschingen, et se porta ensuite sur Philisbourg et Mannheim, comme nous l'avons déjà vu.

*Arrivée du corps russe du général Korsakow. Position des armées.*

Lorsque l'archiduc Charles eut retiré de la Suisse la plus forte partie des troupes autrichiennes, et qu'il se fut éloigné lui-même, le corps d'armée du général Korsakow, fort de vingt-six mille hommes, s'établit sur les hauteurs de Zurich, avec son avant-garde dans le camp retranché de la Sihl, en avant de la ville; sa droite suivait la rive droite de la Limmath, jusqu'à son confluent avec l'Aar, où elle se liait à la réserve du général autrichien Nauendorff, que l'archiduc avait laissée pour observer notre gauche. Une division russe de cinq mille hommes fut détachée entre Rapperschweil et Uznach, à la droite de la partie supérieure du lac de Zurich, pour servir d'appui au corps d'armée autrichien commandé par le général Hotze.

Celui-ci, composé de vingt-neuf bataillons, de quatre régiments de cavalerie, et d'une nombreuse artillerie, s'élevait à plus de vingt mille hommes; il était campé sur la rive droite de la Linth, entre le lac de Zurich et celui de Wallenstadt. La division du général Jellachich, qui en faisait partie, occupa d'abord le canton de Glaris, ensuite elle se plaça entre Mollis et Wesen.

Le général Auffenberg avait remplacé le général Simbschen, dans le commandement de la division autrichienne, forte de huit mille hommes, qui gardait l'entrée des Grisons, et était opposée au général Lecourbe. Un détachement de cette division, sous les ordres du général Lirken, était placé sur la Haute-Linth, pour lier la communication avec le général Jellachich. Les généraux Strauch et Laudon reparaissaient dans le haut Valais, et déjà ils inquiétaient le général Turreau. De concert avec le général Auffenberg, ils se préparaient à attaquer le général Lecourbe, lorsque le maréchal Souwarow se présenterait pour passer le Saint-Gothard.

Ces divers corps russes et autrichiens, avec quelques bataillons suisses, à la solde de l'Angleterre, réunis aux Russes devant Zurich, présentaient un ensemble de plus de soixante mille hommes, sans y comprendre la réserve du général Nauendorff. En outre, l'armée alliée attendait, de jour en jour, les divisions russes réduites à vingt-cinq mille hommes, que le maréchal Souwarow amenait d'Italie; un corps d'émigrés français, fort de six mille hommes, commandé par le prince de Condé, et qui était déjà sur le lac de Constance, pour former la réserve des Russes; enfin, une forte division de troupes bavaroises. La réunion de toutes ces troupes, si les dernières eussent eu le temps d'arriver, eût porté l'armée alliée, en Suisse, à plus de quatre-vingt-dix mille hommes, pendant que l'archiduc en aurait eu soixante-dix mille sur le Bas-Rhin. Nous ne pouvions dès lors éviter d'être accablés par ces deux masses, d'autant plus, qu'à la même époque, le gouvernement venait encore d'affaiblir la faible armée du Rhin, pour renforcer, en Hollande, le général Brune.

*Plan du général Masséna.*

Le général Masséna avait donc un grand intérêt à prévenir, par une attaque générale, l'arrivée de ces renforts. Il s'y prépara vers la fin d'août, aussitôt qu'il fut instruit que l'archiduc retirait de la Suisse une partie des troupes autrichiennes, pour les diriger sur le Bas-Rhin. Mais c'était encore une entreprise au moins audacieuse, car il ne pouvait y employer que les divisions du centre de son armée, qui formaient entre elles trente-six à trente-huit mille hommes, il ne pouvait pas disposer de son aile gauche, qui était contenue par la réserve du général Nauendorff, ni de son aile droite où il avait plus de vingt mille hommes, parce que cette aile allait bientôt être attaquée par les Russes du maréchal Souwarow, ainsi que par les généraux autrichiens Auffenberg, Strauch et Laudon. La force des choses ne laissait par conséquent pas de choix au général Masséna sur les points de la la ligne ennemie qu'il pouvait attaquer, et ces points étaient précisément ceux où il devait s'attendre à rencontrer la plus grande résistance, par le nombre de défenseurs qui y étaient concentrés, et par les obstacles de position que la nature et l'art y avaient multipliés. Ces grandes difficultés ne changèrent pourtant pas la résolution du général Masséna, et il s'arrêta au plan de forcer le passage de la Limmath, près de Dietikon, pour attaquer le corps d'armée russe du général Korsakow, et de forcer en même temps le passage de la Linth, entre les lacs de Zurich et Wallenstadt, pour attaquer le corps d'armée autrichien du général Hotze. Il pensait que si, par cette double opération, il parvenait à rompre la ligne de l'armée alliée, il deviendrait l'arbitre des mouvements que cette armée pourrait faire, et que, de son côté, tenant la corde de l'arc qu'il la forcerait à décrire, il trouverait vraisemblablement l'occasion de détruire quelqu'une des colonnes ennemies qui auraient été désunies. L'événement justifia tous ces calculs.

Le général Masséna se réserva le commandement direct de l'attaque de gauche et du passage de la Limmath, avec les divisions d'infanterie Lorge, Ménard et Mortier, qui, ensemble, avaient en ligne vingt-six mille combattants; il avait en outre la réserve, composée de cavalerie et d'un corps de grenadiers, qu'il donna au général Klein. L'artillerie, les équipages de pont, et tous les moyens dont le général en chef disposait, y furent ajoutés. Le général Masséna me confia l'attaque de droite; pour cela, il me fit passer au commandement de la 3ᵉ division d'infanterie, dont la force s'élevait à près de dix mille hommes, et que le général Chabran me remit. La 4ᵉ division, que je laissai sur l'Albis, fut donnée au général Mortier.

Je me rendis à ma nouvelle destination, le 27 août. La 3ᵉ division occupait la gauche de la partie supérieure du lac de Zurich, jusqu'à hauteur de l'embouchure de la Linth. Je devais remonter cette rivière, pour en reconnaître le cours, et chercher sur la rive gauche un établissement où je pusse me préparer à la franchir, lorsque l'ordre m'en serait donné. Je dus aussi favoriser le mouvement du général Molitor qui, partant de Schwitz, avec une brigade retirée au général Lecourbe, devait se diriger, par le Brackel et le Klänthal, sur Glaris, pour appuyer ma droite.

Le général Masséna avait d'abord eu la pensée

d'effectuer le passage de la Limmath, à son confluent avec l'Aar ; cette opération devait se faire, le 29 août, et j'eus ordre de faire en même temps mon attaque sur la Linth, d'en forcer le passage, et, après avoir rétabli le pont de Grinau, qui avait été détruit, d'attaquer Uznach ; enfin, si je réussissais, je devais me porter ensuite sur Rapperschwyl. Mais ces deux opérations étaient prématurées ; des incidents firent manquer celle du général Masséna, qui me donna contre-ordre, pendant que j'étais moi-même en opération, et il se décida alors à donner la préférence au point de Dietikon, qui était mieux choisi. De mon côté, je n'avais pas non plus réussi ; je n'avais pas eu le temps de faire des préparatifs suffisants, et je trouvai l'ennemi en force trop supérieure. Le seul avantage que j'obtins, et il était important, fut, de concert avec le général Molitor, de nettoyer d'ennemis toute la rive gauche de la Linth.

Je n'avais pas de bateaux pour passer la rivière ; je fis lancer des radeaux, mais ils furent entraînés par la force du courant. En même temps, nous fûmes accueillis par le feu d'une artillerie très-supérieure à la nôtre, et qui démontait nos pièces. Enfin nous voyions l'ennemi se concentrer en force à Uznach et recevoir même des renforts de Zurich, par le lac, où il avait une flottille bien armée ; il réunit bientôt quinze mille hommes et cinquante pièces de canon derrière les marais impénétrables qui bordent la Linth. J'essayais cependant de trouver un passage au-dessus, lorsque je reçus le contre-ordre du général en chef.

<small>Combats sur la Linth et à Glaris.</small>

A ma droite, je fus plus heureux ; j'avais dirigé la 36ᵉ demi-brigade sur Glaris, pour faciliter le mouvement du général Molitor, m'emparer des ponts sur la partie supérieure de la rivière, et m'en servir pour redescendre sur Uznach. Le chef de brigade Lapisse rencontra les Autrichiens près de Bilten et les attaqua vivement. Une forte batterie, qu'ils avaient placée sur la rive droite de la Linth, défendait l'entrée et le passage de ce long défilé qui aboutit à Nœfels. Malgré cet appui, que nous ne pouvions atteindre, les ennemis furent culbutés et poussés jusqu'au pont de Mollis, qu'ils se hâtèrent de détruire, avant même que leurs troupes l'eussent entièrement passé. Ils y perdirent beaucoup de monde, et ils se séparèrent d'une avant-garde composée de quinze cents Suisses, à la solde de l'Angleterre, qu'ils laissèrent entre Glaris et le Klanthal.

Dans ce combat, la 36ᵉ demi-brigade se conduisit admirablement. Dans mon rapport du lendemain, je disais au général en chef : « J'admirerai toute ma vie le courage d'un bataillon de grenadiers que j'avais formé pour cette attaque ; il est passé sous le feu de vingt pièces de canon qui tiraient à mitraille, et, sans lui répondre un seul coup de fusil, il a chargé à la baïonnette, pendant une lieue. L'ennemi a été mis dans une déroute complète, et a laissé le champ de bataille couvert de morts et de blessés. » Mais, à la nuit, recevant l'ordre du général en chef de rentrer dans mes anciennes positions, et n'ayant pas de nouvelles du général Molitor, je laissai seulement la 36ᵉ demi-brigade sur les hauteurs de Reichenbourg, avec des postes au delà de Bilten, pour être préparée à se porter sur Nœfels, quand le général Molitor paraîtrait.

Ce général avait reçu fort tard l'ordre de mouvement, et il fut retardé dans sa marche par les difficultés des âpres sentiers de Brackel et du Klanthal, de sorte qu'il ne put descendre dans la vallée de Glaris que deux jours après l'engagement de Nœfels. Il y rencontra les quinze cents Suisses qui étaient restés en avant de Glaris, soutenus par trois autres bataillons autrichiens qui arrivèrent successivement. Le général Molitor leur livra plusieurs combats dans l'un desquels, manquant de cartouches, parce que les mulets pouvaient à peine franchir le Brackel, il fut réduit à faire rouler des pierres sur les ennemis; il les repoussa cependant avec de grandes pertes, jusqu'à l'autre extrémité du lac de Wallenstadt; il occupa Glaris, Netsthal, Mollis, le Sernsthal et

Krenzen, sur le lac; il communiqua enfin à Nœfels avec les postes que j'y avais laissés pour l'appuyer.

L'occupation de la rive gauche de la Linth et du canton de Glaris jusqu'au lac de Wallenstadt, nous fut sans doute d'une grande utilité, en nous rapprochant de la ligne de défense des ennemis, et en nous donnant la facilité d'en chercher les défauts, pour nous préparer à la forcer. Mais le général Hotze en retira, de son côté, l'avantage de se concentrer sur un espace plus resserré, où les obstacles de localité, augmentés par l'art et soutenus par les forces dont il disposait, pouvaient lui paraître insurmontables et lui permettre d'attendre, en toute sécurité, l'arrivée du maréchal Souwarow. Il pouvait presque être indifférent à la perte momentanée du canton de Glaris, et peut-être même s'applaudir de nous avoir entraînés à diviser nos forces. C'était cependant une sécurité trompeuse, et c'était trop se fier à la fortune.

*Description de la vallée de la Linth et de la Limmath.*

La Linth descend des montagnes, au sud de Glaris, qui prolongent la chaîne du Scherhorn jusqu'au Kunkels. La vallée qu'elle forme prend le nom de Linthal. Elle reçoit la Serns, au-dessus de Glaris, et le Klanthal, un peu au-dessous de cette ville; plus bas, la rivière qui sort du lac de Wallenstadt vient s'y réunir, vis-à-vis Nieder-

Urnen. La Linth a ensuite un cours de près de cinq lieues, pour aller se décharger dans le lac de Zurich, au-dessous de Grinau. Cette dernière partie est navigable et extraordinairement marécageuse, surtout à la rive gauche, depuis le lac de Wallenstadt jusqu'à la hauteur de Bilten, et à la rive droite, depuis Benken jusqu'au lac de Zurich. Deux ponts servent, en temps ordinaire, à lier les communications des deux rives. Le premier, nommé Zollbruck, est situé entre Nieder-Urnen et Wesen, et le second, entre Grinau et Uznach. C'est là qu'aboutissent les routes qui se dirigent sur Zurich, ainsi que celles qui s'élèvent vers les vallées de la Toss et de la Thur, vers Lichtensteig et Saint-Gall. Sur la rive droite de la Linth, entre Uznach et Schennis, la vallée est belle, bien cultivée et plus élargie qu'à la rive gauche; mais depuis la chapelle, qui est au-dessus de Schennis, elle est bordée par les rochers à pic du Rothenberg, au pied desquels passe la route qui vient à Wesen, en suivant la rivière.

On peut déjà juger que les points accessibles de la Linth, entre les lacs de Zurich et de Wallenstadt, étaient réduits à un bien petit nombre, puisque, depuis Wesen jusqu'à la chapelle de Schennis, d'un côté les marais, et de l'autre les escarpements des rochers du Rothenberg, ne permettaient à des troupes ni de se former, ni de se développer, et qu'il suffisait d'une bonne batterie pour défendre l'étroit passage du pont de Zollbruck. La batterie s'y trouvait en effet; elle était couverte par un retranchement, et le pont était détruit. La majeure partie du corps du général Jellachich était placée, à Wesen, pour défendre ce passage; le surplus était devant les postes du général Molitor, dans les montagnes du lac de Wallenstadt.

Depuis la chapelle de Schennis jusqu'au-dessus de Benken, les bords de la Linth, quoique encore marécageux, étaient, de place en place, plus accessibles. C'est aussi dans cette partie que les ennemis avaient multiplié leurs moyens de résistance, en élevant une ligne continue de redoutes garnies de canons, et en faisant camper leurs principales forces, entre Schennis et Kaltebrunn, où le général Hotze établit son quartier général. Une chaîne de postes garnissait les bords de la rivière, et rien ne pouvait échapper à sa vigilance.

Les grands marais, entrecoupés de canaux qui sont vis-à-vis Benken, rendaient cette partie inaccessible jusqu'au pont de Grinau. J'ai déjà dit que ce pont était également détruit, et qu'une forte batterie, placée en face sur la route, en empêchait le rétablissement. Au-dessous du pont, à mesure que la Linth s'approche du lac de Zurich, elle s'élargit, et son courant devient plus rapide; les deux rives sont couvertes de grands bois qui n'offraient alors aucune issue praticable; et, d'ailleurs, s'il eût été possible d'en ouvrir sur la rive droite, on eût été forcément ramené au point central d'Uznach, où était campée la réserve du général Hotze, soutenue en arrière par une division russe. Le lac de Zurich a onze lieues de long; les ennemis occupaient en forces sa rive droite, et une flottille de trente bateaux bien armés, que l'officier anglais Williams avait organisée, les rendait maîtres de la navigation.

En sortant du lac, à Zurich, la Linth prend le nom de Limmath; elle reçoit, au-dessous de la ville, les eaux de la Sihl; elle passe à Baden et va se jeter dans l'Aar, près du village de Vogelsang. Les deux rives sont très-boisées, la rive droite commande généralement la rive gauche; sur chacune d'elles il y a une bonne route parallèle à la Limmath, facilitant ainsi, de part et d'autre, les mouvements de troupes. Des deux côtés, on avait élevé des retranchements que sans cesse on perfectionnait; des camps, des postes multipliés étaient distribués sur tous les points, pour prévenir les surprises; et des réserves, placées en arrière, se tenaient toujours prêtes à se porter sur les points qui seraient attaqués. Celles des Russes garnissaient les hauteurs qui dominent Zurich, et s'appuyaient à la ville.

Telles étaient les célèbres positions, au pied desquelles les ennemis ne doutaient pas de voir échouer nos efforts, si nous avions la témérité de les y diriger. Séparées par toute la longueur du lac de Zurich, elles ne pouvaient avoir entre elles que des rapports fort éloignés, qui les laissaient complétement indépendantes; elles ne pouvaient, ni pour l'attaque, ni pour la défense, se prêter aucun secours, aucun appui, aucune influence; elles n'avaient, en un mot, rien de commun entre elles, si ce n'était d'appartenir au même plan d'ensemble, de telle sorte que les succès obtenus ou les revers essuyés sur l'une comme sur l'autre, devaient produire un effet égal sur l'ensemble du résultat. Aussi les ennemis avaient-ils affecté des corps d'armée tout à fait distincts à ces deux positions : les Russes à la position de la Limmath et de Zurich, les Autrichiens à celle de la Linth.

Je sentais la marque de confiance que me donnait le général en chef, en me chargeant, seul, de l'attaque de cette seconde position; mais j'avoue qu'après l'avoir examinée, je fus effrayé des difficultés de l'entreprise, surtout de la faiblesse des moyens qui m'étaient accordés pour la faire réussir. Je me voyais combattant, sur un terrain presque inabordable, un général distingué, dont les troupes, du double plus nombreuses que ma division, étaient soutenues par une artillerie formidable, et avaient en outre une division russe en réserve. Jaloux, cependant, de justifier le choix du général Masséna, et d'ajouter, si je le pouvais, quelque chose à l'honneur des armes françaises, j'acceptai avec empressement le devoir qui m'était tracé, et avec la résolution de tenter, pour le remplir, tout ce qui était humainement possible.

On peut trouver que j'entre ici dans beaucoup de détails; cependant il ne me paraît pas que je m'arrête avec trop de complaisance sur cette action, et il est certes bien loin de ma pensée de chercher à relever le mérite du succès que j'eus le bonheur d'obtenir. J'écris pour employer mes heures de loisir et pour l'utilité de ceux qui voudront y chercher des sujets d'instruction. J'ajoute que je considère le combat de la Linth comme un de mes meilleurs faits d'armes, et il est tout simple que j'aime à y reporter mes souvenirs.

<small>Préparatifs de passage.</small>

A la guerre, les moyens inattendus sont ordinairement ceux qui font réussir les opérations, même les plus difficiles, à la fois par la surprise qu'ils occasionnent, et par les soins qu'on a pris pour en disposer l'exécution; l'essentiel est de les tenir secrets, jusqu'au moment d'en faire usage, et de ne point laisser pénétrer sa pensée sans nécessité. Il faut bien connaître le lieu où l'on est, les obstacles et les facilités qu'il présente, le parti que l'adversaire doit en tirer, ses dispositions, les points qu'il néglige, ceux où il porte le plus d'attention ; il faut contribuer soi-même à fixer cette attention par de fausses démonstrations, ou d'autres fois, par une indifférence affectée, suivant les divers cas. Un chef militaire doit observer toutes ces choses.

Mon premier soin fut d'étudier et de reconnaître, pas à pas, le cours de la Linth, depuis son embouchure dans le lac de Zurich jusqu'au pont de Zollbruck. Mais les ennemis, dont les postes garnissaient les bords de la rivière, étaient si méfiants, qu'ils ne laissaient approcher personne de notre côté, sans le couvrir de coups de fusil et de mitraille. C'était peu favorable aux observations. Cependant, par une convention tacite, les simples sentinelles étaient respectées de part et d'autre. Je tirai parti de cette circonstance pour faire mes observations, car j'ai pour principe qu'un chef doit voir par lui-même, quelque confiance qu'il puisse, d'ailleurs, accorder aux rapports qui lui sont faits. Pendant dix à douze jours, je me rendis successivement à tous mes postes avancés ; là, avec la capote et le fusil du soldat, je me faisais conduire en faction, et relever au bout d'une heure ; rentré au poste, je crayonnais ce que j'avais vu, compté, mesuré, et j'emportais mes notes. Le fruit de cette étude, qui devenait de plus en plus attachante, fut, que les difficultés cessèrent de me paraître insurmontables ; de loin elles m'avaient étonné ; de près, elles grandirent mes idées et me suggérèrent des expédients qui me donnèrent des espérances de succès.

Je gardai, sans aucun changement, la position que j'avais prise en arrivant sur la Linth, ma gauche à Pfeffikon, sur le lac de Zurich, et ma droite à Reichenbourg, d'où elle étendait ses postes jusqu'au delà d'Ober-Bilten, pour éclairer Zollbruch et lier communication avec le général Molitor. Mon quartier général fut établi à Lacken. Mon principal campement était sur les hauteurs de Grinau, où je fis élever des batteries, pour protéger le rétablissement du pont, lors du passage, et pour fixer de ce côté l'attention que l'ennemi y avait déjà portée, lors de mes premières tentatives. Je choisis ce point pour ma fausse attaque, et j'arrêtai que l'attaque de droite aurait lieu, un peu plus bas que le coude formé par la Linth, au-dessus d'Ober-Bilten, vis-à-vis l'espace qui est entre Schennis et la chapelle de ce nom. Un détachement, jeté dans les marais de Benken, devait en outre faire diversion, en menaçant ce village.

Quoique secondaire, l'attaque sur la Basse-Linth était néanmoins très-importante, puisqu'elle avait pour objet d'occuper les réserves des ennemis, et de m'ouvrir le passage sur Uznach, par le rétablissement du pont de Grinau. De front et de vive force, je me serais exposé à échouer, comme au premier essai. J'avais par conséquent à diviser, encore ici, l'attention de l'ennemi, et à me créer des moyens tout nouveaux ; les importunes bravades de l'Anglais Williams m'y eussent peut-être fait songer, lors même que je n'eusse pas trouvé convenable de les comprendre dans mon projet. J'eus donc aussi une flottille composée de douze grandes barques, que nous eûmes le bonheur de trouver sur le lac de Zurich, de plusieurs nacelles et de trois fortes chaloupes, chacune armée de deux pièces de canon, que je fis équiper à Lacken.

De tout cela je formai deux expéditions, qui emportèrent douze cents hommes de débarquement. La plus faible eut ordre de remonter la Linth, jusque près de l'emplacement du pont de Grinau, de faire son débarquement à l'entrée des bois, et sous la protection de ce premier détachement, de faire ensuite passer rapidement les troupes qui étaient réunies sur la rive gauche; on travaillerait en même temps au rétablissement du pont, pour lequel les matériaux étaient préparés. L'autre expédition fut destinée à opérer un débarquement à la rive droite du lac de Zurich, entre Bolingen et Schmerikon, pour s'emparer de ce dernier village, intercepter la route de Zurich, marcher sur Uznach et protéger le ralliement des troupes qui auraient passé la Linth.

Je comptais sur cette manœuvre, exécutée de nuit, pour porter la confusion parmi les ennemis. Enfin je prévis que la flottille de l'Anglais Williams, dont la relâche était au port de Rapperschwyl, pourrait venir troubler mon opération. Indépendamment des canonnières qui eurent ordre de l'observer, une forte batterie fut établie à la pointe de la presqu'île de Hutten, qui s'avance au milieu du lac et réduit sa largeur à celle d'une bonne portée de canon, vis-à-vis Rasperschwyl; son feu pouvait contenir la flottille ennemie ou y jeter le désordre, si elle sortait.

Les plus grandes difficultés étaient à ma droite; il fallait les aborder de front et s'y présenter à découvert. Elles étaient surtout augmentées par l'impossibilité de prendre sur les lieux la moindre disposition, qui pût être vue et donner de l'ombrage à l'ennemi. Or, dans une vallée étroite, où il suffit de faire quelques pas sur la montagne, pour découvrir tout ce qui se passe à l'autre bord, il est impossible de cacher quoi que ce soit. Je ne laissai donc, devant le point que j'avais choisi pour mon passage, qu'un simple poste, comme il s'y trouvait déjà. Le choix de ce point avait été déterminé par la configuration de la rive droite; mais il correspondait, de notre côté, à un marais qu'il fallait traverser, avant d'arriver à la rivière. Il était nécessaire par conséquent de commencer par y ouvrir une route, pour y faire passer les bateaux indispensables à l'établissement du pont.

Dans la nuit qui précéda le passage, deux mille hommes arrivèrent, portant une grande quantité de fascines, qui étaient aussitôt recouvertes de forts madriers ; ils étaient disposés en chaîne, et ils travaillèrent avec tant d'ardeur, tant d'intelligence, tant d'ordre et de silence, qu'en quatre heures de temps, le nouveau chemin se trouva terminé, sur une longueur d'à peu près 150 toises, et assez solide pour supporter les plus fortes charges. Alors les mêmes soldats reprirent leurs armes et marchèrent au combat.

Je n'avais pas d'équipage de pont et je n'avais trouvé sur la Linth aucune barque qui pût y être employée. Je fis venir du lac de Zug les bateaux nécessaires; les voitures avaient été commandées, sous prétexte de transport de subsistances ; il fallut des peines infinies pour les faire passer à travers les montagnes d'Einsiedlen, quoique les chemins eussent été réparés et élargis à l'avance. Le temps du trajet avait été calculé, de façon que les bateaux ne partissent du lac de Zug et n'arrivassent sur la Linth qu'au dernier moment. Des précautions analogues étaient prises pour les batteries qui devaient protéger le passage; on ne les établissaient que dans la nuit, pour qu'au jour, les canonniers se trouvassent à couvert. Tout fut ponctuellement exécuté.

Ces dispositions me semblaient les meilleures; elles ne suffisaient cependant point encore. L'ennemi occupait une position telle, qu'il pouvait toujours, sans bouger de place, déjouer mes efforts. Il me fallait un moyen pour l'étonner, peut-être l'intimider et jeter de la confusion dans ses rangs. J'eus l'idée d'en employer un, peu usité, et qui, par cela même, réussit au delà de mes espérances. Cent soixante bons nageurs, commandés par un intrépide officier, l'adjudant-major Delare, furent réunis à Lacken, et exercés, pendant quinze jours, à des évolutions, où on les accoutumait à observer le bon ordre, à se maintenir en troupe, à garder le silence, et à porter sur la tête, ou à une main, leur armement, composé de longues piques, de sabres ou de pistolets; j'y mis aussi une vingtaine de tambours avec leurs caisses[1]. Je donnai à ce corps, comme à chacun de ceux qui avaient à jouer un rôle dans l'opération, des instructions spéciales que je rapporte plus loin[2].

Toutes ces dispositions exigèrent beaucoup de temps, et plus que n'en comportaient les dangers

---

1. Voir à la fin du chapitre, note n° 18.
2. Voir à la fin du chapitre, pièces n° 19.

de notre aile droite, alors menacée par les vingt-cinq mille Russes du maréchal Souwarow, et bientôt forcée de leur céder le passage du Saint-Gothard, la vallée de la Reuss et les entrées des cantons de Schwitz et de Glaris. Ni le dévouement de mes troupes, ni mon activité ne pouvaient empêcher des retards inévitables ; néanmoins tout fut prêt, le 25 septembre, jour concerté entre le général en chef et moi. J'avais déjà, depuis quelques jours, les instructions du général en chef ; elles étaient ainsi conçues :

« Lentzbourg, le 25 fructidor an VII (11 septembre 1799).

« Ci-joint, mon cher général, la partie qui vous concerne de l'instruction aux généraux pour le prochain mouvement général. Prenez vos mesures, de manière à être prêt à l'exécuter, au jour qui vous sera fixé par une lettre particulière.

« MASSÉNA. »

*Extrait de l'instruction aux généraux, pour le mouvement général qui doit avoir lieu.*

« Le général Lecourbe doit marcher droit avec la majeure partie de ses forces sur Dissentis, Ilantz, et se rendre maître des deux ponts sur le Rhin à Reichenau. Sa droite doit se porter sur

Airolo, au point de jonction des trois vallées de Brenic, du Tessin et du Rhône; le point de Splugen étant le seul débouché qui reste après l'occupation de Dissentis, pour aller d'Italie dans les Grisons, le général Lecourbe doit envoyer des troupes pour l'occuper, dès qu'il croira pouvoir le faire sans se compromettre.

« La brigade qui est à Glaris doit faire filer un corps de troupes sur Flins; le reste de cette brigade doit menacer Wesen; et si le général Soult parvient à passer la Linth, il y doit prendre position. Ce dernier corps de troupes, sous les ordres du général Molitor, doit rester à Wesen, à moins d'ordres exprès du général en chef ou du général Soult, ses mouvements étant absolument subordonnés à ce dernier.

« Le général Lecourbe, maître de Reichenau, doit faire descendre le Rhin à quelques troupes, et menacer Coire, comme aussi envoyer quelques troupes sur Ragatz par le mont Kunkels.

« Le général Soult doit passer, s'il est possible, la Linth, entre le lac de Wallenstadt et celui de Zurich. S'il parvenait à effectuer ce passage il diviserait sa troupe en deux corps; l'un prendrait à sa gauche et se porterait sur Rapperschwyl, et l'autre menacerait Lichtensteig. Il aurait soin encore de garder en force Wesen, et ne devrait quitter cette dernière position qu'après qu'elle aurait été occupée par les troupes du général Molitor.

« MASSÉNA. »

Le général en chef me laissait libre de mes dispositions, en y comprenant la brigade Molitor, qui était à ma droite, dans la vallée de Glaris. Cette brigade fut laissée en observation devant Wesen, pour contenir le corps du général Jellachich et intercepter, par une batterie construite également pendant la nuit de l'attaque, la route de la rive droite; elle avait aussi des détachements dans le haut du Linthal et du Sernsthal, pour observer ces passages et pour communiquer avec le général Lecourbe.

Je transcris ici mon rapport au général en chef, sur le passage de la Linth :

« Saint-Gall, 18 vendémiaire an VII.

Bataille de la Linth.

« Le 3 vendémiaire (25 septembre), les troupes de la 3ᵉ division reçurent ordre de passer la Linth, entre les lacs de Wallenstadt et de Zurich. Cette rivière rapide, non guéable et très-marécageuse sur ses bords, était défendue par plus de quarante redoutes et par de nombreux postes que fournissaient les trois camps autrichiens de Wesen, de Schennis et d'Uznach; l'ennemi avait en outre une réserve à Kaltebrunn. Il était donc impossible de le surprendre ; il fallait tout tenter de vive force et rendre, sinon nul, au moins peu meurtrier, le feu de ses batteries. Pour y parvenir, je pris les dispositions suivantes :

« A trois heures du matin, pendant que le chef de brigade Lochet, à la tête de huit cents hommes partis de Lacken, opérait un débarquement à Schmerikon, sous la protection de trois chaloupes canonnières, commandées par le lieutenant Gauthier; qu'il suivait le chemin de ce village au bourg d'Uznach, qu'il s'emparait des redoutes de l'ennemi, qu'il attaquait son camp, qu'il faisait rétablir le pont de Grinau et facilitait le passage des troupes du général Laval, cent soixante nageurs, armés de lances, de piques, de pistolets et de sabres, réunis vis-à-vis Schennis, sous la conduite de l'adjudant-major Delare, traversaient la Linth, enlevaient les postes ennemis, placés au point déterminé pour le passage, s'emparaient des redoutes, battaient la charge, portaient la terreur dans le camp autrichien, et facilitaient, par ce mouvement aussi hardi qu'extraordinaire, le moyen de lancer à l'eau les barques destinées à l'établissement d'un pont, ainsi qu'à porter sur la rive droite le bataillon de grenadiers. Cela s'exécutait, tandis que le chef de brigade Lapisse, chargé de la fausse attaque du centre, contenait, d'une rive à l'autre, les troupes de renfort qui arrivaient aux ennemis.

« Il était cinq heures, le jour commençait à paraître ; l'ennemi, revenu de sa surprise, forma des colonnes d'attaque et marcha sur nous. Six compagnies seulement étaient passées ; trois fois, nous nous emparâmes de la tête du village de Schennis, et trois fois nous en fûmes repoussés. Le passage se continuait, nous nous maintînmes ; la résistance fut extrême, l'acharnement si grand, et chacun y prit tellement part, que le lieutenant feld-maréchal Hotze, commandant en chef l'armée ennemie[1], y perdit la vie ; quelques heures après, son corps fut trouvé sur le champ de bataille parmi ceux de plusieurs autres officiers su-

---

[1]. Le lieutenant feld-maréchal Hotze était un des plus distingués des généraux de l'armée autrichienne, et d'un âge qui lui promettait un brillant avenir. Né à Richtenschwyl, sur le bord du lac de Zurich, ce fut presque à la vue de ses foyers qu'il trouva la fin de sa carrière. Les Suisses, ses compatriotes, et les Autrichiens, le regrettèrent beaucoup. Il était aussi utile aux alliés, par ses talents, que par la connaissance particulière qu'il avait du théâtre de la guerre, et par l'estime générale dont il jouissait. Nous avons vu, qu'en quittant la Suisse, l'archiduc Charles lui avait laissé le commandement de l'armée alliée, pour le remettre au maréchal Souwarow. Sa mort fut, sans aucun doute, une circonstance très-favorable pour nous, surtout parce qu'elle survint au commencement de la bataille.

Le lieutenant général Petrasch remplaça le général Hotze dans le commandement de l'armée autrichienne.

périeurs; je le fis enlever et rendre avec honneur aux ennemis.

« Déjà le 2ᵉ bataillon de la 25ᵉ demi-brigade d'infanterie légère avait suivi les grenadiers, je m'en servis pour attaquer de nouveau Schennis; l'ennemi y fut forcé et mis en désordre; il se retira sur Kaltebrunn.

« Le passage étant effectué, et les troupes de l'attaque du centre n'y étant plus nécessaires, je fis poster, vers Uznach, deux bataillons de la 36ᵉ demi-brigade, commandés par le chef de brigade Lapisse. Pour s'y rendre, ils devaient passer sur le pont de Grinau, qui était rétabli; mais à peine la troupe y était-elle engagée, que le pont se rompit. La réserve des Russes, venue de Raperschwyl au secours des Autrichiens, s'avançant alors en colonne d'attaque, se présenta avec une audace rare, pour charger ce qui était déjà passé sur la rive droite. Il ne restait à cette troupe d'autre chance que la victoire ou la mort; le chef de brigade Lochet le lui fit sentir. Elle reçut la charge des Russes avec sang-froid, et après un feu terrible, qui mit le désordre dans les rangs ennemis, elle-même fit une charge, si à propos, que presque tout fut pris ou tué; un colonel, trois cents hommes et un drapeau restèrent en notre pouvoir. La terre était couverte de morts.

« A Kaltebrunn, l'ennemi tenait encore, mais peu

après, je fis emporter ce village à la baïonnette; nous y fîmes quatre cents prisonniers. La nuit mit fin au combat. »

Journée du 4 vendémiaire (26 septembre) :

« Quoique l'attaque faite la veille sur Kaltebrunn eût parfaitement réussi, l'ennemi voulut reprendre ce poste, et, pendant la nuit, il porta d'Uznach, sur Benken, un corps de douze cents hommes d'infanterie et un escadron de Granitzhussards. Instruit de son mouvement, je le fis entourer, de grand matin, par la 36ᵉ demi-brigade. Tout ce corps mit bas les armes, et avec lui nous prîmes cinq pièces de canon.

« Vers Wesen, l'ennemi faisait beaucoup de résistance; neuf cents hommes et huit pièces de canon couvraient cette ville et la défendaient avec opiniâtreté. Le chef de brigade Godinot, qui, depuis la veille, tenait cette troupe en échec, en même temps qu'il garantissait mes derrières pendant les attaques de Schennis et de Kaltebrunn, fut chargé de prendre Wesen. Cet officier s'en acquitta avec autant d'intelligence que de bravoure; un bataillon tourna Wesen par les montagnes d'Amon; un autre attaqua la ville de front, et, après trois heures de combat, huit cents hommes, huit pièces de canon et vingt caissons furent en notre pouvoir.

« Pendant le jour, quelques hommes à cheval avaient pu passer par le pont de Grinau et sur le pont volant, vis-à-vis Schennis ; je les donnai au chef de brigade Lochet, pour poursuivre l'ennemi qui, de tous côtés, se retirait précipitamment. Son arrière-garde fut jointe à Lichtensteig, dans la vallée de la Toss ; on lui prit encore une pièce de canon et cent hommes.

« Les chaloupes canonnières, qui avaient si bien manœuvré sur le lac de Zurich, et protégé par leur feu le débarquement de Schmerikon, se portèrent ensuite sur Raperschwyl, où elles prirent toute la flottille de l'Anglais Williams, tandis qu'un fort détachement que j'avais fait partir d'Uznach, y arriva par la grande route, et s'empara de plusieurs pièces de canon, de beaucoup d'affûts et de grands magasins de vivres.

« Le résultat de ces deux journées de victoire, où tous les officiers se sont conduits de manière à mériter les plus grands éloges, nous a donné trois mille cinq cents prisonniers, vingt-cinq pièces de canon, trente-trois caissons, quatre drapeaux et une flottille ; la perte de l'ennemi, en hommes tués et blessés, est en outre fort considérable ; on en compte plus de deux mille.

« Je parlerai avec plaisir du chef de brigade Lochet, commandant la 94ᵉ de ligne, qui n'a rien trouvé de difficile pour son courage, dans la mission importante que je lui avais confiée; de son adjudant-major Valot, qui, le premier, mit pied à terre à Schmerikon; de l'adjudant-major Delare, de la 36ᵉ, commandant les nageurs, ainsi que des dix officiers qui, avec ces hommes intrépides, contribuèrent d'une manière si distinguée au succès de la droite; du capitaine Muller, commandant le bataillon de grenadiers, à la tête duquel étaient les carabiniers de la 25ᵉ demi-brigade d'infanterie légère. On n'est pas plus brave que ce bataillon, on n'est pas plus audacieux que son chef : il fut blessé dans une charge à l'attaque de Schennis, après avoir résisté plusieurs heures aux efforts de deux bataillons autrichiens, qui étaient en avant de ce village.

« L'artillerie, commandée par le chef de bataillon Guardia, a été d'une adresse admirable, et le détachement de pontonniers, aux ordres du capitaine Chapelle, d'une activité exemplaire.

« Le général Mainoni commandait la brigade de droite, et le général Laval celle de gauche; ils se sont l'un et l'autre acquis beaucoup de gloire. L'adjudant général Saligny ne s'est pas moins distingué; cet officier réunit des connaissances rares à une bravoure remarquable.

« Je ne puis m'empêcher de citer le capitaine Franceschi, mon aide de camp, qui, dans ces deux journées, a donné, comme dans les autres occasions, des preuves multipliées de valeur et d'une grande intelligence. »

Suivaient d'autres citations et des demandes de récompenses, qui furent presque toutes accordées.

Sur ma droite et en même temps, le général Molitor était attaqué par les avant-gardes des généraux Jellachich et Linken, qui précédaient le mouvement du maréchal Souwarow. D'une part, huit bataillons autrichiens, partis de Wallenstadt, attaquèrent vivement, dans la journée du 25 septembre, les ponts de Glaris et de Netsthal; mais ils furent constamment repoussés par les trois bataillons qui gardaient ces postes. De l'autre, la division autrichienne du général Linken descendait le Sernsthal, et dépassait déjà le village d'Engi. Trop faible pour l'arrêter, le général Molitor ne pouvait que ralentir sa marche. Un bataillon, placé à Mitlody, pour couvrir Glaris, lutta pendant toute la journée contre des forces supérieures; mais il ne put, à la fin, empêcher l'ennemi d'entrer dans cette ville. Cependant, le lendemain, comme le chef de brigade Godinot venait d'enlever Wesen, le général Molitor, à qui je fis passer des renforts, put déboucher sur le corps qui avait attaqué Netsthal, le repousser au delà de Kremsen, en lui faisant six cents prisonniers, et prendre, en même temps, une bonne position en avant de Nœfels, pour empêcher le général Linken de déboucher de Glaris.

L'armée russe du maréchal Souwarow allait arriver. Mais je dois suspendre le récit des opérations sur ce point, pour rapporter la victoire remportée, par le général en chef Masséna, sur la Limmath et à Zurich.

<small>Bataille de Zurich.</small> Trois attaques furent formées : celle de droite, commandée par le général Mortier, eut pour mission de repousser dans Zurich le corps russe qui était campé en avant de la ville, sur les deux rives de la Sihl. A la gauche, le général Ménard reçut ordre d'attirer l'attention des ennemis vers la basse Limmath et de jeter quelques troupes sur la rive droite, au moyen des bateaux qu'à cet effet on fit descendre de la Reuss et de l'Aar. Enfin, la principale attaque que dirigeait en personne le général en chef, devait forcer le passage de la Limmath, à Dietikon, et combattre les principales forces ennemies.

Ces dispositions eurent partout un plein succès. Non-seulement le général Mortier réussit à faire rentrer dans Zurich le corps russe qui était sur la Sihl, mais il le maltraita de telle sorte, que le général Korsakow détacha six bataillons de sa réserve, pour secourir ce corps. Ainsi, au début de l'attaque, le général ennemi commit la faute de dégarnir son centre, pour défendre Zurich, tandis qu'il pouvait se contenter de détruire les ponts et de laisser la ville se défendre elle-même, ou du moins de n'y laisser que peu de troupes, qui y auraient suffi.

Un feu très-vif, et les démonstrations apparentes que fit le général Ménard pour passer l'Aar, immédiatement au-dessous du confluent de la Limmath, trompèrent encore les ennemis; ils crurent que le véritable passage devait s'effectuer sur ce point, et ils y laissèrent, pendant toute la journée du 25 septembre, une partie de leurs forces.

Ces deux méprises favorisèrent singulièrement l'attaque principale, pour le succès de laquelle le général Masséna avait d'ailleurs fait les meilleures dispositions. Dans la nuit qui précéda le passage, l'artillerie destinée à le protéger fut placée en position, les troupes se rendirent au bord de la rivière, où l'on fit aussi arriver, par terre, de Bremgarten sur la Reuss, un bel équipage de pont. A la pointe du jour, on lança les bateaux, et six cents hommes d'élite furent aussitôt transportés sur la rive droite. Un feu très-vif de mousqueterie et de mitraille partit alors des postes ennemis: bientôt nos batteries l'eurent éteint; les Russes, poursuivis au pas de charge, se rallièrent au bois de sapins qui borde le plateau de Fahr, et y soutinrent une heure d'engagement. Cependant, des renforts arrivaient incessamment à notre avant-garde, et le pont s'établissait sans obstacle ; il était fini à sept heures et demie, et les troupes de toutes les armes le passèrent. A dix heures, le général Masséna était maître des camps de Weiningen et de Hong ; il occupa les hauteurs qui séparent la vallée de la Limmath de celle de la Glatt, y prit position, et poussa ses postes jusqu'à la route de Winterthur, par Schwamendingen, au revers du Zurich-Berg. Tels étaient les succès de la première journée ; la seconde fut pour les résultats.

Revenu de sa méprise, le général Korsakow rassembla, pendant la nuit, son armée en arrière de Zurich, et il fit venir, par des détours, le corps qui était sur la basse Limmath et sur l'Aar. Au jour, on vit l'armée russe en bataille, formée sur plusieurs lignes parallèles à la route de Wintherthur, la droite appuyée à la Glatt, le centre couronnant les hauteurs du Zurich-Berg, et la gauche dirigée vers Zurich. La ville était encore occupée par des troupes, qui en préparaient l'évacuation.

De son côté, le général Masséna s'était aussi renforcé de toutes les troupes qu'il avait pu tirer de la rive gauche de la Limmath, et il se disposait à renouveler ses attaques, pour forcer les ennemis dans leurs positions, et pour entrer de vive force, par les deux rives, dans Zurich ; mais il fut prévenu. Le 26 au matin, le général Korsakow engagea le combat sur la route de Wintherthur, qui devait servir à la retraite de son armée. Il lui importait essentiellement de s'en rendre maître. Cette route, nécessaire aux deux armées, était comme le gage de la bataille ; aussi fit-on, de part et d'autre, les plus grands efforts pour s'en emparer ou pour s'y maintenir. Elle fut prise et reprise plusieurs fois, et on s'y battit avec acharnement. A la fin cependant, une dernière charge, exécutée avec impétuosité par les généraux Lorge et Gazan, nous en acquit la possession. Les Russes furent culbutés et obligés de se sauver, dans le plus affreux désordre, n'emmenant qu'une seule pièce de canon, et laissant au pouvoir des vainqueurs le restant de leur artillerie, la totalité de leurs bagages, une multitude innombrable de voitures de toute espèce, et plusieurs milliers de prisonniers.

Le sort de Zurich était décidé ; mais les Russes y avaient encore une arrière-garde, qui en défendait l'entrée, pour laisser écouler leurs équipages. Le général Oudinot, chef de l'état-major de l'armée, se mit à la tête d'une colonne, pénétra dans le faubourg, marcha vers la porte de Baden, qu'il força à coups de canon, et poursuivit les ennemis à travers les rues ; en même temps, le général Klein entrait dans la partie de la ville située sur la rive gauche de la Limmath. Le plus grand désastre que puisse éprouver une ville, est d'être prise d'assaut. La voix des officiers est alors impuissante, pour contenir les soldats exaspérés par la résistance qu'ils ont rencontrée, et souvent engagés dans une multitude de combats particuliers. La ville de Zurich éprouva ce malheur; beaucoup d'excès y furent commis, et beaucoup de sang fut répandu. Le célèbre Lavater y perdit la vie; il fut frappé par une balle tirée au hasard, car les recherches les plus minutieuses, faites pour découvrir l'auteur de sa mort, furent infructueuses. Lavater était entouré de la vénération publique, et sa mort causa l'impression la plus douloureuse.

Quelques colonnes russes parvinrent seulement à s'échapper et à gagner Schaffhouse, où le général Korsakow les rallia avec le corps de Condé, fort de six mille hommes, et avec une division de dix mille Bavarois, qui y arrivaient en même temps. S'il nous avait été possible, au général Masséna et à moi, de poursuivre vigoureusement, chacun de notre côté, les corps russes et autrichiens qui venaient d'être défaits, nous aurions, sans aucun doute, achevé la destruction de ce qui en restait encore; mais l'armée du maréchal Souwarow, qui débouchait sur nos derrières, ne nous le permit pas. Le général Masséna arrivait sur la Thur, et j'arrivais moi-même à Lichtensteig, avec la brigade du général Laval, après avoir envoyé le général Mainoni au soutien du général Molitor; je suivais, mais sans dépasser toutefois Lichtensteig, le corps du général Petrasch, qui se retirait précipitamment par Saint-Gall, sur Rheineck, où il se hâta de repasser le Rhin; lorsque nous apprîmes que le maréchal Souwarow venait de forcer le passage du Saint-Gothard et accourait au secours de ses lieutenants.

Lorsqu'il avait appris la défaite des Russes devant Zurich, il avait écrit à ses généraux : « Vous répondez, sur votre tête, d'un pas de plus que vous feriez en arrière. Je viens réparer vos fautes. » Il n'arriva, cependant, que pour en augmenter encore les conséquences.

# NOTES ET PIÈCES

## DU CHAPITRE XIV.

### N° 18.

#### NOTE.

L'heureux essai que je fis d'un corps de nageurs au passage de la Linth, fut ensuite imité avec succès, dans la campagne suivante, par le général Lecourbe, pour passer le Danube. Ces deux exemples, qu'il suffit de citer, quoique sans doute il en existe encore d'autres, devraient engager à faire admettre, comme partie élémentaire de l'instruction des troupes, les exercices de natation. Combien d'occasions sont manquées, parce que, dans les attaques ou dans les poursuites, on est arrêté par des courants d'eau non guéables, qui font perdre beaucoup de temps! Combien de militaires, restés en arrière, sont perdus dans les retraites, parce qu'ils ne savent pas nager!

Ce que je viens de dire s'applique à toutes les

armes, même à la cavalerie, quoiqu'elle en ait moins besoin que l'infanterie. On peut cependant rappeler, pour la cavalerie, le célèbre passage du Rhin par Louis XIV, et d'autres exemples encore.

En général, j'ai toujours pensé que les soldats français n'étaient pas suffisamment exercés à la gymnastique, dont la natation fait partie, et dont les exercices sont si utiles au développement du corps et même à celui de l'intelligence. Les anciens y attachaient une grande importance. Je voudrais donc, qu'à leur exemple, ces exercices entrassent dans l'éducation des troupes, et que les chefs eussent le bon esprit d'en faire un sujet de récréation et d'amusement, comme je l'ai souvent fait pratiquer. Je voudrais aussi qu'on accoutumât l'infanterie à faire de longues marches, en l'habituant par degrés à porter de fortes charges, enfin que tous les travaux auxquels elle peut être employée à la guerre, lui devinssent familiers, tels que ceux de l'artillerie et du génie. Déjà, dans une foule d'occasions, l'infanterie fournit des auxiliaires à ces corps spéciaux, car on la met partout. Pourquoi les canonniers et les sapeurs ont-ils généralement la supériorité sur les fantassins? C'est qu'ils sont sans cesse occupés, et qu'aucun genre d'instruction militaire ne leur est étranger. On ne dira pas que les détails du service de l'infanterie l'absorbent entièrement, et qu'en exiger davantage serait abuser de ses forces. Je connais, aussi bien que personne, jusqu'à quel point la force corporelle peut aller, et je sais, par expérience, qu'on l'augmente en l'exerçant; je sais aussi qu'à toute chose il faut du temps, et qu'il faut en accorder à l'infanterie, pour remplir l'objet de son institution; mais je sais qu'un fantassin n'est pas encore soldat, tel que je le conçois et tel que j'en ai vu, parce qu'il a appris à manier son fusil et à marcher en cadence. Pour le devenir, son corps doit être endurci aux fatigues et accoutumé au travail; car c'est une erreur de croire que le soldat d'infanterie soit fait en trois mois, c'est-à-dire quand il sait l'exercice et qu'il a suivi les degrés des mouvements jusqu'à l'école de bataillon. Je suis convaincu qu'il faut plus de temps pour faire un bon soldat d'infanterie que pour faire un cavalier, et on sera de mon avis, si on considère que la sphère de celui-ci est circonscrite, tandis que le premier, par tout ce que l'on exige de lui, voit la sienne s'agrandir, à mesure qu'il avance dans la carrière. Les exemples, que j'aurai occasion de citer ailleurs, appuieront ces observations.

## N° 19.

*Au général Mainoni.*

Lacken, 2 vendémiaire an VIII.

Je vous adresse, citoyen général, une instruction relative à l'attaque de demain. Je vous prie de tout préparer, afin d'être prêt à l'heure prescrite, pour vous conformer aux dispositions qu'elle renferme. A dix heures de nuit, vous recevrez les deux bataillons de la 44°, qui vous manquent, ainsi que le bataillon de grenadiers. Quoique la nuit dernière on n'ait pas pu reconnaître le gué, qu'on assure exister au-dessous de la chapelle de Schennis, il ne faut pas renoncer à la tentative de passer sur ce point. Veuillez le faire sonder de nouveau, la nuit prochaine; peut-être que, les eaux ayant baissé, on pourra le découvrir.

Je vous prie de bien recommander à l'officier du génie de rendre praticable le chemin qui conduit de Bilten sur la Linth, à l'endroit où je désire que les bateaux soient lancés, afin que les haquets et deux pièces de canon puissent le suivre. Il faut que ce travail soit terminé avant minuit. Je vous prie de faire observer le plus grand silence, et d'éviter la confusion. Je serai de bonne heure près de vous.

SOULT.

*Instruction.*

Demain 3 vendémiaire, à trois heures du matin, la 3° division passera la Linth, pour attaquer l'ennemi dans sa position. Ce mouvement se fera d'après les dispositions suivantes :

Le général Mainoni, ayant à ses ordres les 1$^{er}$ et 2° bataillons de la 25° demi-brigade d'infanterie légère, deux bataillons de la 44° d'infanterie de ligne, le bataillon de grenadiers, auquel seront jointes les trois compagnies de carabiniers de la 25ᵉ, trois escadrons du 10ᵉ de chasseurs à cheval, la deuxième compagnie du 6ᵉ d'artillerie légère et deux obusiers de position, effectuera son passage, avec une partie de son infanterie, par le gué situé au-dessous de la chapelle de Schennis, tandis que les bateaux seront lancés à l'eau, un peu au-dessous de l'angle rentrant que forme la Linth, à droite de Bilten, et où passeront l'artillerie et la cavalerie avec le restant de l'infanterie. Dans le cas où le passage du gué ne serait pas praticable, alors toute la troupe passera sur les bateaux et ponts qui seront jetés sur la Linth, à l'endroit indiqué ci-dessus.

Aussitôt qu'il y aura assez d'infanterie sur la rive droite, pour pouvoir marcher à l'ennemi, le général Mainoni la dirigera vers la chapelle, pour s'emparer de la grande route de Wesen et attaquer l'ennemi par le flanc gauche de son camp ; il aura soin d'appuyer sa droite au revers de la montagne, afin que l'ennemi ne puisse y faire passer de troupes.

Le général Mainoni est prévenu qu'un détachement de nageurs effectuera son passage, un peu au-dessus de l'endroit où l'on présume que le gué existe, pour enlever les postes ennemis qui peuvent se trouver vis-à-vis l'endroit où les bateaux doivent être lancés, et ensuite aller attaquer les redoutes, à l'arme blanche.

Le général Mainoni, étant maître de Schennis, et ayant forcé l'ennemi à évacuer les redoutes qu'il a dans cette partie, détachera de suite un bataillon de la 25°, auquel il joindra une compagnie de chasseurs et deux pièces d'artillerie, le tout sous les ordres du chef de brigade Godinot, et les portera sur Wesen, pour s'emparer de cette ville et des troupes ennemies qui pourraient s'y trouver, ainsi que pour faciliter au général Molitor, qui aura attaqué Wesen, son passage. Le chef de brigade Godinot sera prévenu que, sitôt que les troupes du général Molitor auront occupé Wesen et y auront pris position, il devra rentrer de suite avec son détachement, à la brigade de droite, dont il fait partie.

Avec le restant de ses troupes, et quand l'artillerie et la cavalerie seront passées, le général Mainoni prendra la grande route de Uznach, marchera de suite sur Kaltebrunn, par Dorfli, culbutera tout ce que l'ennemi voudrait opposer à son passage, et s'éclairera, sur sa droite, pour s'assurer que l'ennemi n'a pas de troupes sur le revers de la montagne, et sur sa gauche, pour se lier autant que possible avec les troupes du chef de brigade Lapisse, qui commandera l'attaque du centre, et avec lequel il opérera sa jonction à Kaltebrunn.

Le chef de brigade Lapisse, commandant la réserve, composée de la 36° et des deux pièces de 4, fera tous ses efforts pour effectuer son passage par le gué situé entre Schennis et Reichenbourg, de manière à pouvoir s'emparer de suite de la montagne de Benken, marcher sur Kaltebrunn et y attaquer la réserve de l'ennemi. Le chef de brigade Lapisse aura soin, aussitôt qu'il sera maître, de la montagne, de détacher un bataillon sur Benken, pour s'en emparer et enlever, s'il est possible, les troupes et canons que l'ennemi retirera de la redoute de Reichenbourg. Il aura soin aussi de chercher à communiquer avec les troupes du général Mainoni, mais de garder toujours en force la montagne. Quand il sera arrivé à la hauteur de Kaltebrunn, il recevra de nouveaux ordres.

Le général Laval, ayant à ses ordres le 3e bataillon de la 25e légère, la 94e de ligne, un bataillon de la 44e, un escadron du 10e de chasseurs et un du 7e de hussards, avec une compagnie d'artillerie légère, effectuera son passage dans les environs du pont de Grinau, et depuis ce point jusqu'à l'embouchure de la Linth, dans le lac. Il marchera sur Uznach, dont il s'emparera, et détachera de suite un parti sur la grande route de Lichtensteig, pour y poursuivre l'ennemi, et un second parti sur la grande route de Rapperschwyl, pour s'assurer de ce qui s'y passe et nettoyer d'ennemis cette partie. Avec le gros de ses troupes, le général Laval prendra position en avant d'Uznach, cherchera à communiquer avec celles qui sont à Kaltebrunn, et attendra de nouveaux ordres.

Le général Laval est prévenu que les chaloupes canonnières, protégeant un convoi de plusieurs barques qui porteront des troupes de débarquement, doivent opérer une descente vers Schmerikou, pour s'emparer des embarcations de l'ennemi, et attirer son attention dans cette partie. En même temps, une partie de ces barques, portant aussi des troupes de débarquement, entreront dans la Linth, qu'elles remonteront jusqu'à hauteur du chemin pratiqué à gauche des ouvrages de Grinau, jetteront sur la rive droite les troupes qu'elles auront à bord, et resteront dans cette partie, pour passer les autres troupes, que le général Laval aura jugé devoir faire passer sur ce point. Cette opération sera soutenue par le feu des chaloupes canonnières et par celui de la redoute de Grinau.

Le général Laval fera tous ses efforts pour faire rétablir avec célérité le pont de Grinau; il poussera son attaque avec vigueur, afin d'enlever les redoutes de l'ennemi, et de s'emparer d'Uznach, avant que l'ennemi ait pu y porter des secours, et il me rendra compte de son opération à l'attaque de droite, où je me tiendrai.

Dans le cas où le chef de brigade Lapisse n'aurait pu effectuer son passage, il m'en rendra compte de suite, et tiendra ses troupes prêtes à être portées sur Schennis ou Uznach, à celui des deux passages qui aurait été le premier opéré.

Pour qu'il n'y ait pas de confusion dans cette opération, les troupes devront être réunies aux différents points d'attaque, à une heure du matin; elles y resteront, sans feu et en silence, jusqu'au moment du passage. Les redoutes seront armées en même temps. A chaque attaque, il y aura des subdivisions d'ambulance.

Les généraux veilleront à ce qu'un grand nombre

de soldats, sous prétexte d'aller conduire les blessés, ne quittent pas leurs rangs. Ce soir, l'eau-de-vie sera distribuée à toute la division.

Soult.

(Ordre semblable donné au général Laval).

*Au citoyen Gauthier, lieutenant de pontonniers, commandant les chaloupes canonnières.*

Lacken, 2 vendémiaire an VIII.

Pour assurer le succès de l'attaque que la division doit faire demain sur Uznach, il entre dans mes dispositions, citoyen, que les chaloupes canonnières que vous commandez, protégent ce mouvement et celui des troupes qui seront embarquées à Lacken, sur les barques et nacelles qui s'y trouvent, et qui formeront une expédition particulière, mais cependant liée à l'expédition générale. En conséquence, je vous préviens que sur les six barques, du port de cinquante hommes chacune, qui se trouvent à Lacken, il y aura d'embarqué trois cents hommes d'infanterie commandés par le citoyen Vatot, adjudant-major à la 94ᵉ demi-brigade, que vous conduirez à gauche de Schmerikon, pour y opérer une descente et fixer l'attention de l'ennemi sur cette partie. Ce détachement devra attaquer, avec la plus grande vigueur, tout ce qu'il trouvera d'ennemis, s'emparer du village de Schmerikon, et vous donner la facilité de prendre les embarcations ennemies qui s'y trouvent, et que vous rejetteriez de suite sur la rive gauche du lac et sur l'embouchure de la Linth.

Comme il peut arriver que l'ennemi cherche à repousser ce détachement après qu'il aura opéré sa descente, vous aurez soin de le protéger par le feu de vos chaloupes, et même de tenir les barques qui l'auront porté, prêtes à le recevoir, s'il était obligé de se rembarquer. Je vous préviens cependant que ce détachement doit chercher à pénétrer au-dessus de Schmerikon, pour venir se joindre aux troupes qui auront passé la Linth, au-dessus de son embouchure dans le lac.

Les six autres barques qui se trouvent à Lacken, dont quatre du port de cent cinquante hommes chacune, et deux de quarante, sont destinées à recevoir un détachement de sept cents hommes commandé par le chef de brigade Lochet, qui doit le mener jusqu'à l'embouchure de la Linth, et ensuite remonter cette rivière, pour pouvoir effectuer son passage sur la rive droite, à un point qui lui est déterminé. Le mouvement de ces dernières barques se fera en même temps que le vôtre, et vous devez protéger leur marche.

Il sera essentiel qu'une de vos chaloupes soit détachée, pour se porter vers Bolingen, et y enlever, s'il est possible, les embarcations ennemies qui s'y trouvent. Dans tous les cas, vous en laisserez une en croisière à hauteur de ce point, pour vous mettre à couvert des manœuvres que l'ennemi pourrait faire sur vos derrières.

J'attache une grande importance à votre expédition, de laquelle peut-être dépend le succès de nos opérations sur Uznach. Ayez soin, aussitôt que l'attaque sera commencée, de protéger le mouvement des troupes par le feu que vous ferez de vos chaloupes, et en même temps, d'intercepter la communication d'Uznach à Rapperschwyl, également par votre feu.

L'attaque que doit faire la division doit commencer à trois heures. Ainsi, pour que les troupes que vous embarquerez soient arrivées à temps, il est nécessaire que vous partiez à minuit de Lacken. Donnez vos ordres en conséquence. Je vous préviens que deux pièces de 4, avec deux compagnies d'infanterie, resteront à Lacken et à la pointe de Nuelen, pour vous protéger en cas d'événement.

S'il vous survenait quelque chose d'extraordinaire, vous en préviendriez le général Laval, qui commandera l'attaque d'Uznach.

Soult.

*Au citoyen Delare, adjudant-major.*

Lacken, 2 vendémiaire an VIII.

Le détachement que vous commandez, citoyen, est destiné à passer la Linth, à la nage, au-dessous de la chapelle de Schennis. Aussitôt que vous aurez rallié votre monde sur la rive droite, vous vous porterez en masse sur les redoutes de l'ennemi, vous enclouerez ses pièces, vous disperserez les canonniers et porterez le désordre dans ses rangs.

Recommandez à votre troupe le plus complet silence, le succès de l'expédition en dépend; qu'elle ne se serve que de l'arme blanche, il est impossible que l'ennemi résiste à son impétuosité. Quand vous serez maîtres des redoutes et que les pièces seront enclouées, si l'ennemi marche sur vous pour vous combattre, vous payerez d'audace, vous ferez battre la charge par tous vos tambours, et vous irez à l'ennemi, sans brûler une amorce, en criant : *Bender, sauve qui peut!* Cette manœuvre doit nécessairement l'intimider. Dans tous les cas, si vous êtes forcé à la retraite, elle vous est toujours assurée sur la Linth.

Vous préparerez votre troupe de manière à ce qu'elle passe la Linth, à deux heures et demie précises du matin. La division commencera son mouvement, quand votre opération sera finie.

SOULT.

## N° 20.

*Le général en chef Masséna au général de division Soult.*

Lendzbourg, 6ᵉ jour complémentaire an VII.

Je m'empresse, mon cher général, de vous expédier une seconde ordonnance, pour vous accuser réception de votre lettre et pour vous demander très-positivement si le délai d'un jour, que je vous demande, pourrait nuire à la réussite de votre passage. Dans ce dernier cas, l'attaque n'aurait lieu que le 4 au matin. Si au contraire vous pouvez l'exécuter, le 3 au matin, vous pouvez tout préparer pour son exécution. Je fais appeler, à l'instant même, Rheinwald, pour qu'il donne l'ordre aux Suisses d'arriver à marches forcées. Il me fait observer qu'ils ne peuvent arriver plus vite; ce qui me décide, à moins que vous ne puissiez vous en passer, à renvoyer l'affaire au 4. Votre réponse me servira de règle.

Je vous embrasse,

MASSÉNA.

*Au général en chef Masséna.*

Lacken, 6<sup>e</sup> jour complémentaire an VII.

Si les Suisses, que m'a annoncés le général Rheinwald, arrivent exactement les 1$^{er}$ et 2 vendémiaire, je puis, mon cher général, agir le 3; mes préparatifs seront terminés le 2. Je compte sur des succès, et je regarde l'attaque comme nécessaire, sans quoi nous serions prévenus par l'ennemi : ses dispositions l'annoncent. Le corps de Condé ne tardera pas à arriver.

D'après toutes ces considérations, je pense que

vous pouvez fixer l'attaque au 3 au matin; mais ayez la complaisance de faire expédier un ordre aux Suisses, pour qu'ils pressent leur marche. Trois heures de retard sont à considérer, et pourraient nuire en pareille circonstance.

Soult.

# CHAPITRE XV

## SOMMAIRE DU CHAPITRE XV.

Fin de la campagne de Suisse. — Le maréchal Souwarow entre en Suisse. — Il est défait et se retire de la Suisse avec les débris de son armée. — L'armée du Danube s'établit sur la ligne du Rhin. — Opérations de l'armée d'observation du Rhin. — 18 Brumaire. — Le général Moreau. — Interruption des hostilités. — Observations sur la campagne de Suisse.

# CHAPITRE XV.

L'instruction envoyée d'Italie par le maréchal Souwarow aux généraux de l'armée alliée, en Suisse [1], et qui fut trouvée dans les papiers que nous prîmes, est un document d'autant plus précieux qu'il éclaire parfaitement sur le plan d'attaque du généralissime russe, sur la réunion, la marche et la direction de ses troupes. On y remarque sa prévoyance à faire appuyer leurs mouvements, ses vues sur l'usage de l'arme blanche et sur l'emploi des colonnes dans les attaques, enfin les divers degrés de confiance qu'il accordait aux généraux autrichiens Hotze et Linken, en leur demandant des renseignements sur les localités, et leur avis sur la manière de faire la guerre en Suisse. Il indiquait, à jour fixe, son arrivée au pied du Saint-Gothard, et l'instant où il commen-

*Arrivée du maréchal Souwarow au Saint-Gothard*

---

1 Voir à la fin du chapitre, n° 21.

cerait ses opérations. Mais il éprouva des retards que nous mîmes à profit.

Au lieu d'être à Airolo le 17, comme il l'avait annoncé, il n'y arriva que le 23, et il en repoussa sans peine le poste français qui s'y trouvait. Le lendemain, il marcha à l'attaque du Saint-Gothard. La colonne du général russe Rosenberg, destinée à tourner le passage, se dirigea, par les sources du Rhin et l'Ober-Alp, sur Urseren, pour gagner l'entrée de la Reuss, en s'assurant du passage du trou d'Uri et du pont du Diable. Celle du général autrichien Auffenberg se porta de Dissentis, par le Crispalt et le Maderanerthal, sur Amsteig, afin d'intercepter la retraite de nos troupes qui défendaient le Saint-Gothard. Le général Linken opéra son mouvement sur Glaris, comme je l'ai rapporté déjà, et le corps du colonel Strauch fut chargé d'inquiéter, dans le haut Valais, la division du général Turreau; tandis que le maréchal Souwarow, gardant avec lui ses principales forces, se chargea lui-même d'emporter de front la position.

*Résistance opiniâtre des néraux Gudin et Lecourbe.*

Il disposait d'une supériorité de forces telle, que le résultat de son attaque ne pouvait être douteux. Néanmoins, le général Gudin, qui était chargé de défendre avec sa brigade le Saint-Gothard, lui opposa, pendant toute la journée du 24 septembre, une si grande résistance, que les Russes perdirent plus de douze cents hommes, et reculèrent. Pour la première fois, les exhortations et les menaces de leur général restèrent impuissantes. On raconte qu'il fit alors creuser une fosse, et qu'il y descendit, en disant qu'il ne voulait pas survivre à la honte de ses enfants, et qu'il serait enterré là où il les voyait reculer. A cette vue, les Russes font un dernier effort pour forcer le passage, en même temps que des détachements cherchent à tourner, dans les rochers, les flancs du général Gudin. Mais celui-ci effectue sa retraite en bon ordre sur Urseren, où il est renforcé par deux bataillons du général Loison, et il se hâte d'aller prendre position sur le mont Furca et le Grimsel, pour défendre la tête des vallées du Rhône et de l'Aar. Cette position le plaçait aussi à portée de reprendre le Saint-Gothard, si l'ennemi s'en éloignait, et de conserver à la droite de l'armée l'appui de la cime des Alpes.

Cependant le général Lecourbe, instruit de l'attaque du maréchal Souwarow, accourait au secours du général Gudin, avec le restant de la brigade du général Loison; il espérait le joindre à Urseren, le 25 septembre; mais l'ennemi y était déjà, et le général autrichien Auffenberg débouchait, par le Maderanerthal, sur Amsteig. Obligé de se replier, le général Lecourbe fit cependant défendre par son arrière-garde le pont du Diable, qui fut coupé; les Russes y perdirent encore beaucoup de monde et de temps, avant de pouvoir rétablir le passage. Le général Lecourbe dégagea Amsteig, et il concentra sa défense sur la rive gauche de la Reuss, depuis Ertsfeld jusqu'au lac de Lucerne, pour couvrir le canton d'Underwald, et empêcher les Russes de se porter sur Lucerne par la rive gauche du lac, comme ils en avaient le projet. Il fit, dans cette position, une si belle défense, que quatre bataillons, dont un de grenadiers, résistèrent, pendant trois jours, à tous les efforts des Russes, et parvinrent à s'opposer au rétablissement des ponts d'Ertsfeld et d'Attinghausen. Le général Lecourbe eut même l'audace de passer la Reuss vis-à-vis Seedorf, et d'aller, avec deux bataillons et deux pièces de canon, jeter l'alarme dans le camp russe, qui était derrière Altorff. Cette entreprise eut l'heureux effet d'en imposer aux ennemis, et de leur faire croire qu'ils avaient devant eux des forces considérables.

*Le maréchal Souwarow ne eut pas pénétrer sur Lucerne, et descend sur Schwitz.*

Ce fut à Altorff que le maréchal Souwarow reçut la nouvelle de la double victoire que nous avions remportée sur la Limmath et sur la Linth, et que, dans sa colère, il écrivit à ses généraux la lettre foudroyante que nous avons déjà citée. Il leur ordonnait de rallier leurs troupes et de se reporter en avant; il prescrivait surtout au général Korsakow de réunir à son corps d'armée la division bavaroise et le corps du prince de Condé, pour attaquer notre gauche, la repousser derrière la Limmath, et reprendre la position de Zurich. Il voulait se porter lui-même sur Zurich, par la rive gauche du lac de ce nom, pendant que le corps du général Linken, qui était déjà rendu à Glaris, tiendrait tête au général Lecourbe. Il espérait enfin que ces dispositions couvriraient les corps dispersés des généraux Petrasch et Jellachich, leur permettraient de se remettre en ligne, et que l'armée française serait ainsi forcée d'abandonner les avantages qu'elle venait de remporter.

Ce second plan, produit par les circonstances, pouvait encore avoir quelques chances de succès et entretenir, pendant quelques jours, l'espoir des alliés ; mais Souwarow, invincible jusqu'alors, touchait au terme de ses exploits. Rien ne l'empêchait de faire remonter à son armée le Schachenthal, et de descendre, par un chemin assez bon, dans le Linthal, pour joindre, à Glaris, la division autrichienne du général Linken. Mais il préféra suivre une disposition de son premier plan, et se porter sur Schwitz, pour menacer nos derrières, nous attirer de son côté, et mieux dégager ainsi les deux corps de Korsakow et de Petrasch. Ainsi, il partit d'Altorff, remonta le Schachenthal jusqu'à Spiringen, traversa la chaîne du Bruhnwaldberg, et descendit dans le Muttenthal, d'où il s'avança jusqu'à Brunnen et Schwitz. C'est là que sa marche devait s'arrêter.

*Dispositions du général Masséna.*

Le rapport des progrès des Russes dans la vallée de la Reuss n'avait pu parvenir au général Masséna qu'après son entrée à Zurich, le lendemain du second jour de la bataille, au moment où les troupes qu'il avait mises à la poursuite du corps d'armée de Korsakow arrivaient sur la Thur. Aussitôt il donna ordre aux divisions des généraux Lorge et Ménard d'y prendre position, pour contenir les ennemis, s'ils revenaient sur leurs pas. Il fit diriger la quatrième division, commandée par le général Mortier, ainsi que la réserve de grenadiers, sur Schwitz, où lui-même se rendit, et il m'ordonna de venir immédiatement l'y joindre, pour prendre le commandement des troupes qu'il destinait à agir contre les troupes de Souwarow.

J'étais alors à Lichtensteig. J'avais envoyé une partie de ma division à Nœfels, au secours du général Molitor; une autre partie s'établissait à Wesen, et le restant suivait, jusqu'au delà de Saint-Gall, les divisions battues du général Hotze, qui se retiraient dans le Rhinthal. Ces dispositions étaient la conséquence de celles du général en chef.

Je laissai ma division au général Gazan, et j'arrivai près du général Masséna, à Schwitz, le 7 vendémiaire (29 septembre). Le même jour, le général Mortier avait eu un premier engagement avec l'avant-garde russe, qu'il chassa de Schwitz et qu'il repoussa dans le Muttenthal. Le combat fut très-vif; notre colonne, s'étant portée, avec précipitation, devant Mutten, donna sur un gros d'ennemis, qui lui fit éprouver des pertes, et la ramena ; mais les renforts que le général Mortier reçut à propos lui firent reprendre l'avantage. Il pénétra de nouveau dans la vallée, et s'y établit; le lendemain, il y fit encore des progrès qui l'y affermirent. L'issue de la vallée fut ainsi entièrement fermée de ce côté, tandis que le général Loison établit sa brigade aux débouchés de Schachenthal, par lesquels les Russes étaient venus.

La marche des Russes avait été très-lente ; leur armée formait une longue colonne décousue. Il ne leur restait plus que le passage du Brackel, pour sortir du Muttenthal, et se rendre, par le Klanthal, à Glaris, où le maréchal Souwarow devait croire que, suivant ses premières instructions, les généraux Linken et Jellachich s'étaient réunis et maintenus. Ne pouvant différer de les joindre, il engagea son avant-garde dans cette direction; mais il apprit qu'un corps français, placé dans le Klanthal, interceptait les communications, et l'empêchait de recevoir des nouvelles. Il crut pouvoir l'intimider, et il le fit sommer de se rendre. C'était un bataillon de la 84ᵉ demi-brigade, que le général Molitor avait laissé pour garder le débouché du Klanthal, pendant qu'il avait lui-même des affaires très-vives contre les Autrichiens, et qu'il les repoussait de Glaris. La réponse à la sommation fut : que ce serait lui-même qui ne tarderait pas à se rendre, que son rendez-vous avec les généraux Linken et Jellachich était manqué, que ces généraux venaient d'être battus et rejetés dans les Grisons. Souwarow alors n'eut d'autre parti à prendre que de suivre, avec le restant de son armée, le mouvement de son avant-garde, et de s'ouvrir le passage du Klanthal.

*Le général Soult est chargé des opérations contre le maréchal Souwarow.*

Dès mon arrivée à Schwitz, le général en chef m'avait remis le commandement des corps destinés à agir contre le maréchal Souwarow, et il était retourné, de sa personne, auprès des divisions qu'il avait laissées sur la Thur. Il y renvoya même la réserve de grenadiers tirée de ces divisions, pour agir contre le corps d'armée de Korsakow, et le rejeter définitivement au delà du Rhin. Les troupes dont il me donna la direction formaient trois autres divisions : celle que j'avais au passage de la Linth ; celle du général Mortier, auparavant commandée par moi, et celle du général Lecourbe. Ce général avait quitté, la veille, sa division pour se rendre à l'armée d'observation du

Rhin, au commandement de laquelle il venait d'être nommé [1].

Je m'empressai de prendre des dispositions, pour

---

[1]. Quelques écrivains ont fait honneur au général Lecourbe, de la défaite du maréchal Souwarow, et des pertes considérables que les Russes subirent, dans leur retraite. Leur légèreté à adopter des récits inexacts, et quelquefois intéressés, sans prendre la peine de les vérifier, peut-être même d'autres motifs que je ne veux pas apprécier, sont cause de cette erreur, que j'ai pu contribuer à accréditer, par mon silence. Mais je n'ai jamais aimé à entretenir le public de mes services, et j'ai même, plusieurs fois, refusé les demandes de renseignements personnels, qui m'ont été faites, par des compilateurs de biographies. Je pensais que la publication des documents officiels, qui seuls doivent servir de matériaux à l'histoire, rétablirait, tôt ou tard, la vérité, ou tout au moins, que je serais à temps, lorsque je m'occuperais de la rédaction de mes mémoires.

Ce moment est venu. J'ai toute ma correspondance avec le général en chef, et avec les officiers sous mes ordres, celle que j'ai reçue, comme celle que j'ai écrite, pour rétablir les faits, dans toute leur précision. J'ajoute, pour la mémoire du général Lecourbe, que sa carrière, si brillante et si prématurément terminée, n'a pas besoin qu'on lui attribue ce qui ne lui appartient pas.

Le général Lecourbe, si bien secondé par les généraux sous ses ordres, et notamment par les généraux Gudin et Loison, rendit, à l'armée française, l'éminent service de retarder la marche de l'armée russe dans la vallée de la Reuss, depuis le Saint-Gothard, jusqu'au lac des Quatre-Cantons, en lui disputant le terrain pas à pas, et en ne cédant qu'à des forces qui devaient l'écraser. Il déploya autant d'habileté que de courage et de ténacité. Ce fut à la fin de resserrer l'armée de Souwarow dans le Muttenthal. Mais, prévoyant que la pénurie des vivres et la nécessité de continuer ses opérations l'obligeraient bientôt d'en sortir, je me préparai aussi à

cette retraite, devant Altorf, qu'il reçut sa nomination au commandement de l'armée d'observation du Rhin, et il partit immédiatement, pour se rendre à son nouveau poste. Ainsi, il n'a pu prendre aucune part aux opérations suivantes, lorsque nous avons repris l'offensive contre le maréchal Souwarow.

La part exclusive qu'on a essayé de faire au général Molitor, d'avoir fait échouer le second projet du général Souwarow, n'est pas plus exacte. Ce général s'est brillamment conduit, il a pris une belle part à nos succès, et je lui rends toute justice; mais il était sous mes ordres, et il n'était guidé que par mes instructions. Il était même placé sous les ordres du général Gazan, et il passa ensuite sous ceux du général Mortier. Un ordre de l'état major général avait fixé la composition du corps d'armée, mis à mes ordres, et avec lequel je fus seul chargé, de renverser les dernières espérances du maréchal Souwarow, et de l'obliger à quitter la Suisse pour ne recueillir, qu'au delà du Rhin, les tristes débris de son armée. J'agissais, sans nul doute, d'après les instructions générales du général en chef Masséna, sur qui je reporte tout le mérite des belles conceptions, qui lui acquirent tant de gloire dans cette mémorable campagne. Mais, dans les opérations contre le maréchal Souwarow, comme au passage de la Linth, je n'en étais pas moins, complétement séparé de lui, et j'agissais avec une entière indépendance. Je me plais à citer, en même temps, l'active coopération que me donnèrent les généraux Mortier, Gazan, Molitor et Loison. Aux uns et aux autres, nos actions nous appartiennent.

Voir à la fin du chapitre, pièces n° 22.

agir contre elle, soit qu'elle tentât de nouveau de s'ouvrir un passage sur Schwitz, soit qu'elle entreprît de descendre sur la Linth, par le Brackel. Le général Mortier était au débouché du Muttenthal. Je dirigeai sur la Linth, et au soutien du général Molitor, le général Gazan, avec ce qui restait de ma division, dont une partie avait déjà été envoyée au général Molitor. En même temps, une forte réserve, placée à Einsiedlen, était prête à marcher au secours de celui de ces deux points, qui serait menacé.

Comme je l'avais prévu, le maréchal Souwarow, ne pouvant se maintenir dans le Muttenthal, évacua cette vallée et passa dans celle de la Linth. Je rendis compte de ce mouvement au général en chef.

« Einsiedlen, le 11 vendémiaire an VIII (3 octobre 1799.)

« Le général Mortier me rend compte, mon cher général, que les Russes ont évacué le Muttenthal; les derniers Cosaques en sont sortis, à deux heures après midi. Ils ont laissé six cents blessés dans le couvent de Mutten, où se trouvent aussi plusieurs de nos blessés, desquels ils ont pris grand soin. Il y a parmi les leurs des officiers de marque, entre autres le prince russe Metschersky. Le général Mortier a ordonné qu'ils soient évacués sur Zug et Lucerne, et il a envoyé des officiers de santé ainsi que des vivres ; ils manquaient de tout. Mutten est occupé par nos troupes.

« On n'a pu encore apprendre quelle direction l'ennemi a prise ; mais il est à présumer qu'il s'est porté sur Glaris, pour attaquer les troupes que nous avons sur la Linth. J'en préviens le général Gazan et je fais tenir la réserve, que j'ai à Einsiedlen, prête à marcher à son secours. En même temps, je donne ordre au général Loison de surveiller les mouvements des Russes, et dans le cas, comme je le suppose, où ils ne seraient pas retournés sur Altorff, de porter un corps sur le Linthal, en remontant le Schachenthal, tandis qu'il dirigera un détachement sur Steig, si déjà il ne l'a fait.

« Le général Mortier marchera sur Glaris, par le Klanthal, laissant une réserve à Mutten, pour couvrir le Bisithal et en chasser les corps ennemis qui y seraient restés, ainsi que pour recevoir ce qui pourrait revenir du Linthal. Dans le cas où l'ennemi n'attaquerait pas demain le général Gazan, alors on pourra croire qu'il se dispose à marcher vers les Grisons et Sargans, pour joindre l'armée battue, et, par la réunion de ces forces, reprendre l'offensive et chercher à vous faire repasser la Limmath. Si cela arrivait, je ne manquerais pas, après avoir fait nettoyer le Linthal, de porter des troupes sur Flims, par le Pantenbruck, et sur Wallenstadt, par Kremsen, en même temps que, rassemblant sur la Linth quinze bataillons avec toute ma cavalerie, je porterais cette masse en avant de Lichtensteig, pour suivre les mouvements des ennemis et tomber sur leur flanc gauche, s'ils venaient vous attaquer.

« Cette manœuvre est naturellement subordonnée aux mouvements de l'ennemi, que je viens de supposer, et dans ce cas, je ne doute pas que vous ne l'approuviez. Veuillez me donner de vos nouvelles; demain je serai sur la Linth. »

Le bataillon de la 84ᵉ demi-brigade, placé au débouché du Klanthal, n'avait pu soutenir le poids de l'armée de Souwarow. Cependant la résistance fut assez longue pour donner le temps au général Molitor d'arriver à son secours, avec ce qui lui restait de troupes, et de les échelonner sur les deux rives de la Linth, partie devant Mollis, et partie en tête du défilé, en arrière de Netsthal. Dans la journée du 3 octobre, les ennemis dirigèrent leurs efforts sur ce dernier point ; mais, soutenu par les renforts successifs que le général Gazan amena, le général Molitor défendit opiniâtrement sa position ; il reprit trois fois le village de Noefels, repoussa les attaques réitérées des

<small>Le maréchal Souwarow débouche sur Glaris.</small>

Russes, et à la huitième, exécutée à l'entrée de la nuit, il les conduisit jusqu'à Netsthal, après leur avoir fait éprouver une perte de plus de deux mille hommes.

L'acharnement que les Russes avaient mis à ces attaques, nous fit penser que le maréchal Souwarow persistait dans le dessein de marcher sur Zurich, pour y rallier l'armée du général Korsakow qui, de son côté, se disposait à attaquer les divisions de notre gauche laissées sur la Thur. Il eût sans doute pris cette direction, s'il n'eût éprouvé une résistance invincible à Noefels. Reconnaissant alors l'inutilité de ses efforts, voyant ses troupes dépérir à tout instant, manquant entièrement de subsistances, et craignant avec raison d'être enfermé à Glaris, s'il y prolongeait son séjour, il se prépara, dans la journée du 4 octobre, à évacuer la vallée de la Linth, pour se diriger par le Sernsthal ou Kleinthal, et le Quinser, vers les Grisons. Déjà nos colonnes s'avançaient; elles commençaient à le déborder, et elles se portaient sur ses derrières pour l'envelopper.

Après que le général Gudin eut repris le Saint-Gothard, où il fit quelques centaines de prisonniers, je lui avais donné ordre de descendre dans la vallée du Rhin, et de se porter, par Dissentis, sur Ilanz. J'avais aussi ordonné au général Loison de s'emparer de la haute Linth, du Pantenbruck et du Linthal, d'où il devait descendre la vallée et marcher sur Glaris, à la rencontre de la colonne du général Mortier, en même temps qu'il dirigerait un fort détachement sur Flims, pour intercepter ce passage. Enfin le général Mortier remontait le Muttenthal, gravissait le Brackel, et descendait sur Glaris, poursuivant les Russes avec sa vigueur accoutumée, leur enlevant beaucoup de prisonniers et de matériel, et leur interdisant toute tentative pour revenir sur leurs pas. Il devait déboucher sur Glaris, de concert avec les colonnes des généraux Gazan et Molitor, que je dirigeais en personne, et qui devaient déboucher du Netsthal. Ces divers mouvements ne pouvaient être terminés que le 5 octobre, et j'avais fixé, pour ce jour même, l'attaque générale. Toutes les troupes se mirent en marche, de grand matin ; elles avaient l'ordre, en joignant l'ennemi, de l'aborder vigoureusement pour compléter sa destruction. Mais les Russes l'évitèrent, en commençant leur retraite, dès le 4 au soir, et en la continuant toute la nuit. En approchant de Glaris, nous aperçûmes leur arrière-garde qui venait d'en sortir. J'ordonnai au général Molitor de la poursuivre et de la pousser, aussi vivement que possible, afin d'obliger le maréchal Souwarow à s'arrêter pour la secourir. Au lieu de venir la défendre, le maréchal nous l'abandonna, et avec elle ses blessés, la plupart

*Défaite des Russes. Ils se retirent, e[n] désordre, par l[e] Pantenbruck.*

de ses chevaux, une caisse militaire, et ce qui lui restait de canons et de bagages; il avait hâte de sauver les derniers débris de son armée. Voici mon rapport au général en chef sur cet important résultat :

« Lichtensteig, le 14 vendémiaire (6 octobre 1799).

« Je vous rends compte, mon cher général, du résultat des mouvements que j'ai fait opérer aux 2e, 3e et 4e divisions.

« Le 11 au soir, l'ennemi ayant évacué le Muttenthal, le général Loison reçut ordre de porter des troupes dans le Linthal, par le Schachenthal, et d'en pousser vers Pantenbruck. Ces deux mouvements s'exécutèrent, le 12 au matin, et le général Gudin s'empara, en même temps, de la vallée d'Urseren.

« Le général Mortier partit, le 12, du Muttenthal, avec un bataillon de la 38e demi-brigade et la 108e; il attaqua l'ennemi sur le mont Brackel, le força à se retirer dans le Klanthal, où il le poursuivit, après lui avoir fait trois cents prisonniers, pris un grand nombre de chevaux et de mulets, dix-huit cents fusils, beaucoup de munitions avec la voiture de Souwarow, et avoir vu jeter dans les précipices huit pièces de canon.

« En évacuant le Muttenthal, Souwarow parut vouloir opérer sa retraite sur Altorff, mais le mouvement du général Loison dans le Schachenthal l'obligea à ramener précipitamment ses troupes sur Glaris, d'où, le 12, il entreprit vainement de nous repousser du défilé de Noefels.

« Le 13, à 4 heures du matin, les Russes évacuèrent Glaris et firent leur retraite par Schwanden et le Sernsthal, se dirigeant sur Coire. Les généraux Gazan, Molitor et Mortier devaient les attaquer, à la pointe du jour. J'ordonnai au général Gazan de détacher à leur poursuite le général Molitor. Celui-ci les joignit au delà de Schwanden; il leur enleva huit cents prisonniers, une pièce de canon et quantité de chevaux et mulets. A la nuit, il se battait encore, en avant d'Engi, et il m'annonçait de nouveaux prisonniers.

« L'ennemi a laissé dans Glaris six cents de ses blessés, dont plusieurs officiers, beaucoup d'équipages; et nos soldats ont pris, dans la poursuite, une caisse militaire contenant trente mille francs, qu'ils se sont partagés.

« La perte des Russes, depuis le 8 de ce mois jusqu'au 13, où ils ont opéré leur retraite, est très-considérable; on leur a fait plus de trois mille prisonniers, en y comprenant les blessés qu'ils nous ont abandonnés. Le nombre d'ennemis tués dépasse quinze cents hommes; parmi ces derniers se trouve le général des Cosaques, militaire très-estimé et regretté de sa troupe. La route est en outre couverte de mourants et de blessés; nous avons pris plus de huit cents chevaux ou mulets, et une énorme quantité d'équipages.

« Il est impossible de se faire une idée de l'état affreux dans lequel se trouve l'armée de Souwarow; ses soldats tombent de faim et de misère; depuis qu'ils sont en Suisse, ils n'ont pas reçu de pain. Le pays qu'ils ont parcouru offrait encore quelques ressources; ils ont tout dévoré, et ils s'en vont avec la malédiction des habitants de ces malheureuses contrées, et en voyant, à chaque pas, leurs forces s'affaiblir par les pertes continuelles que la rigueur du climat et la poursuite de nos troupes leur font éprouver.

« Je suis parti hier au soir de Glaris, après avoir vu déboucher du Klanthal la colonne du général Mortier, et avoir fait opérer sa jonction avec celle du général Loison, venue par le Linthal. Le général Molitor continuait à poursuivre les Russes; je n'ai pas encore le rapport de sa marche, ni celui des derniers avantages qu'il doit avoir obtenus.

« Aujourd'hui le général Loison doit porter des troupes du Pantenbruck jusqu'à Flims, s'il y a possibilité, et faire avancer une partie de la brigade du général Gudin vers Dissentis, pour menacer Ilanz; il gardera en même temps le Saint-Gothard, et tiendra une réserve à Urseren.

« Le général Mortier, avec la 3ᵉ division, marche sur Sargans et Wallenstadt, pour prendre position, la droite à Mels, et la gauche à Sargans, couvrant le Weissanerthal. Il jettera des partis sur le pont du Rhin, dit Zolbruck, il s'en emparera même, s'il est possible; il gardera la vallée du Rhin jusqu'à Axmoos, et éclairera celle de la Thur.

« Le général Gazan, avec la 2ᵉ colonne des troupes que j'ai rassemblées à Lichtensteig, prendra position aujourd'hui, en avant de Weil. Demain, il marchera sur Constance pour s'en emparer, et il enverra des reconnaissances, pour communiquer avec le corps que vous devez porter sur Stein.

« La première colonne des mêmes troupes, commandée par le général Brunet, a porté son infanterie légère à Schwelbrug; demain elle éclairera Appenzell, et prendra position en avant de Saint-Gall, d'où elle enverra de fortes reconnaissances sur Arbon, Roschach et Rheineck.

« Mon quartier général sera demain à Saint-Gall.

« Soult. »

Souwarow n'était plus en état de nous donner des inquiétudes; des vingt-cinq mille Russes qu'il avait amenés d'Italie, à peine lui en restait-il dix mille, tous exténués de faim et de fatigue, et la plupart pieds-nus. Il avait perdu ses canons, ses bagages, la presque totalité de ses chevaux ; il manquait de vivres, dans un pays dénué de ressources, et il ne pouvait s'en procurer qu'en gagnant, au plus tôt, la Souabe. N'attendant plus de lui aucune résistance, je me bornai à détacher à sa poursuite la 2ᵉ division, commandée par le général Loison, et une partie de la 3ᵉ, aux ordres du général Mortier; du surplus de mes troupes, qui comprenait la 4ᵉ division et une brigade de la 3ᵉ, je formai deux colonnes : la première, qui était la plus faible, fut dirigée sur Arbon, Rheineck et le Rhinthal, comme mon rapport l'indique [1].

*Opérations r la Thur et le Rhin. Prise de Constance.*

Le général Gazan commandait la seconde et principale colonne ; je lui donnai ordre de marcher sur Constance et de s'en emparer, en même temps qu'il enverrait un détachement sur Stein, pour seconder l'attaque que le général en chef devait diriger, en personne, contre le corps d'armée de Korsakow, renforcé de dix mille Bavarois. Le 7 octobre, à deux heures après-midi, le général Gazan était devant Constance; il y trouva le corps d'émigrés français, commandé par le prince de Condé, auquel s'était réuni un détachement de Russes, aux ordres du général Bauer. Il attaqua vivement les ennemis, entra pêle-mêle avec eux dans la ville, et les poussa jusqu'au pont de Pe-

---

1. Voir à la fin du chapitre, pièces n° 23.

tershausen, d'où il fut, à son tour, ramené. On se battit de rue en rue, Français contre Français, les uns, en servant leur patrie, les autres dans les rangs étrangers. La valeur était égale; la victoire finit cependant par se ranger du côté des premiers; à dix heures du soir, le feu cessa, et nous restâmes maîtres de Constance, gardant avec nous quatre cents prisonniers, et le drapeau du régiment de Bourbon. Les ennemis se mirent à l'abri d'une nouvelle poursuite, en coupant le pont de Petershausen.

Plus à gauche, entre le Rhin et la Thur, le général en chef avait, le même jour, rencontré le général Korsakow, qui marchait sur les divisions des généraux Lorge et Ménard, pour faire diversion en faveur du maréchal Souwarow, et conformément à ses ordres, favoriser la réunion des deux armées russes. Cet ordre, donné huit jours auparavant, lorsque le maréchal Souwarow avait encore l'espoir de reprendre la ligne de Zurich et de la Limmath, n'était plus opportun, depuis que le généralissime avait lui-même abandonné la partie et s'était retiré dans les Grisons, avec le reste de son armée. Cependant le général Korsakow ne crut pas pouvoir se dispenser de le suivre, soit qu'il ignorât le véritable état des affaires, soit qu'il n'eût pas reçu de son chef de nouvelles instructions. Une colonne de douze mille Russes et

Combat d'Andelfingen.

Bavarois, qu'il avait formée, donna avec impétuosité près d'Andelfingen, sur la division du général Ménard, et commença par lui faire éprouver des pertes ; mais la réserve de grenadiers étant arrivée au secours de cette division, elle chargea les ennemis, les culbuta, et les força à se rejeter, en désordre, dans les ouvrages de la tête de pont de Bussingen. En même temps, la division du général Lorge repoussait aussi, sur Diesenhofen, une autre colonne ennemie, et l'obligeait à repasser le Rhin.

La tête de pont de Bussingen, placée entre Diesenhofen et le couvent de Paradis, pouvait nous opposer une longue résistance. Elle était couverte sur tout son développement, qui était considérable, par de larges fossés, fraisés et palissadés, et ces ouvrages, en forme de couronne, étaient bien garnis d'artillerie. Le général en chef se disposait à l'attaquer, le 8 octobre; mais, pendant la nuit, les ennemis l'évacuèrent. Ils replièrent aussi le pont qui y communiquait, brûlèrent celui de Diesenhofen, et laissèrent à notre disposition toute la rive gauche du Rhin, au-dessous de Constance. Tout fut ainsi fini de ce côté.

*es Autrichiens les Russes se tirent derrière le Rhin.*

Au-dessus du lac, nous continuâmes nos opérations. La colonne, aux ordres du général Brunet, que j'avais dirigée sur le Rhinthal, y arriva sans difficulté, et s'étendit sur le bord du Rhin, depuis son embouchure dans le lac jusqu'à Gams, où passe le chemin qui conduit du Rhinthal dans la vallée de la Thur. Le général Mortier s'était porté à Sargans, à Axmoos, et devant Ragats, où une partie du corps autrichien du général Jellachich avait pris position pour protéger la retraite des Russes, et couvrir la route de Coire par le pont de Zollbruck. Le général Loison était à Dissentis, et poussait ses postes près d'Ilanz, défendu, ainsi que le mont Kunkels et le pont de Reichenau, par la division autrichienne du général Linken. Le général Gudin gardait enfin les passages du Saint-Gothard; il établissait ses communications avec la division du général Turreau, dans le haut Valais, et il éclairait les revers de l'Italie, jusqu'à Bellinzona.

Il ne restait donc qu'à chasser les ennemis de Ragats, de la tête de pont de Zollbruck, de Veltis, du mont Kunkels, de Reichenau et d'Ilanz, pour que nous fussions entièrement maîtres de tout le cours du Rhin, jusqu'à ses sources. J'étais revenu de Saint-Gall, par le Rhinthal, à Mels, où était le quartier général de la 3ᵉ division. D'après les instructions du général en chef, je chargeai le général Mortier de déloger les Autrichiens de Ragats, et de se porter devant Zollbruck. Ce mouvement se fit, le 17 octobre, les ennemis furent repoussés de tous ces points; quelques jours après, je les fis aussi attaquer à Veltis, au mont Kunkels, et à

Reichenau. Ils perdirent tous ces postes et beaucoup de monde ; ils laissèrent en notre pouvoir plusieurs centaines de prisonniers, avec du canon, et repassèrent le Rhin, en détruisant les ponts qui menaient à la rive droite. Les rapports que j'adressai au général en chef, pour lui rendre compte de ces derniers résultats, l'instruisaient également de la situation des ennemis, des projets qu'on leur supposait, des mouvements de l'armée de Souwarow, de l'état de nos troupes, et des inconvénients qu'il y aurait eu à les engager plus avant dans cette direction [1]. Je lui faisais aussi mes observations sur le dessein qu'il m'avait communiqué, de me faire passer le Rhin, pour aller dans les Grisons, continuer la campagne. J'extrais, de ces divers rapports, les détails les plus importants.

« Mels, 5 brumaire an VIII (27 octobre).

« J'ai pris ces dispositions, afin d'obliger l'ennemi à évacuer entièrement la rive gauche du Rhin, lui faire abandonner ou détruire le pont de Feldberg, qu'il conserve encore, et en menaçant de tourner sa gauche, le forcer à faire un mouvement pour la renforcer, ce qui, dans tous les cas, doit produire un effet avantageux. Mais la diver-

---

[1]. Voir à la fin du chapitre, pièces n° 24.

sion serait plus sensible, si les ennemis pouvaient se persuader que nous voulons réellement les tourner, car alors ils concentreraient plus de troupes dans les montagnes, où, dans les circonstances actuelles, et surtout à cause de la saison qui commence, nous n'avons pas grand'chose à craindre.

« Le mouvement que je fais sera terminé, le 9 ou 10 brumaire ; ce ne sera que d'après son résultat, et suivant les renseignements que j'aurai obtenus pendant l'opération, que je jugerai, si le passage du Rhin doit être entrepris. Cette expédition est, du reste, délicate. Peut-être serait-il mieux de se borner à menacer les ennemis dans cette partie, sans nous engager sur la rive droite du Rhin ; car les Autrichiens penseront que nous ne pouvons pas entreprendre de grands mouvements, dans la saison où les montagnes sont déjà couvertes de deux à trois pieds de neige. Au surplus, je profiterai de la liberté que vous m'avez donnée, en vous soumettant à ce sujet, dans ma première, mes réflexions.

« Dans une lettre que je reçois du général Loison, il me marque que ses soldats sont entièrement pieds-nus ; il a éprouvé de grandes difficultés, pour leur faire passer l'Ober-Alp ; l'espoir d'être bientôt relevés, et d'obtenir un long repos, les a pourtant décidés. »

« Mels, le 7 brumaire (29 octobre).

« Il résulte de tous les renseignements que nous pouvons nous procurer, que l'armée du Danube a devant elle soixante et dix mille Autrichiens ou Russes, indépendamment du corps d'émigrés français, commandé par le prince de Condé, et des Bavarois. Une pareille réunion est fort respectable. Que peut entreprendre l'ennemi ?

« L'archiduc Charles peut passer le Rhin, au-dessous de Schaffouse, même dans le Frickthal, tandis que le prince de Condé et les Bavarois pourraient pénétrer par Constance.

« Souwarow, qui a eu le temps de se réorganiser, peut, en même temps, passer le Rhin au-dessous de Feldkirch, marcher sur Saint-Gall, par Alstetten, et se faire joindre, à Saint-Gall, par le corps du général Petrasch, qui aurait passé à Rheineck, ou qui, à la faveur des embarcations que les ennemis ont sur le lac de Constance, aurait mis ses troupes à terre, vers Arbon ou Roschach.

« Pendant que ce mouvement s'opérerait, le général Linken inquiéterait notre droite ; mais c'est le moins à craindre. Que pouvez-vous faire pour vous opposer à cette manœuvre, qu'il faut supposer que l'ennemi fera ? Laisser votre droite sur la défensive, et sans permettre qu'elle passe le Rhin, lui prescrire de continuer à en faire la démonstration, pour faire agir votre centre et la gauche.

« Deux demi-brigades suffisent à la 2ᵉ division, pour garder le Saint-Gothard et la vallée de Dissentis ; les troupes qui seraient sur ce dernier point éclaireraient jusqu'à Reichenau, et menaceraient toujours Coire.

« Avec quatre demi-brigades, un régiment de chasseurs à cheval, huit pièces de 4 et deux obusiers, qui forment la troisième division, elle peut garder, depuis Zollbruck et Veltis, jusqu'à Alstetten, en continuant ses démonstrations de passage.

« Une demi-brigade, deux escadrons de hussards, et quatre pièces de canon, garderaient le débouché de Rheineck, depuis Alstetten jusqu'à Roschach.

« Par cette répartition, vous pourriez retirer, des 2ᵉ et 3ᵉ divisions, trois demi-brigades et une compagnie d'artillerie légère, qui seraient portées à votre centre.

« Le passage du Rhin dans cette partie, et un mouvement dans les Grisons, me paraîtraient, en ce moment, un mouvement dangereux. D'abord il ne mènerait à rien, car l'ennemi ne prendrait pas le change ; la saison étant tellement avancée, qu'il ne supposera jamais que nous ayons le projet de forcer les passages du Tyrol. Ainsi, il méprisera, avec raison, ce mouvement, et n'en agira pas avec moins de sécurité sur votre centre et sur votre gauche. D'ailleurs, vous perdriez du temps, en vous livrant à cette opération qui, serait-elle couronnée de succès, ne vous mènerait qu'à établir, sans but déterminé, des têtes de pont sur la rive droite du Rhin, et vous seriez dans l'impossibilité d'en retirer les trois demi-brigades, avec l'artillerie, que vous pouvez dès ce moment envoyer à votre gauche.

« Les moyens que je laisse à droite me paraissent suffisants, dans l'hypothèse d'une défensive absolue dans cette partie, car l'ennemi ne peut pas non plus entreprendre grand'chose. Bientôt les passages seront fermés par les neiges, et il n'est pas vraisemblable que, dans cette saison, il s'engage dans des montagnes d'un accès si difficile.

« Si vous admettez, mon cher général, les propositions que je viens de vous soumettre, vous augmenterez considérablement les moyens que vous devez réunir pour entrer en Souabe ; mais cette opération, que je regarde comme nécessaire, sous plusieurs rapports, et très-possible, ne peut trop être accélérée. Prévenez l'ennemi, si vous ne voulez pas être prévenu par lui. Je crois fermement qu'il reprendra l'offensive, aussitôt qu'il sera en mesure. En passant le Rhin, vous dérangerez ses projets, et une affaire un peu vigoureuse peut assurer à l'armée des quartiers d'hiver tranquilles, sans quoi n'y comptez pas.

« Votre gauche doit commencer le mouvement; mais elle doit être renforcée et mise à même de pouvoir se passer de secours, car l'ennemi ne manquera pas d'y porter des forces imposantes. Profitant de cette manœuvre, vous pourrez faire passer le centre dans les environs de Schaffouse, où les succès qu'il obtiendra seront peut-être décisifs. Ne craignez pas que, pendant ce temps, l'ennemi entreprenne un passage vers Rheineck, puisque vous l'aurez prévenu; mais si cela arrivait, comme la gauche sera seulement engagée, le centre serait toujours à même de le repousser.

« J'espère que, le 10 ou le 11, j'aurai fait repasser le Rhin à toutes les troupes ennemies, qui sont encore à la rive gauche et sur le Kunkels, où elles ont été renforcées. Cela fait, je mettrai en marche sur Zurich trois demi-brigades et l'artillerie légère. Je remettrai le commandement de la 3ᵉ division au général Mortier, en lui laissant une instruction, et je viendrai de suite prendre vos ordres, pour me porter à la gauche, où je crois pouvoir vous être utile.

« Je n'ai pas l'amour-propre de croire à l'excellence des propositions que je viens vous soumettre; mais je vous les présente, pénétré de votre indulgence et persuadé que vous y reconnaîtrez le zèle qui m'anime pour le service et l'attachement que je vous ai voué. Donnez-moi vos ordres, et comptez sur mon exactitude à les remplir.

« Soult. »

Mes vues se rencontrèrent avec celles du général Masséna, car il me répondit aussitôt :

« Zurich, le 8 brumaire (30 octobre).

« J'ai reçu, mon cher Soult, votre lettre avec vos réflexions sur les mouvements ultérieurs de la campagne. Recevez-en mes remercîments, et vous verrez par la suite le cas que j'en fais.

« Faites faire votre mouvement, pour chasser tout ce qui peut se trouver encore sur la rive gauche du Rhin; mais je vous fais observer qu'il est de toute impossibilité que le général Loison puisse tenir à Dissentis. Les neiges lui fermeraient tout passage, pour retourner sur ses pas, et, ce qui est encore pis, c'est qu'il y mourrait de faim. Vous devez donc penser à le faire retourner, au plus tôt, à Altorff, crainte d'accidents; c'est ce à quoi je vous invite fortement.

« Lorsque votre mouvement sera achevé, vous pourrez commencer à diriger sur Weil la 25e et la 36e demi-brigade, avec deux escadrons du

10ᵉ de chasseurs. Ayez soin de faire changer la demi-brigade de Loison, qui, comme vous le savez, ne peut rester plus longtemps à Altorff. La compagnie d'artillerie légère se rendra également à Weil.

« Masséna. »

Deux jours après, les opérations qui restaient à faire sur la rive gauche du Rhin, étaient terminées, et l'ennemi était chassé de ses dernières positions. Je commençai aussitôt mon mouvement, pour me rapprocher du centre.

J'en rendis compte au général en chef :

« Mels, le 10 brumaire (1ᵉʳ novembre).

« Je m'empresse, mon cher général, de vous rendre compte du succès qu'a obtenu le mouvement que j'ai fait faire sur Reichenau.

« Le général Loison partit de Dissentis avec la 38ᵉ demi-brigade, et fut joint à Flims par le bataillon de la 44ᵉ, venu d'Engi, que le capitaine Compère, adjoint aux adjudants généraux, était chargé de diriger. Après cette réunion, le général Loison se porta sur Trins; il attaqua l'ennemi et le força à se replier sur Tamins.

« Pendant ce temps, le général Mortier, avec deux bataillons de la 25ᵉ d'infanterie légère et un détachement du 10ᵉ régiment de chasseurs à cheval, attaquait les troupes ennemies qui se trouvaient en arrière de Veltis et au mont Kunkels. La résistance fut opiniâtre; mais, pressés par la 25ᵉ, les Autrichiens furent forcés à abandonner leur position qui était avantageuse, et à se retirer. Le général Mortier fit alors exécuter une charge à ses chasseurs et enleva à l'ennemi deux cents prisonniers.

« Pour défendre Tamins, et nous empêcher de pénétrer dans la vallée, l'ennemi s'était rallié au débouché du chemin de Kunkels, où il avait quatre forts bataillons. L'attaque fut renouvelée, et la 25ᵉ d'infanterie légère emporta encore, au pas de charge, cette position; elle fit cent autres prisonniers et prit une pièce de canon.

« Les Autrichiens se sauvèrent en désordre sur la rive droite du Rhin, partie par le pont de Reichenau, qu'ils brûlèrent, et partie par celui de Feldberg. La nuit survint et nous empêcha de pousser, le même soir, jusque-là. Ce matin, on s'est assuré que ce dernier pont est aussi détruit.

« La jonction des troupes de la 2ᵉ division, avec celles de la 3ᵉ division, s'est opérée hier soir à 5 heures, à Tamins, avec la plus grande précision.

« Ce mouvement donne pour résultat : l'expulsion totale des ennemis de la rive gauche du Rhin dans les Grisons; la destruction des ponts de Reichenau et de Feldberg ; la prise d'un canon et de trois cents prisonniers, parmi lesquels on compte six officiers. En outre, il a fait éprouver aux Autrichiens une perte considérable en hommes tués ou blessés.

« J'ai reçu votre lettre du 8 de ce mois, hier à 10 heures du soir, sur le Kunkels, en revenant de Reichenau. Je me conformerai aux dispositions que vous me prescrivez. Demain, je mettrai en marche sur Weil l'artillerie légère. La 36ᵉ demi-brigade partira, le 12, pour la même destination, et la 25ᵉ, le 13 ou 14 ; la 38ᵉ sera relevée par la 44ᵉ et suivra le mouvement.

« Le général Loison a envoyé des troupes à Sainte-Marie dans le Medelsthal et sur Bellinzona ; il a aussi laissé mille hommes pour défendre le Saint-Gothard. »

Ici se termina cette brillante période de succès, commencée un mois auparavant, et qui, sur une ligne de quarante lieues de développement, avait eu pour théâtre la partie la plus difficile des Alpes. Nous avions devant nous des obstacles naturels, qui paraissaient suffisants, à eux seuls, pour nous arrêter ; une armée ennemie, belle, aguerrie, abondamment pourvue de toutes ressources, pleine de confiance et animée par le souvenir de ses récentes victoires ; un général ennemi, qui

*Fin de la campagne*

avait jusqu'alors passé pour invincible. Tout fut surmonté par l'héroïque valeur de nos soldats, qui se surpassèrent eux-mêmes et qui secondèrent si admirablement les magnifiques combinaisons du général Masséna. Les ennemis étaient rejetés en désordre de l'autre côté du Rhin, depuis ses sources; ils avaient perdu plus de dix mille hommes, tués ou blessés, vingt-cinq mille prisonniers, quinze drapeaux, cent pièces de canon, la presque totalité de leurs équipages et un nombre immense de chevaux. Nous avions eu de notre côté moins de six mille hommes hors de combat, dont les deux tiers, quoique blessés, reprirent leur service au bout de deux mois. Cette série d'opérations délivra la France d'un danger tel, qu'elle n'en avait couru de plus grand dans aucune des guerres antérieures. Jusqu'au 25 septembre, on pouvait presque calculer le jour où cent soixante-dix mille ennemis arriveraient au rendez-vous qu'ils s'étaient donné sur le Jura et sur le haut Rhin, pour entrer en France, où il n'y aurait eu rien qui pût leur tenir tête. Dix jours, du 25 septembre au 5 octobre, suffirent à l'armée française, en Suisse, pour renverser des projets si menaçants pour la France, pour rendre à nos armes leur supériorité et pour rompre la coalition de l'Autriche et de la Russie; car, à partir de leur désastreuse retraite de Glaris, les armées russes ne reparurent plus sur le théâtre de la guerre. Tel fut le service que l'armée du Danube et son chef eurent le bonheur de rendre à leur pays.

Cependant les troupes avaient absolument besoin de repos. Elles étaient épuisées par les efforts inouïs qu'elles venaient de faire, et parce qu'elles manquaient de tout. Le général Masséna avait bien levé, sur quelques villes de la Suisse, des contributions, sous le nom d'emprunts forcés, actes plus qu'irréguliers et blâmables, s'ils n'eussent eu pour excuse la nécessité; mais elles étaient bien loin de suffire pour parer au besoin, et l'armée n'avait pas même la ressource de vivre aux dépens de la Suisse, puisque la Suisse elle-même ne pouvait suffire à sa propre subsistance. Les convois qui devaient venir de France manquaient le plus souvent, par l'incurie et le désordre financier du gouvernement du Directoire; enfin, l'armée était dans l'alternative de mourir de faim ou de porter la guerre dans d'autres pays, où elle trouvât de quoi vivre.

Le Directoire avait bien proposé au général Masséna de descendre en Italie, par le Saint-Gothard et le Simplon, afin de dégager l'armée refoulée dans les montagnes de la Ligurie et de l'aider à reconquérir le Milanais. Le général Masséna eût embrassé ce projet avec empressement, s'il n'avait été arrêté par des obstacles insurmontables. D'une part, il manquait totalement d'approvisionnements et de moyens de transports pour nourrir l'armée, seulement pendant deux jours, à travers le pays misérable qu'elle aurait dû parcourir, car il venait d'être ravagé par une guerre de plusieurs mois, en dernier lieu par le passage de l'armée russe, et les habitants affamés s'en éloignaient en masse; enfin, les neiges commençaient déjà à intercepter les passages des Alpes. De l'autre, l'archiduc Charles, qui était revenu de Mannheim, concentrait trente-cinq mille hommes sur les frontières de la Suisse, entre le lac de Constance et les débouchés de la Forêt-Noire. Nous avions tout lieu de croire que son dessein était de reprendre sur nous l'offensive, de concert avec les Russes; car nous ignorions encore que ces derniers avaient renoncé à la guerre et qu'ils allaient quitter les Autrichiens.

<small>Projet passage du Rhin.</small>

La présence de l'armée de l'archiduc rendait, à la vérité, difficile à exécuter notre projet de prendre nos quartiers d'hiver sur la rive droite du Rhin. Mais le général Masséna ne regardait pas ces difficultés comme insurmontables; il était encouragé par les succès qu'il venait d'obtenir, et il espérait que l'armée d'observation du Rhin, qui se disposait, en même temps, à pénétrer de nouveau en Souabe, l'aiderait à y faire également son établissement.

Le général en chef m'avait communiqué ce plan, ainsi que les motifs qui le portaient à l'exécuter; il m'avait invité à lui faire mes observations. Je m'en étais acquitté par ma lettre du 7 brumaire (29 octobre), que j'ai rapportée plus haut; j'avais exposé les inconvénients d'un mouvement dans les Grisons et indiqué la manœuvre qui me paraissait offrir le plus de chance de succès. Le général en chef approuva mes propositions. Il mit sa droite sur la défensive, après en avoir retiré une partie des troupes qui la composaient; et, ayant renforcé son aile gauche qu'il destinait à l'attaque, il me donna l'ordre d'en aller prendre le commandement[1].

Je me rendis donc à l'aile gauche, qui était composée des divisions Chabran et Goullus, et, le 19 brumaire (10 novembre), j'établis mon quartier général à Rheinfelden, près de Bâle.

A cette époque, le général Lecourbe avait voulu profiter de l'éloignement des troupes autrichiennes, ramenées un mois auparavant par l'archiduc Charles vers le lac de Constance; il avait porté dix-huit mille hommes sur la rive droite du Rhin, livré plusieurs combats entre ce fleuve et le Nec-

---

1. Voir à la fin du chapitre, n° 25.

ker, poussé ses postes au delà d'Heilbronn, de Lauffen, de Pforzheim; et, pour la troisième fois de la campagne, il avait investi Philisbourg. L'archiduc Charles avait, de son côté, dû s'affaiblir, pour renvoyer sur le Necker des renforts qui missent les généraux autrichiens, restés dans cette partie, à même de repousser le général Lecourbe. Le départ des Russes l'obligeait encore à dégarnir son centre et à faire passer des troupes à sa gauche, chargée de défendre Bregentz, Feldkirch et les Grisons.

Les circonstances semblaient ainsi concourir à favoriser nos opérations sur la rive droite du Rhin, et elles rendaient le succès vraisemblable. Les préparatifs du général Masséna étaient près d'être terminés; il avait fait venir du Valais la division du général Turreau, qu'il se proposait d'employer à cette expédition; la réserve de grenadiers se tenait rassemblée en avant de Zurich et du camp retranché du Petit-Bâle; l'aile que je commandais était renforcée et reconnaissait déjà les directions des villes forestières et de Saint-Blaise, qu'elle devait suivre dans son mouvement, lorsque nous reçûmes la nouvelle de la révolution du 18 brumaire, qui avait placé le général Bonaparte à la tête du gouvernement.

8 brumaire.   Assez d'historiens ont raconté de quels maux la France était accablée, sous l'odieuse administra-

tion du Directoire, et de quelles acclamations elle salua le retour du général Bonaparte, pour que je me dispense d'en rappeler le souvenir. La France avait besoin d'une main ferme et intelligente, pour arrêter l'anarchie intérieure ; elle avait besoin de l'épée qui avait conquis l'Italie, pour l'opposer à l'Europe coalisée. Aussi, se jeta-t-elle avec transport dans les bras de celui qui, seul, avait l'audace de se charger d'une pareille tâche, et qui seul se sentait appelé à sauver l'État des abîmes où il allait s'engloutir.

Un mois de séjour que le général Bonaparte avait fait à Paris, après son retour d'Orient, lui avait suffi pour sonder toutes les plaies, pour concevoir et mûrir tous les changements qu'il méditait; et, dès les premiers jours de sa dictature, on le voit imprimer à toutes les branches du gouvernement un caractère de vigueur, qui fixe toutes les incertitudes et rallie autour de lui les esprits les plus opposés. Tout concourt à le servir : l'éclat de sa gloire, la confiance qu'il inspire, les formes qu'il déploie, ses promesses et l'espérance d'un meilleur avenir. Il relève la dignité du gouvernement et le sentiment du respect qui doit être sa première force; il se fait obéir; il offre à l'intérieur une autorité protectrice qui assure la sécurité, qui comprime les mauvaises passions et qui bannit les restes impurs des formes révolutionnaires; il donne à nos armées un commandement qui a déjà fait ses preuves et en qui elles ont une confiance sans bornes; il présente à l'étranger un gouvernement sérieux, capable de se faire respecter, et assez fort pour soutenir la guerre, si la France doit encore en courir les chances pour arriver à la paix.

Les armées surtout avaient adhéré avec enthousiasme à l'élévation du général Bonaparte. Le chef de l'État sortait de leurs rangs; elles espéraient que sa prévoyance ferait cesser leur misère, et sa justice l'oubli des récompenses; que le sort des braves serait amélioré; qu'on ne verrait plus ceux dont le sang avait coulé en servant leur patrie, réduits à couvrir leurs cicatrices des haillons de la mendicité, pour s'adresser à la pitié publique. Si on demande pourquoi l'affection de l'armée fut ensuite toujours en augmentant? c'est que le général Bonaparte justifia les espérances de l'armée, et qu'en étendant sa gloire, il songea aussi à assurer son bien-être.

L'heureux effet de ce changement et la sollicitude du premier Consul ne pouvaient tarder à se faire sentir. Bientôt les approvisionnements arrivèrent aux armées, le payement de la solde, interrompu depuis longtemps, fut repris, et une levée extraordinaire vint compléter les cadres.

Cependant, un des premiers actes du premier

Consul avait été de faire, à l'Angleterre et à l'Autriche, des propositions de paix. Il s'attendait sans doute à ce qu'elles ne seraient pas accueillies; mais il voulait se donner le mérite aux yeux de l'Europe, surtout aux yeux de la France, d'avoir désiré la paix; et rejeter sur d'autres l'odieux de la guerre. Le ministère anglais se chargea de cette responsabilité et l'aggrava même, par le ton de la réponse qu'il fit au gouvernement français. Quant à l'Autriche, elle ne pouvait guère être portée à une paix qui lui eût nécessairement fait rendre une partie de ses récentes conquêtes; et d'ailleurs, en lui offrant plus libéralement que jamais des subsides, l'Angleterre pesait d'un trop grand poids sur ses conseils. Le refus de ces deux puissances allait rouvrir à nos armées le chemin de la gloire. L'empereur de Russie, Paul Ier, dégoûté de l'alliance autrichienne, se retira seul de la coalition.

La guerre devait donc être continuée. Le premier Consul voulut lui imprimer une nouvelle impulsion et donner une nouvelle organisation aux armées, qui avaient, en même temps, un si grand besoin de repos. Il ordonna de suspendre les opérations. Nos préparatifs pour le passage du Rhin cessèrent à la réception de cet ordre, et le général Masséna plaça ses troupes en cantonnements sur le Rhin, ayant sur la rive droite des postes détachés du camp retranché du Petit-Bâle, qui éclairaient jusqu'aux débouchés de la forêt Noire.

De son côté, le général Lecourbe, qu'un premier mouvement des Autrichiens avait éloigné de Philisbourg, s'était reporté autour de cette place, et il en couvrait le blocus en occupant, par ses divisions, les bords du Necker, une partie de l'Odenwald, Heilbronn, Lauffen, Knittlingen et Durlach. Divers combats s'y étaient livrés; dans l'un le général Lecourbe avait pris un bataillon avec cinq pièces de canon. A la faveur de ces petits avantages, il espérait se maintenir, réduire Philisbourg, et prendre des quartiers d'hiver entre le Rhin et le Necker. Mais l'inaction de notre armée de Suisse permit à l'archiduc Charles d'envoyer de nouveaux renforts au lieutenant général Sztarray. Celui-ci marcha contre le général Lecourbe, le repoussa de toutes ses positions et le ramena sur Mannheim, après avoir dégagé Philisbourg. Les deux généraux conclurent alors un armistice, qui laissait les Français en possession de Mannheim et de la tête de pont de Neckerau. Mais l'archiduc refusa de ratifier cette convention, et le général Lecourbe fit repasser toutes ses troupes sur la rive gauche du Rhin.

Ces opérations furent les dernières de la campagne de 1799; les troupes entrèrent en cantonnements, et depuis les sources du Rhin, jusqu'à son embouchure dans la mer, comme aussi en Italie, on ne s'occupa plus, de part et d'autre, que des préparatifs pour reprendre les hostilités. Les pertes furent remplacées, la force des corps fut augmentée, et la destination de plusieurs d'entre eux fut changée, suivant la nouvelle répartition des armées et les projets qu'on formait de chaque côté.

L'Autriche se préparait à défendre l'Allemagne et à faire un dernier effort pour s'assurer l'entière possession de l'Italie, où il ne lui restait que l'État de Gênes à conquérir. Quant au premier Consul, ses dispositions étaient agressives; l'intérêt de sa gloire le portait à reprendre l'Italie et à venger nos derniers revers, sur le théâtre de ses premiers exploits. Il lui fallait, en même temps, menacer l'Autriche dans ses possessions d'Allemagne. Dans cette vue, il donna une nouvelle organisation aux armées. Il envoya le général Masséna à l'armée d'Italie, en attendant qu'il pût se mettre lui-même à sa tête. Il donna au général Moreau le commandement de l'armée du Rhin. La première de ces armées était presque anéantie, et le peu qui en restait était dans une situation déplorable; on envoya, de Suisse, plusieurs corps d'infanterie pour la renforcer, et elle reçut des conscrits. La seconde fut complétée à cent vingt mille hommes; elle se composa de l'armée de Suisse, qui s'appelait encore armée du Danube, mais dont la dénomination fut supprimée, de l'armée du général Lecourbe et de conscrits.

Une troisième armée, dite de réserve, et destinée en apparence à alimenter les deux premières, se rassembla à Dijon. Sa force était indéterminée, elle reçut les troupes disponibles de l'intérieur et de la Hollande.

En quittant la Suisse, le général Masséna m'avait annoncé qu'il chercherait à me rapprocher de lui, et il me l'avait confirmé, dès son arrivée à Paris, par une lettre dont le souvenir est encore plus précieux pour moi, que celui des félicitations officielles qu'il m'avait adressées [1]. Je fus désigné pour commander l'aile droite de l'armée d'Italie, avec le titre de lieutenant général, que le premier Consul venait de créer [2]. Dans le courant de décembre, je partis de Rheinfelden, pour me rendre à mon nouveau poste, où le général en chef Masséna s'était déjà rendu et pressait mon arrivée.

*Le général Moreau.*

Le général Moreau avait aussi pris le commandement de l'armée du Rhin, et il était passé par Rheinfelden, quelques jours avant mon départ. Il vint me voir. Nous passâmes la journée à nous entretenir des opérations de la campagne en Ita-

---

1. Voir à la fin du chapitre, n° 26.
2. Voir à la fin du chapitre, n° 27.

lie et en Suisse, et nous fûmes naturellement amenés à la révolution du 18 brumaire. Le général Moreau me fit connaître des détails que j'ignorais, et il me raconta des circonstances qui lui étaient particulières. Une surtout m'a frappé, et j'en ai conservé un souvenir complet. La politique était alors toute nouvelle pour moi; ma curiosité augmentait, avec la complaisance que le général Moreau mettait à la satisfaire, et il devenait lui-même de plus en plus expansif. Enfin, il ne contint plus sa jalousie contre le premier Consul, tout en convenant de ses grandes qualités, mais en blâmant son ambition. « Je n'ai pas voulu, ajouta-t-il, qu'il ignorât ma façon de penser sur son compte. Avant de le quitter, je m'en suis ouvert avec lui. C'était à l'occasion de l'arrêté du 26 brumaire, qui condamne cinquante-neuf personnes à la déportation. Je fus le trouver, pour lui faire des représentations et l'engager à rapporter cet acte arbitraire. Il n'y eut aucun égard. Piqué de son indifférence, je lui dis : « Le bruit se répand que vous « aspirez au pouvoir suprême ; je vous préviens « que, si jamais vous éleviez vos prétentions jus- « que-là, vous me trouveriez sur votre chemin, à « la tête de cent mille hommes. » — Eh bien ! que répondit-il, demandai-je au général Moreau ? — Rien, ou peu de chose, comme : « N'y croyez pas. » — Une réponse aussi légère à une provocation sérieuse a dû vous confirmer dans vos soupçons ? — Je ne puis le dire; il ne les a pas détruits, et ils ne sont pas augmentés : le temps nous apprendra ce qu'il veut faire. — En attendant, vous allez servir son ambition, que vous semblez redouter ? — Que voulez-vous, je ne pouvais me dispenser d'accepter le commandement qu'il m'a offert, de la plus belle armée que la France ait mise sur pied; d'ailleurs, je serai en meilleure situation pour observer sa conduite. » Nous continuâmes encore l'entretien, et tout en conservant quelques doutes, que le général Moreau se fût bien réellement servi avec le premier Consul des expressions qu'il me citait, je vis clairement qu'il était aussi ambitieux que le général Bonaparte, et moins audacieux; qu'il lui était opposé par rivalité, et qu'il manquait de sagesse pour étouffer sa jalousie; qu'il servait le premier Consul par crainte, et qu'il cherchait, en même temps, à se faire des appuis; mais que, tôt ou tard, il serait victime de son ressentiment et de son imprudence, si quelque forte impulsion venait ébranler son esprit, et pousser son caractère irrésolu..... C'est la dernière fois que j'ai vu le général Moreau. Malheureusement pour lui, ce que j'avais pressenti est arrivé, et pour plus grand malheur encore, sa passion lui a fait ensuite sacrifier sa gloire au désir de se venger, en armant son bras contre la France, et en le précipitant dans les rangs ennemis, où il a tristement terminé sa carrière.

Avant de quitter la Suisse, je désire faire une dernière récapitulation des principales fautes que les généraux alliés commirent dans cette campapagne. Cette étude sera instructive.

*Observations sur la campagne de Suisse.*

L'archiduc Charles commit la première faute, lorsque, après la bataille du Zurich-Berg, il nous eut forcés à évacuer Zurich et à replier notre aile droite jusqu'en arrière de Schwitz. L'archiduc aurait dû alors pousser ses avantages plus loin, et nous amener sur la basse Reuss, pour prendre la ligne de cette rivière, au delà du lac de Brientz. Il lui fallait, pour cela, peu d'efforts, puisque ses troupes pénétraient déjà dans le haut Valais et dans la vallée de l'Aar, par le Grimsel. Il eût ainsi pris, à revers, tout ce que nous avions encore dans le Valais, et une route plus directe sur l'Italie s'ouvrait alors aux renforts qu'il devait envoyer au maréchal Souwarow. Il eût pu même employer ces troupes à cette dernière opération, sans les détourner de leur route, et les faire servir, en même temps, à montrer à l'armée russe la direction qu'elle devait suivre pour venir en Suisse; car je suis d'avis qu'elle devait y entrer par le Valais, au lieu du Saint-Gothard. Mais l'archiduc parut se contenter d'occuper Zurich, et, le 8 juin, il se borna à faire une tentative insuffisante sur notre position de l'Albis, tentative que ma seule division suffit pour repousser, et qui ne fut pas renouvelée. Il continua à laisser les divisions de sa gauche isolées, et à occuper un espace qu'il pouvait diminuer de moitié. Il se priva des secours considérables qu'il aurait tirés des Valaisans et des Suisses des petits cantons, prêts à rejoindre ses troupes, si elles avaient couvert leur territoire. Enfin, par son inaction, il donna le temps au général Masséna de se rendre inexpugnable dans ses positions, et de préparer ses opérations ultérieures.

Cette faute, quoique ayant eu de graves conséquences, pouvait encore se réparer, lorsque le corps d'armée russe, commandé par le prince Korsakow, se mit en ligne, et il paraît que l'archiduc en eut la pensée, par la tentative qu'il fit, le 17 août, pour passer l'Aar vis-à-vis Dettingen. Il y avait réuni trente-cinq mille hommes, une artillerie formidable, et deux équipages de pont; mais l'entreprise manqua par des détails d'exécution. Si elle eût réussi (il ne fallait pour cela qu'un peu de prévoyance, prendre la peine de reconnaître le lit de la rivière), l'armée autrichienne, couverte par l'Aar, arrivait au pied du Jura, coupait notre communication avec l'Alsace, et s'emparait infailliblement de Bâle, qui, attaquée par la rive gauche du Rhin, ne pouvait opposer qu'une faible résistance. Le général Masséna était ainsi contraint d'abandonner toute la Suisse, pour sauver son armée et pour accourir à la défense du territoire français. Il est extraordinaire que l'archiduc n'ait pas renouvelé sa tentative, en prenant de meilleures dispositions ; car nous n'étions pas, de notre côté, en mesure d'empêcher le passage de l'Aar, si l'archiduc l'eût voulu sérieusement.

Toutefois, ces deux fautes ne faisaient tort qu'à l'archiduc, en le privant des nouveaux succès qu'il pouvait remporter. Mais la dernière qu'il commit, en quittant la Suisse, avant l'arrivée du maréchal Souwarow, et que j'ai déjà signalée, eut une tout autre importance, puisqu'elle amena la destruction de trois corps d'armée, la perte de la Suisse pour les alliés, et qu'elle arrêta l'archiduc lui-même dans ses projets sur le bas Rhin.

L'archiduc avait reçu de Vienne l'ordre de se porter sur le bas Rhin. On pensait que l'armée russe, avec un corps autrichien et le corps du prince de Condé, serait suffisante en Suisse. L'archiduc était dirigé sur la ligne du Rhin, et devait nous menacer de porter le théâtre de la guerre sur la rive gauche.

Sans examiner ici le mérite de ce plan, il suffit de faire remarquer que l'archiduc, tout en obéissant aux ordres qu'il recevait, avait nécessairement le pouvoir et la latitude de choisir le moment convenable pour leur exécution. Un chef d'armée ne peut pas s'asservir à l'exécution littérale des ordres qu'il peut avoir reçus, surtout lorsqu'ils sont donnés loin du théâtre des événements; car mille circonstances obligent à les modifier, et souvent même à les changer entièrement. C'est son devoir, de savoir corriger à propos ce qu'il y a de défectueux dans un plan. L'obéissance de l'archiduc aux ordres de Vienne ne dégageait donc pas sa responsabilité : il était général en chef, il était sur les lieux, il devait connaître et juger les préparatifs et les dispositions de son adversaire; il lui appartenait d'apprécier l'opportunité du moment, pour exécuter les ordres généraux qu'il avait reçus.

L'archiduc ne devait pas quitter la Suisse avec une partie de son armée, tant qu'il n'avait pas remis, en personne, le commandement au maréchal Souwarow. Cet intervalle, entre le départ du prince et l'arrivée du maréchal, était à la fois une suspension de commandement, et un affaiblissement de l'armée alliée, pour un temps plus ou moins long, tant que les troupes qui partaient n'étaient pas remplacées, sur leur ligne, par celles qui arrivaient. C'était un jeu trop dangereux, en présence d'un adversaire aussi actif et aussi habile que le général Masséna. A la guerre, il ne faut ni mépriser son ennemi, ni trop se fier à sa propre fortune.

Je ne crois pas que ces réflexions si simples aient pu échapper à la sagacité du prince, qui avait déjà donné assez de preuves de ses éminents talents militaires, notamment dans la campagne de 1796, lorsqu'il avait manœuvré, avec autant d'habileté que de résolution, entre les deux armées des généraux Jourdan et Moreau. Aussi a-t-on cherché à expliquer la faute qu'il commit en Suisse, par des raisons personnelles, par un désaccord avec le maréchal Souwarow, par la dignité du prince, qui aurait été blessé de l'espèce de subordination dans laquelle on le plaçait; cette situation particulière a ainsi pu atténuer, aux yeux du prince, les chances dangereuses de son départ précipité.

Il est possible que l'archiduc ait cru à l'arrivée du maréchal Souwarow, beaucoup plus tôt qu'elle n'a réellement eu lieu, et comme le maréchal lui-même l'avait annoncée. Mais encore ce n'en était pas moins une grave imprudence et une faute, de ne pas l'attendre. Quoi qu'il en soit, j'ai dû m'arrêter sur cet épisode si important et si décisif de la campagne, parce que je considère qu'il en a été comme le nœud. J'ai encore voulu faire ressortir, par un grand exemple, qu'à la guerre, comme en beaucoup d'autres circonstances, l'à-propos décide le plus souvent du succès, et qu'un chef compromet les intérêts qui lui sont confiés, lorsqu'il cesse d'y veiller directement et par lui-même, pour s'en remettre à la fortune.

Les généraux russes ne commirent pas moins de fautes. Le général Korsakow en commit plusieurs dans la journée du 25 septembre : celle de dégarnir son centre, pour renforcer sans nécessité la division qu'il avait en avant de Zurich ; celle de se méprendre sur la véritable attaque, et celle de laisser une autre division à son extrême droite, où elle ne lui fut d'aucune utilité. Toutes ces erreurs facilitèrent les progrès du général Masséna sur la rive droite de la Limmath, et assurèrent son établissement. Mais la faute du général Korsakow serait plus grande encore, s'il était vrai, comme on l'a dit alors, qu'il eût pu, avant le 25 septembre, mettre en ligne le corps du prince de Condé ainsi que la division bavaroise qui comptait dix mille hommes, et que ces deux corps fussent rendus depuis plusieurs jours sur le Rhin, entre Schaffouse et Constance. Enfin le général russe manqua de la plus simple prévoyance, lorsqu'il souffrit que Zurich fût encombré d'une aussi grande quantité d'équipages ; l'embarras qu'ils causèrent fut pour beaucoup dans le désastre de l'armée russe, le second jour. Il est aussi essentiel pour un général de tenir éloigné de son armée tout ce qui peut gêner ses mouvements, que d'avoir sous la main tous les moyens dont il peut avoir besoin.

*Je viens réparer vos fautes*, avait écrit le maréchal Souwarow à ses lieutenants, en apprenant leur défaite. Il le voulait sans doute, et pour tenir son engagement il se fiait à la fortune qui, jusque-là, lui avait été si favorable; mais elle lui fit défaut cette fois, et elle ne se chargea pas de réparer ses fautes. D'abord si, au lieu de choisir le passage du Saint-Gothard, le maréchal Souwarow, qui venait du Piémont, eût pris ceux du Saint-Bernard ou du Simplon, il descendait directement dans le Valais avec son armée qu'il pouvait porter à quarante mille hommes, indépendamment du corps du général Kray, qui était au pied des Alpes pour le soutenir. Il abrégeait les deux tiers du chemin; il était placé sur nos derrières et maître de se porter sur Berne, bien avant que le général Masséna fût en mesure de passer la Limmath. Pour se porter à sa rencontre, le général Masséna eût été obligé de se dégarnir devant les généraux Korsakow et Hotze, ou plutôt, se voyant environné d'ennemis et menacé de plusieurs attaques simultanées, il n'eût eu d'autre parti à prendre, que de se retirer derrière l'Aar ou sur le Jura, sans pouvoir empêcher que son aile droite, qui était engagée dans les passages du Saint-Gothard, ne fût très-compromise.

Il est possible que des motifs qui nous sont restés inconnus aient obligé le maréchal Souwarow à changer sa ligne d'opération, bien qu'il nous semble que cette ligne eût pu longtemps encore avoir son pivot en Piémont, et qu'ils aient déterminé le passage du maréchal par le Saint-Gothard. Dans ce cas, il fallait au moins racheter par la célérité le temps perdu, et forcer le passage, le jour indiqué par l'instruction d'Asti, le 19 septembre, afin de prévenir les conséquences que le maréchal devait craindre, surtout celles que sa trop longue absence pouvait occasionner. S'il n'a pas dépendu de lui d'être aussi exact (et l'expérience m'a appris que des incidents imprévus apportent souvent du mécompte aux calculs les plus parfaits), il devait au moins, une fois maître de la vallée de la Reuss, se hâter d'aller joindre, à Glaris, le corps autrichien du général Linken, qu'il y avait dirigé, et y rallier le restant des corps des généraux Jellachich et Petrasch. Il se trouvait ainsi à la tête d'une nouvelle armée; il pouvait facilement se rapprocher du général Korsakow et favoriser ses opérations contre les deux divisions françaises restées sur la Thur. Manœuvrant alors avec deux masses principales, dont chacune était au moins égale en force à l'armée française, le maréchal Souwarow commençait par s'assurer du cours de la Linth. Son premier mouvement complétait la réunion de son armée et nous forçait à évacuer Zurich, ainsi qu'à nous retirer derrière la basse

Reuss. J'ai peine à comprendre qu'une combinaison aussi simple ne soit pas venue à l'esprit du maréchal Souwarow et qu'il ait préféré s'engager vers Schwitz, par le Muttenthal, où il exposait ses troupes aux plus cruelles privations, perdait du temps, augmentait les difficultés, s'éloignait du général Linken, sur lequel il devait s'appuyer, mettait ses diverses colonnes en danger d'être battues séparément, et rendait enfin leur jonction plus que jamais incertaine, sinon impossible. C'est, en effet, ce qui arriva.

Les revers éprouvés, en Suisse, par les armées russes et autrichiennes, dans la campagne de 1799, furent ainsi la conséquence inévitable des fautes de leurs généraux. Toutefois, cette observation ne diminue en rien la gloire du général Masséna, car le mérite d'un chef d'armée consiste précisément à juger ses adversaires et à saisir l'à-propos, pour profiter de leurs fautes. Avec des forces très-inférieures, le général Masséna s'était mis, par ses bonnes dispositions, en mesure d'attendre le moment favorable où il trouverait l'ennemi en défaut ; son coup d'œil saisit ce moment, comme aussi son habileté et sa vigueur surent en tirer un parti inespéré. Cette campagne mémorable, dont les détails sont éminemment instructifs, a placé le général Masséna au rang des grands capitaines ; en même temps, elle fournit pour l'étude de la stratégie un des meilleurs sujets que nos annales puissent offrir.

Nous y trouvons aussi des exemples frappants des disparates qu'offrent les actions des hommes les plus éminents. Un grand homme de guerre, tel que l'archiduc Charles, qui s'était élevé si haut dans la campagne de 1796 et au commencement de celle de 1799, s'est égaré, à la fin de cette dernière campagne, dans de faux calculs, et s'est montré si différent de lui-même, qu'on a été jusqu'à le soupçonner à tort, sans aucun doute, de s'être abandonné au sentiment d'une rivalité qui n'était pas digne de lui. Un général, tel que le maréchal Souwarow, qui venait, en Italie, de faire preuve de sagacité, de prévoyance, et d'une habileté remarquable, finit par oublier qu'un chef ne doit pas toujours prendre conseil de son seul courage, ni vouloir tout obtenir par la force, mais qu'il doit savoir aussi se conduire avec prudence, pour ne pas perdre en un jour le fruit de ses victoires.

Après de tels exemples, quel sera le général qui aura la vanité de se croire exempt de fautes? S'il en est un, il ne mérite pas de commander; car sa présomption le rendra incapable de s'apercevoir de ses fautes, et il ne fera que les multiplier. Le propre d'un esprit supérieur est de reconnaître ses défauts et de s'en corriger.

# NOTES ET PIÈCES

## DU CHAPITRE XV.

### N° 21.

#### INSTRUCTION DU MARÉCHAL SOUWAROW A SES GÉNÉRAUX.

*A MM. les feld-maréchaux-lieutenants, baron de Linken, baron de Hotze et Korsakow.*

Asti, le 5 septembre 1799.

Les troupes impériales de Russie qui, jusqu'à présent, étaient à l'armée d'Italie, partiront, le 8 septembre, du Piémont, pour se rendre en Suisse, et je compte arriver avec elles, le 17, à Airolo, au pied de ce côté du mont Saint-Gothard, que je me propose d'attaquer, le 19.

Comme les troupes du colonel royal impérial de Strauch, celles du prince Victor de Rohan et de M. le feld-maréchal-lieutenant comte de Hadick, doivent coopérer à l'attaque, il sera très-nécessaire que les armées des deux cours impériales, réunies en Suisse, fassent avec fermeté et constance une attaque générale simultanée et combinée sur toutes les positions de l'ennemi ; mais surtout l'aile gauche, sous les ordres de M. le baron de Linken, réunira tous ses moyens, fera tous ses efforts, peut-être même avec des renforts préalables, pour faciliter et soutenir le passage du corps d'armée russe par le mont Saint-Gothard, la haute vallée de la Reuss et celle de la Linth. De même qu'il sera possible d'attaquer l'ennemi à revers, on pourra, par la jonction rapide de l'aile gauche de l'armée impériale en Suisse, et en avançant de concert, empêcher l'ennemi de culbuter le corps russe d'Italie et de le détruire en détail.

Comme je n'ai pas eu connaissance exacte des positions des deux armées impériales réunies en Suisse, et que, seulement par des rapports pris en passant, je dois présumer que les corps des troupes russes, sous les ordres de Korsakow, sont postés entre Zurich et l'Aar, le long de la rive droite de la Limmath, celui des troupes impériales de M. le baron Hotze entre le lac de Zurich et celui de Wallenstadt par Mayenfeld, dans le Rheinthal, jusqu'à Disseutis, je dois avant tout attendre la jonction des troupes de ce dernier. Je désire apprendre de lui-même, comme connaissant mieux les localités, où et comment l'opérer. De même, de mon côté, dès que la jonction aura réussi, je pense que les troupes russes d'Italie, ne pouvant plus être arrêtées, pénétreront sur les deux rives du lac de Lucerne ; celles de MM. Linken et Hotze entre les lacs de Zurich et de Zug, et enfin la réunion totale des troupes russes du général Korsakow, près de la rive droite de la basse Reuss et de l'Aar. Ce sera la seule manœuvre qui puisse promettre un résultat décisif pour les opérations ultérieures.

Comme je me hâterai de vous faire connaître, de Bellinzona, l'arrivée des troupes russes d'Italie, c'est aussi à Bellinzona, au plus tard, à moins que vous ne le puissiez plus tôt, par la route de Novare et de Varese, que vous me ferez connaître, par courrier, la position et la force de toutes les troupes, tant russes que royales impériales, qui se trouvent réunies en Suisse, ainsi que les positions de l'ennemi, ses forces et leur distribution. Je désire aussi que ces MM. les généraux Hotze et Linken me communiquent leurs avis et connaissances locales sur la manière de faire la guerre dans ce pays, indiquant comment la coopération précitée de toutes les troupes qui sont déjà en Suisse, et de celles qui y marchent d'ici, peut être le plus efficacement et le plus utilement exécutée. Je serai par là en état de préparer mon attaque et d'en déterminer le jour et l'heure positifs.

*P. S.* Je dois, pour l'attaque générale, recommander d'avoir la précaution, qui devient chaque fois plus nécessaire, de tenir les forces autant que possible réunies, pour ne pas rendre l'attaque insuffisante par des parcellements non nécessaires et par des affaiblissements gratuits. En outre, chaque section doit connaître au vrai et très-exactement la position et la force des corps ennemis qui sont en face, et doit aussi chaque fois s'empresser de l'annoncer préalablement, puisque nous devons journellement nous adresser réciproquement, par courrier, des rapports très-détaillés de nos premiers pas.

Je souhaite aussi que toutes les troupes réunies s'exercent, dans l'intervalle des jours libres, jusqu'à celui de l'attaque générale, à exécuter sur trois colonnes cette attaque *avec la baïonnette et le sabre.* C'est à cette manière d'attaquer que nous devons ici exclusivement nos succès multipliés et très-peu sanglants, et, d'après mon avis, M. le général lieutenant Korsakow pourra répartir, pour cet exercice, les officiers russes qui le connaissent au corps royal impérial qui est en Suisse.

Le susdit général Korsakow y est autorisé par les ordres ci-joints.

SOUWAROW.

N° 22.

*Le sous-chef de l'état-major général au général de division Soult.*

Zurich, 6 vendémiaire an VIII.

Veuillez bien, citoyen général, conformément aux intentions du général en chef, partir pour Lucerne avec vos aides de camp et vos équipages, aussitôt que vous aurez remis le commandement de votre division au général Gazan, qui doit vous remplacer. A votre arrivée à Lucerne, vous recevrez des ordres du général en chef pour votre nouvelle destination.

RHEINVALD.

Zurich, 11 vendémiaire an VIII.

D'après de nouvelles dispositions du général en chef, votre division, citoyen général, sera composée comme suit : 67ᵉ demi-brigade, 53ᵉ, 102ᵉ, 17ᶜ régiments de dragons, 1ʳᵉ compagnie d'artillerie légère, et chaque demi-brigade ses grenadiers.

Vous aurez sous vos ordres les généraux de brigade Drouet et Brunet, et l'adjudant général Saligny.

Vous aurez également sous vos ordres le général Gazan, dont le quartier général est à Schennis. Il commande les corps ci-après : les 84ᵉ, 36ᵉ, 25ᵉ légères, 94ᵉ, 44ᵉ, deux compagnies d'artillerie légère, 10ᵉ régiment de chasseurs, deux escadrons du 7ᵉ de hussards.

Les généraux de brigade de cette division sont : Laval, Molitor, Lapisse, chef de brigade de la 36ᵉ, faisant fonctions.

Le général Mortier, dont le quartier général est à Schwitz, sera encore sous vos ordres. Il commande les corps ci-après : la 108ᵉ, un bataillon de la 38ᵉ, la 50ᵉ, deux escadrons du 1ᵉʳ régiment de dragons.

RHEINVALD.

*Le général de division Soult au général Mortier.*

Rothenthurm, 10 vendémiaire an VIII.

Veuillez, mon cher général, ordonner aux neuf compagnies de grenadiers que vous avez à Schwitz, d'en partir sur-le-champ pour se rendre sur les hauteurs en arrière d'Einsiedlen et en avant d'Allmart, où elles recevront de nouveaux ordres. Vous joindrez à ces troupes un détachement de vingt-cinq dragons commandé par un officier, pour me servir d'ordonnances.

Je vous prie de donner en même temps ordre au général Drouet de se rendre de suite à Einsiedlen, où sera mon quartier général, et où je lui donnerai de nouvelles instructions.

Des deux ambulances que vous avez avec vous, faites-en partir de suite une pour se rendre à Schindellegi, où elle s'établira, jusqu'à ce qu'elle reçoive de nouveaux ordres.

Le restant de vos troupes devra se tenir prêt à marcher et préparé à se battre demain. Pour cet effet, je vous invite à vous retrancher autant que possible cette nuit.

Je dois établir mon quartier général à Einsiedlen, où je vous prie de me donner très-souvent de vos nouvelles et de correspondre directement avec moi. Envoyez-moi six ou sept caissons de cartouches d'infanterie.

SOULT.

*P. S.* Si vous étiez forcé dans votre position de Schwitz, votre retraite serait sur Rothenthurm, à la hauteur d'Einsiedlen, où vous me joindriez.

*Le général de division Soult au général Gazan.*

Rothenthurm, 10 vendémiaire an VIII.

Le général en chef vient de me charger, mon cher camarade, de correspondre directement avec vous, ainsi qu'avec le général Molitor.

D'après le rapport que vous aviez fait au général Oudinot, et que ce général vient de me communiquer, il paraît que nous serons attaqués incessamment. Si cela arrive, il faut qu'une résistance terrible déjoue toutes les entreprises de l'ennemi; et si, malgré tous nos efforts, nous étions forcés à la retraite, les troupes que vous commandez devraient l'opérer, savoir : tout ce qui se trouve sur la rive gauche de la Linth et qui se joindrait aux troupes du général Molitor, sur Bilten, où la position étant resserrée offre des moyens de défense; ensuite derrière l'Ar, s'appuyant fortement sur le débouché du Weggithal, et enfin sur le camp de Wolrau et de Schindellegi, où ces troupes prendront la gauche de celles que j'ai rassemblées sur les hauteurs d'Einsiedlen.

Les troupes que vous avez sur la rive droite devraient, en cas de retraite, l'opérer sur Uznach, pour le défendre ainsi que la tête du pont de Grinau, et ensuite une partie se retirer sur Raperschwyl et vers Zurich; la seconde partie joindra les troupes qui sont sur la rive gauche.

Je pense que pour la défense de la rive droite il serait suffisant d'y laisser cinq bataillons, une compagnie d'artillerie légère et deux ou trois escadrons, et, en cas de retraite, ne faire filer que trois bataillons, une demi-batterie et deux escadrons, sur Raperschwyl; le restant vous sera plus nécessaire sur la rive gauche. En cas de retraite, recommandez que les ponts de Wesen et de Möllis soient détruits, et que vos troupes, en se retirant, fassent descendre dans le lac tous les bateaux qu'il y a sur la Linth.

Je ne crois pas qu'il soit nécessaire que les ouvrages qui sont en arrière du pont de Grinau soient armés avec les pièces autrichiennes, comme je l'avais d'abord ordonné; il est plus prudent, je pense, de les évacuer. Veuillez, je vous prie, donner des ordres en conséquence.

Je vous prie de me donner souvent de vos nouvelles, et de m'instruire de tous les mouvements de l'ennemi. Mon quartier général sera établi à Einsiedlen.

Je vous préviens que je donne ordre à l'adjudant général Saligny de me joindre de suite, et de vous laisser un adjoint, pour remplir près de vous les fonctions d'adjudant général, en attendant qu'il soit remplacé par un autre chef d'état-major.

SOULT.

*Le général de brigade Gazan au général de division Soult.*

Schennis, 11 vendémiaire an VIII.

Vous devez sans doute être prévenu, mon cher général, que d'après les ordres que j'ai reçus du chef de l'état-major général, le général Molitor est passé, avec la demi-brigade à ses ordres, dans la division que je commande. J'ai, par suite de cette nouvelle disposition, réparti les troupes à mes ordres de la manière suivante :

Le général Molitor, avec six bataillons, est chargé de la défense du village de Möllis et du point de Wesen.

Le chef de brigade Lapisse garde, avec quatre bataillons, le village de Nœfels, et éclaire les petits débouchés du Weggithal sur Nieder-Urnen et Bilten.

Le général Laval garde, avec trois bataillons, les débouchés de la vallée de la Thur, et j'ai en réserve, à Schennis, trois bataillons, à l'effet de secourir le point qui serait menacé. La cavalerie et l'artillerie sont réparties dans les trois brigades, et en nombre suffisant.

La défense, et en cas d'événement, la retraite, s'effectuera de la manière que vous m'avez indiquée par votre lettre d'aujourd'hui.

GAZAN.

*Le général de division Soult au général Loison.*

Einsiedlen, 11 vendémiaire an VIII.

Le général Mortier vient de m'instruire à l'instant, citoyen général, que l'ennemi avait évacué précipitamment le Muttenthal, en y abandonnant six cents de ses blessés. Ce mouvement annoncerait qu'il se porte vers Glaris, où, selon les apparences, il attaquera demain. En conséquence, et pour opérer diversion, veuillez porter une partie de vos troupes sur Linthal, par le Schachenthal, et passer jusqu'au premier de ces endroits, à moins que vous ne trouviez une trop grande résistance.

Il sera nécessaire qu'en même temps vous fassiez occuper Steig avec force, à moins que vous n'y soyez déjà, et si cela était, pousser sur Wesen, ou enfin jusqu'à ce que vous trouviez l'ennemi, et en force.

Ignorant encore la quantité de troupes que vous aurez sous vos ordres, et leur position, je ne puis vous préciser davantage le mouvement que je désire que vous fassiez. Ainsi, après vous l'avoir indiqué, je vous prie de vous rapprocher, autant que possible, de ces deux dispositions, et de régler le mouvement de votre droite là-dessus.

Je vous préviens que le général Mortier, partant demain du Muttenthal, doit se porter sur Glaris, d'où il marchera sur la vallée d'Engi, et fera joindre vos troupes dans le Linthal.

Je vous prie de me donner de vos nouvelles et de m'instruire des mouvements de l'ennemi, surtout avec la plus grande célérité, dans le cas où, par suite de son mouvement d'aujourd'hui, il se serait rejeté sur Altorf, ce qui nécessairement changerait ses dispositions.

Soult.

*Le général de division Soult au général Mortier.*

Einsiedlen, 11 vendémiaire an VIII.

Vous avez bien fait, mon cher camarade, de faire occuper Mutten, mais je regrette que vous n'ayez pu m'apprendre quelle direction l'ennemi a prise en se retirant. Je présume qu'il s'est porté sur Glaris, et que demain nous serons attaqués dans cette partie. J'ai recommandé que l'on se tînt prêt à le bien recevoir; mais afin d'obtenir une diversion puissante, je désire que vous suiviez sa marche, en vous portant par le Klanthal sur Glaris; vous laisseriez cependant à Mutten une forte réserve, qui serait chargée de couvrir le Bisithal et chercherait à porter quelques troupes par cette vallée sur Linthal, pour se joindre avec celles que le général Loison doit y diriger.

Sitôt que vous seriez maître de Glaris, vous seriez joint par des troupes de la troisième division, et vous vous porteriez de suite sur Mitlödi, où vous laisseriez une forte réserve, et ensuite chercheriez à vous lier avec les troupes du général Loison, qui sera en avant de Linthal. Avec le restant de vos troupes vous marcheriez sur Engi, pour vous en emparer et y prendre poste, s'il est possible.

Vous saisirez que ce mouvement n'a pour but que d'opérer une diversion, comme je vous l'ai déjà dit, et d'attaquer les derrières de l'ennemi, en supposant qu'il ait marché vers sa droite; mais si au contraire il s'était rejeté sur Altorf, les dispositions devraient être changées. Cependant vous devez faire suivre sa marche pour l'éclairer, en vous rapprochant autant que possible de ces dispositions, et évitant toujours de compromettre vos troupes en trop les engageant.

Donnez-moi souvent de vos nouvelles, et instruisez-moi de tout ce que vous apprendrez de l'ennemi.

SOULT.

*L'adjudant général Saligny au général Gazan.*

Einsiedlen, 11 vendémiaire an VIII.

Je vous préviens, citoyen général, que l'ennemi a évacué, dans l'après-midi, le Muttenthal. Cela fait présumer qu'il pourrait bien s'être porté vers Glaris, et vous attaquer vigoureusement demain. En conséquence, le général Soult vous invite à prévenir les troupes, afin qu'elles soient prêtes en cas de mouvement; il me charge en même temps de vous donner avis qu'il tient ici une réserve prête à marcher à votre secours, en cas d'événement.

Le général Mortier a ordre de se porter demain,

par le Klanthal, sur Glaris, et le général Loison sur Linthal. Si l'ennemi vous attaque, certainement ces mouvements l'inquiéteront beaucoup et l'empêcheront de se trop livrer sur vous. Si l'ennemi ne vous attaque pas, il sera nécessaire de pousser de fortes reconnaissances, tant dans la vallée de Glaris que sur les montagnes de Kerenzen, afin d'apprendre le mouvement que l'ennemi ferait sur les hauteurs, et vous réemparer des postes qui ont été perdus dans la vallée. Cela aurait aussi pour objet de faire la jonction avec les troupes qui s'avanceront par le Muttenthal; mais il ne faut pas engager d'affaire générale.

En cas d'attaque, prévenez rapidement le général Soult, qui sera prêt à se porter sur la Linth au premier avis.

SALLIGNY.

*Le général de division Soult au général Gazan.*

Nieder-Urnen, 12 vendémiaire an VIII.

En arrivant à Nieder-Urnen, je vois avec étonnement, mon cher camarade, que les troupes que vous avez dans cette partie n'ont fait aucun mouvement. Cependant, la nuit passée, je vous ai écrit (l'adjudant général Saligny en mon nom), pour vous prévenir de la marche du général Mortier sur Glaris, et je vous invitais à faire aussi un mouvement sur cette ville, afin d'opérer jonction avec ses troupes. Veuillez me dire pourquoi ces dispositions n'ont pas été remplies.

Je vous attends à Nieder-Urnen et je vous prie de vouloir vous y rendre, si vos occupations vous le permettent.

SOULT.

*Le général de division Soult au général Mortier.*

Schennis, 12 vendémiaire an VIII.

Je n'ai encore aucune nouvelle, mon cher général, du mouvement que vous avez opéré aujourd'hui; j'ignore votre position et celle de l'ennemi dans cette partie; je vous prie de m'en instruire.

Je vous préviens que la troisième division doit, demain, attaquer l'ennemi du côté de Glaris et pénétrer dans le Linthal. De votre côté, vous devrez faire tous vos efforts pour passer le mont Brackel, vous porter avec une partie de vos troupes sur Glaris par le Klanthal, et faire remonter à l'autre partie le Bisithal, pour déboucher dans le Linthal, vers Ruti, où vous joindrez les troupes que doit y porter le général Loison.

Pour que vos troupes ne puissent pas être compromises, vous pouvez laisser une réserve en avant de Mutten; elle serait destinée à protéger celle des deux attaques qui en aurait le plus besoin.

Comme je me flatte que tous ces mouvements réussiront, je vous prie d'ordonner aux deux escadrons du 1$^{er}$ de dragons, que vous avez à Schwitz, d'en partir demain pour se rendre à Glaris, en passant par Einsiedlen et Lacken; ils prendront vos ordres en arrivant à leur destination. Le commandant rappellera à lui tous les détachements de correspondance, appartenant au régiment, qu'il trouvera sur sa route.

Je me tiendrai à l'attaque de Glaris, où je vous prie de me donner souvent de vos nouvelles.

Soult.

### N° 23.

*Le général de division Soult au général Mortier.*

Schennis, 13 vendémiaire an VIII.

Je vous préviens, mon cher camarade, que, d'après de nouvelles dispositions, la division que vous commandez sera composée des 45°, 50°, 84° et 108°, deux escadrons du 1er régiment de dragons et de six pièces de quatre.

Vous aurez sous vos ordres les généraux de brigade Laval et Molitor, et, pour l'état-major, les deux adjoints de l'adjudant général Lacour. Le général Gazan, que vous relevez dans cette position, vous indiquera celle des troupes et vous fera connaître les mouvements qu'elles ont opérés aujourd'hui.

Demain 14, vous mettrez votre division en marche et vous la dirigerez sur Wallenstadt et Sargans, faisant tout votre possible pour vous emparer de cette dernière ville, et vous prendrez position, la droite à Mels, couvrant avec force le Weistannerthal, et la gauche à Sargans, occupant cette ville. Vous jetterez des partis nombreux sur Ragatz et sur Axmoos, éclairant parfaitement la vallée du Rhin, et poussant quelques troupes jusqu'au pont de Zollbruck, dont vous vous emparerez, s'il est possible, mais cependant sans compromettre vos troupes.

Comme l'artillerie ne peut pas suivre votre marche, il faudra, en arrivant à Wallenstadt, vous emparer de tous les bateaux qu'il peut y avoir sur le lac, les envoyer de suite à Wesen chercher les canons et caissons que vous y aurez dirigés, et les embarquer pour vous être amenés.

Votre correspondance ne pouvant se faire que par Wesen et Lichtensteig, il faudra laisser à ce premier endroit un poste de correspondance, pour porter vos dépêches ; il faudra aussi en mettre dans le Linthal, pour faciliter mes correspondances avec le général Loison, avec lequel je vous prie de correspondre, et demain pousser des troupes sur Pantenbruck et vers Flims.

Je vous préviens que demain, partant de Lichtensteig, je me porterai vers Saint-Gall ou Bischoftzen ; je vous prie de me donner souvent de vos nouvelles.

Il sera nécessaire que vous fassiez éclairer la vallée de la Thur, par laquelle on pourrait faire venir votre artillerie, dans le cas où elle ne pourrait être embarquée sur le lac de Wallenstadt.

SOULT.

*Le général de division Soult au général Gazan.*

Schennis, 13 vendémiaire an VIII.

Je vous préviens, mon cher camarade, que je donne ordre à la 36ᵉ demi-brigade, au bataillon des grenadiers, à deux bataillons de la 25ᵉ, à une compagnie d'artillerie légère et à deux escadrons du 10ᵉ régiment de chasseurs à cheval, de partir de suite, pour se rendre à Lichstensteig. Je vous prie de donner ordre à l'autre bataillon de la 25ᵉ, qui doit être avec vous, de partir également de suite, pour la même destination, et de le faire suivre par la 2ᵉ compagnie d'artillerie légère que vous avez, et par le restant du 10ᵉ régiment de chasseurs à cheval; n'en garder qu'un escadron jusqu'à l'arrivée du 1ᵉʳ régiment de dragons; alors cet escadron rejoindra le régiment. Sitôt que la 108ᵉ demi-brigade sera arrivée, elle relèvera la 94ᵉ, et vous ordonnerez à cette dernière de partir sur-le-champ, à marche forcée, pour se rendre à Lichtensteig. Vous voudrez bien vous y rendre, de votre personne, sitôt que vous aurez été relevé par le général Mortier, qui gardera sous ses ordres les généraux Laval et Molitor, et les 44ᵉ, 50ᵉ, 84ᵉ et 108ᵉ demi-brigades, et six pièces de 4. Je vous prie de prévenir de ces dispositions les généraux et commandants des troupes que je viens de vous désigner.

Je vous attends à Glaris, où je vous prie de vous rendre, aussitôt que vous aurez expédié ces différents ordres, et que vous aurez renvoyé sur Lichtensteig tous les détachements de corps qui doivent se rendre à cette destination. Prévenez le général Molitor qu'il doit continuer à poursuivre l'ennemi et de rendre compte de ses mouvements au général Mortier.

Lichtensteig, 14 vendémiaire an VIII.

La division que vous commandez, mon cher camarade, devra partir de Weil demain, 15 vendémiaire, à six heures du matin ; vous la dirigerez sur Constance, et lui ferez prendre position en arrière de cette ville.

Vous ferez votre possible pour vous emparer de Constance, et y mettrez un corps de troupes capable d'en assurer la défense, pendant tout le temps que vous resterez en position en arrière de cette ville.

Si l'ennemi n'a pas détruit son pont sur le Rhin, et s'il vous est possible de vous en emparer sans vous compromettre, vous ferez tous vos efforts pour y parvenir, et si cela arrivait, vous jetteriez une partie de votre cavalerie et un peu d'infanterie en avant de Petershausen, pour éclairer le pays et inquiéter l'ennemi dans cette partie; dans le cas contraire, vous détruirez tous les établissements de passage qu'il pourrait y avoir, et en défendrez les approches à l'ennemi.

Je vous préviens qu'avec la colonne de droite, demain, je me porterai en avant de Saint-Gall, d'où je jetterai des partis sur Arbon, Roschach et Rheineck, pour avoir des nouvelles de l'ennemi; veuillez en envoyer en même temps sur le premier de ces endroits, pour lier nos communications. Je vous préviens aussi que le général en chef doit, demain, avancer des troupes sur Stein. Comme il importe d'assurer mes communications avec elles, veuillez envoyer un détachement pour connaître leurs positions et avoir de leurs nouvelles.

Mon quartier général sera établi demain à Saint-Gall, où je vous prie de m'instruire du résultat de votre mouvement et de me faire connaître tout ce que vous aurez appris des mouvements, forces et positions de l'ennemi.

Soult.

## N° 24.

*Le général de division Soult au général en chef Masséna.*

Saint-Gall, 27 vendémiaire an VIII.

Le général Loison m'a rendu compte, par une dépêche du 14 vendémiaire, que le général Gudin, en s'emparant de la vallée d'Urseren, y a fait deux cents prisonniers russes, parmi lesquels se trouvent un général-major et plusieurs capitaines.

Je ne puis, mon cher général, déterminer le jour où je serai prêt pour effectuer le passage du Rhin; bien des choses me manquent; j'en presse autant que possible la réunion. J'espère que, vers le 26, je serai en mesure.

L'ennemi occupe toujours le camp de Ragatz, où il a deux régiments d'infanterie, quatre escadrons et dix-huit pièces de canon. La rive droite du Rhin est garnie de batteries; les ennemis sont préparés à détruire le pont de Zollbruck, s'ils sont forcés à Ragatz.

Avant-hier, le maréchal Souwarow a couché à Meyenfeld; je crois même qu'il y était encore hier. La tête de sa colonne se trouvait à Lucis-Steig et paraissait se diriger sur Feldkirch. Aurait-il envie de prendre la vallée de Bludentz, pour se rendre en Tyrol, ou voudrait-il joindre les Autrichiens à Bregentz ? Nous ne tarderons pas à le savoir. A tout événement, le général Gazan portera la plus grande attention au débouché de Rheineck, car je ne puis d'ailleurs couvrir ce point que par des postes.

Les Autrichiens avaient ordre, il y a deux jours, de nous attaquer. A cet effet, des renforts étaient partis de Coire; mais ils reçurent contre-ordre en passant à Zollbruch. Je viens d'écrire au général Loison de s'assurer de leur position; lorsque je ferai mon mouvement, il devra s'emparer de Reichenau et porter des troupes sur Coire.

Je chercherai à effectuer le passage à hauteur de Meyenfeld; le point n'est pas encore déterminé. Le général Mortier avait laissé un bataillon de la 44ᵉ demi-brigade en avant d'Engi, pour couvrir Glaris; tous les jours il ramasse des détachements russes qui sont égarés dans les montagnes. Quand je ferai mon mouvement, je renforcerai le général Loison d'un bataillon. J'attends quelques bateaux que je fais venir du lac de Zurich, et tout se prépare avec activité. Je vous instruirai du moment où je serai en mesure.

Saint-Gall, 24 vendémiaire.

Je vous envoie l'adjudant général Saligny pour vous dire en mon nom, mon cher général, de quels moyens je puis disposer, pour entreprendre le passage du Rhin. Je dois retarder cette opération, faute de munitions. Je n'ai en ce moment que dix-neuf chevaux, pour atteler le parc d'artillerie et faire avancer les réserves. Par la même raison, je ne puis faire venir du lac de Zurich mon équipage de pont.

La plus grande partie des troupes qui étaient dans la tête de pont de Zollbruck en a été retirée, pour camper en arrière, où les ennemis ont un camp de quatre mille hommes; un autre de pareille force est à Meyenfeld, une réserve est à Coire, et un corps russe est à Reichenau. Toutes ces troupes sont commandées par le général Jellachich. Le maréchal Souwarow rassemble les siennes à Feldkirch. On assure que les ennemis se préparent à faire une résistance opiniâtre sur la rive droite du Rhin.

Saint-Gall, 26 vendémiaire.

Hier, j'ai fait attaquer Ragatz. L'ennemi n'a opposé qu'une faible résistance, et il s'est retiré sur la rive droite du Rhin, laissant encore quelques troupes à la tête de pont de Zollbruck. Aujourd'hui, un détachement de la 25ᵉ demi-brigade d'infanterie légère a été dirigé du couvent de Pfeffers, par les montagnes, sur Zollbruck, et a forcé les ennemis à évacuer les ouvrages, à couper le pont, et à se retirer entièrement sur la rive droite du Rhin.

Le général Jellachich est à Coire, le général Auffenberg à Meyenfeld, le maréchal Souwarow à Feldkirch avec huit mille hommes; il avait marché vers Bregentz, mais il a ramené ses troupes.

La plus complète désunion existe entre les Russes et les Autrichiens; un officier que j'avais envoyé en parlementaire a été à même de s'en assurer. Des officiers autrichiens lui ont dit qu'ils avaient souri de bon cœur à la défaite des Russes. « Ceux-ci se flattaient, ajoutaient ces officiers, de subjuguer la France en une année. Nous sommes charmés que vous les ayez forcés à devenir plus modestes. » Des officiers allemands ont dit aux Russes avec aigreur : « Vous prétendiez, messieurs, que nous nous étions amusés à jouer la comédie avec les Français; mais vous autres qui n'aimez pas à plaisanter, vous avez représenté une tragédie en trois actes. »

SOULT.

N° 25.

*Le chef d'état major général Rheinvald au général Soult.*

Zurich, 16 brumaire an VIII.

Conformément aux intentions du général en chef, vous remettrez, citoyen général, au reçu de la présente, au général Mortier, le commandement de la troisième division, et vous partirez pour prendre celui des troupes qui sont cantonnées depuis le confluent de l'Aar avec le Rhin jusqu'à Huningue inclusivement.

Les généraux Chabran et Goullus seront immédiatement sous vos ordres et commanderont : le premier depuis Huningue inclusivement jusqu'à Rheinfelden exclusivement, et le deuxième depuis Rheinfelden jusqu'au confluent de l'Aar. Ils correspondront directement avec vous pour tout ce qui concerne le bien du service.

Vous établirez votre quartier général à Rheinfelden. Le général Chabran est chargé de vous adresser le tableau et l'emplacement des troupes qui sont sous vos ordres, et qui font maintenant partie de la septième division. L'adjudant général Saligny restera avec le général Mortier, le général en chef se réservant de vous nommer un chef d'état-major.

Je vous invite, citoyen général, à m'accuser réception de la présente.                RHEINVALD.

## N° 26.

*Le général en chef Masséna au général Soult.*

Zurich, 9 brumaire an VIII.

Le Directoire exécutif a présenté à l'armée du Danube, par sa lettre du 22 vendémiaire dernier, le tribut de la reconnaissance publique et de sa satisfaction particulière pour ses glorieux travaux. L'attention du Directoire a voulu s'étendre aussi sur tous ceux qui y ont le plus vaillamment contribué. Déjà je me suis empressé, citoyen général, de faire connaître la part active que vous avez eue dans ces mémorables événements. Je vous ai présenté exécutant, avec une précision admirable, un passage de rivière hasardeux et difficile, tombant sur l'ennemi avec impétuosité, le culbutant sur tous les points, et remportant sur votre ligne une victoire complète et décisive. J'ajoute aujourd'hui que le gouvernement a apprécié vos services ; je me félicite de devoir être son interprète auprès de vous.

MASSÉNA.

Zurich, 8 frimaire an VIII.

En quittant le commandement de l'armée du Danube pour prendre celui de l'armée d'Italie, auquel m'appelle un arrêté du gouvernement, je me sépare avec regret des braves avec qui j'ai fait une campagne si heureuse pour notre pays, et des généraux dont l'intrépidité et les talents m'ont si bien secondé. Vous devez croire, mon cher général, que vous êtes un de ceux qui me font éprouver le plus vivement ce regret. Si quelque chose peut l'adoucir, c'est l'espérance de vous rapprocher de moi, et j'y vais travailler avec empressement. Entre militaires, les points de rapprochement doivent être la franchise et l'attachement, et vous me connaissez assez, mon cher général, pour compter sur l'une et l'autre, de ma part. J'y compte aussi de la vôtre.

MASSÉNA.

Paris, 19 frimaire an VIII.

En quittant le commandement de l'armée du Danube, mon cher général, je me suis bien promis de rapprocher de moi les généraux dont l'affection pour moi ne s'est pas démentie, et à qui je devais la confiance de l'estime et de l'attachement. Ce vœu se réalise; vous recevrez incessamment votre ordre pour vous rendre à l'armée d'Italie; c'est une affaire terminée avec le ministre.

Je vous engage, mon cher Soult, à faire vos dispositions de départ; moi-même je me rendrai bientôt à mon nouveau poste.

Il me tarde de vous assurer de nouveau de toute mon amitié et de vous embrasser.

MASSÉNA.

## N° 27.

### NOTE.

Au commencement de la révolution, lorsqu'on introduisit l'excellent système divisionnaire, les lieutenants généraux et les maréchaux de camp qui existaient dans les armées furent remplacés par les généraux de division et les généraux de brigade. Au retour des Bourbons, en 1814, les anciens titres furent rétablis. L'institution des lieutenants généraux par le premier Consul n'était ainsi une création nouvelle, ni pour le titre, ni pour le grade; mais elle le fut par les attributions qui leur furent données, puisque les commissions qu'ils reçurent les nommaient lieutenants du général en chef, qu'ils devaient remplacer en cas d'absence, suivant leur rang d'ancienneté. Ils commandaient, sous les ordres du général en chef, le centre ou l'une des ailes de l'armée, corps qui se composaient ordinairement de deux ou de trois divisions, et ils avaient un état-major particulier.

# CHAPITRE XVI

## SOMMAIRE DU CHAPITRE XVI.

Mouvements du général en chef Championnet du côté des Alpes. — Combats de Fossano et de Savigliano. — Situation respective des armées. — Conseil de guerre tenu à Gênes. — Divers succès du général Gouvion Saint-Cyr. — Bataille de Fossano perdue par les Français. — Prise de Coni par les Autrichiens. — Avantages remportés par le général Saint-Cyr. — Fin de la campagne de 1799, en Italie. — Considérations générales.

# CHAPITRE XVI.

Avant de passer à la campagne de Gênes, j'ai <small>Armée d'Itali</small>
besoin de dire succinctement ce qui s'était passé
à l'armée d'Italie, depuis que le général Championnet en avait pris le commandement. Les armées françaises, en Suisse et en Hollande, avaient
terminé, par d'éclatants succès, la campagne de
1799, qui avait commencé par des revers. L'armée
d'observation du Rhin avait elle-même, quoique
réduite à un rôle très-secondaire, passé cette campagne en affaires partielles; elle avait menacé, à
plusieurs reprises, une forteresse importante, et
elle était enfin parvenue à se maintenir sans être
entamée, ainsi qu'à couvrir notre frontière.

Il s'en fallait bien que la malheureuse armée
d'Italie fût dans une pareille situation. Toute l'Italie était perdue, depuis Naples et la mer Adriatique jusqu'aux Alpes, à la seule exception des
montagnes de la Ligurie. Cent mille Français

avaient péri ou étaient prisonniers; plus de chevaux, presque plus d'artillerie. Le peu de braves qui restaient d'une magnifique armée se débattaient, contre la famine et la contagion, sur le sommet des Apennins, où la tolérance de l'ennemi les laissait encore. C'étaient cependant ces tristes débris, qui devaient rassembler leurs forces exténuées et ajouter une nouvelle page à la gloire des armes françaises, en se dévouant pour défendre Gênes.

Avant de réunir sous son commandement les armées des Alpes et d'Italie, le général Championnet commandait la première, qui consistait en un cordon de troupes destiné à couvrir notre frontière. Il avait fait, depuis le Val d'Aoste jusqu'au Col de Tende, une guerre de postes, et il y avait remporté quelques avantages. Il dut naturellement chercher à opérer la réunion des deux armées en avant de Coni, dernière place qui nous restât en Piémont.

<small>Premiers mouvements du général Championnet. Combats de Fossano et de Savigliano.</small>
Dans ce dessein, sa colonne de gauche, commandée par le général Duhesme, marcha, le 13 septembre, d'Aoste sur Ivrée, où était établie la division autrichienne du général Hadick, et menaça Turin, tandis que deux autres colonnes partaient de Suze et de Pignerol. Ces diverses colonnes devaient se réunir sur Fossano et Savigliano, avec la division du général Grenier qui partait de la vallée de la Stura; mais, isolées les

unes des autres, elles furent battues séparément.
Le général Duhesme, attaqué par la garnison de
Turin, qui était venue apporter du renfort aux
troupes engagées, dut se retirer à Pignerol, et
quelques jours après, à Fenestrelles. Le général
Grenier, attaqué à son tour par le général Mélas
avec des forces doubles, fut également repoussé
et éprouva des pertes. Il se retira en partie sur
Coni et en partie sur Saluces.

La réunion des colonnes du général Championnet avait manqué, parce que celles-ci ne se soute-
naient pas, et par la trop grande étendue de terrain qu'elles embrassaient avec d'aussi faibles
moyens. Le succès eût été plus probable, si les
vingt ou vingt-cinq mille hommes de l'armée des
Alpes, dont le général Championnet disposait,
eussent été ralliés dans le marquisat de Saluces,
et portés en un seul corps sur Savigliano, où ils
auraient eu la forteresse de Coni pour appui, surtout si le général Championnet eût entrepris cette
opération six jours auparavant. Alors, le général
Moreau, qui commandait intérimairement l'armée
d'Italie, entre la mort du général Joubert et l'arrivée de Championnet, avait essayé de faire une
diversion en faveur de la citadelle de Tortone,
près de succomber; il avait tenté de se porter
encore sur Novi, mais il avait été repoussé. Si ce
mouvement eût coïncidé avec celui de l'armée

des Alpes, l'armée ennemie eût été obligée de se diviser, et elle eût pu, d'un côté ou de l'autre, ne pas se trouver en force suffisante pour empêcher la réunion des deux armées françaises. Celles-ci, une fois réunies, auraient même pu remporter des succès. Mais il est rare de voir un pareil accord entre deux généraux qui doivent concerter leurs projets et les diriger vers un but commun. Chacun y apporte ses prétentions particulières, ou tout au moins consacre trop exclusivement son attention et ses soins à ses propres opérations, et c'est ainsi qu'on perd de vue l'ensemble.

*Position de l'armée.*

Après cette opération manquée, le général Championnet rapprocha de Saluces la division du général Duhesme; il laissa à ce général le commandement provisoire des troupes de l'armée des Alpes, et il se rendit à Gênes, pour recevoir du général Moreau le commandement de l'armée d'Italie. Cette armée était ainsi répartie :

Une division de trois mille hommes, commandée par le général Miollis, était placée dans la rivière du Levant, à Nervi, où elle observait le corps autrichien du général Klenau, établi à Rapallo. Quatre mille hommes d'infanterie et deux cents de cavalerie, aux ordres du général Laboissière, étaient campés sur le revers des montagnes, entre Novi et Voltaggio. Cette division avait devant elle le général autrichien Karaczay, avec dix mille hommes, qui occupaient la position de Pezzolo.

Le général Watrin était, avec cinq cents hommes, au col de la Bocchetta, où passait la route de Gênes à Alexandrie; il était destiné à soutenir le général Laboissière.

Le fort de Gavi avait une garnison de trois cents hommes. Aux portes de Gênes, deux mille Polonais, commandés par le général Dombrowsky, occupaient Voltri et Campo-Freddo. La ville de Gênes avait une garnison de trois mille hommes.

Le surplus de l'armée d'Italie était concentré sur les hauteurs en avant de Savone et San-Giacomo, d'où l'on poussait des postes jusqu'à Capriata. C'était la troupe la plus rapprochée de la droite de l'armée des Alpes, mais encore trop éloignée pour avoir avec elle ses communications libres et pour qu'il fût possible de se secourir réciproquement.

Depuis ses succès à Fossano et Savigliano, le général Mélas s'était rapproché de Coni, et il disposait ses principales forces à former l'investissement de cette place. Des détachements français, qui se tenaient encore dans la vallée d'Aoste, en étaient repoussés et rejetés au delà des monts. En même temps, les généraux Ott et Frölich faisaient les siéges d'Ancône, du château Saint-Ange à Rome, de Civita-Vecchia et de quelques autres places dont les garnisons françaises ne pouvaient tarder à se rendre.

L'armée du général Mélas était, sur la fin de septembre, évaluée à soixante mille hommes. Le général Championnet en avait à peu près cinquante-trois mille à lui opposer, par la réunion de l'armée des Alpes et de l'armée d'Italie; mais il avait à garder un grand nombre de débouchés, qui aboutissent à la frontière de France, à travers la chaîne des Alpes; ceux des Apennins, pour couvrir les communications de Gênes avec la France, ainsi qu'à pourvoir à la défense de cette ville, dont la population avait besoin d'être contenue. Ainsi, quoique les forces respectives des deux armées, prises dans leur ensemble, ne fussent pas trop disproportionnées, le général Championnet ne pouvait mettre en ligne, sur un champ de bataille, qu'un nombre de combattants très-inférieur à celui des ennemis. Pour comble d'embarras, les instructions qu'il avait reçues du gouvernement ne lui permettaient pas de prendre une ligne plus resserrée, où il eût pu se rapprocher des subsistances, concentrer, reposer, rétablir ses troupes délabrées, et les préparer à reprendre l'offensive dans la campagne suivante.

*Conseil de guerre tenu à Gênes.* Le général Gouvion Saint-Cyr commandait l'aile droite de l'armée. Appelé à un conseil de guerre, que le général Championnet convoqua, pour aviser aux dispositions qu'il convenait de prendre, il démontra que si, contre tous les principes de stratégie et les règles de prudence, on se déterminait à défendre l'État de Gênes, où tout était épuisé, la ruine entière de l'armée en serait l'inévitable conséquence, et qu'après avoir vu ce qui restait de troupes mourir de faim, il faudrait bien se résoudre à quitter le pays, si même auparavant on n'était réduit à quelque situation désespérée, soit par la misère qu'on éprouvait, soit par le fait de l'ennemi qui, au moindre effort, pouvait intercepter les communications avec la France. Le général Saint-Cyr proposait, en conséquence, de replier l'armée sur la ligne de la Roya, en avant de Nice, où elle pourrait recevoir des vivres, se rétablir, et, tout en se reposant, garder les principaux débouchés du Piémont, que bientôt les neiges allaient réduire à un petit nombre. Ainsi préparée à reprendre les hostilités, l'armée pouvait rentrer en Italie avant que les Autrichiens, qui allaient étendre leurs quartiers d'hiver dans le Milanais, se fussent rassemblés, et elle avait alors la chance de remporter des avantages.

Ce conseil était dicté par la sagesse, et la voix du général Saint-Cyr méritait d'être écoutée. On ne pouvait lui opposer aucune bonne raison. Mais il en coûtait trop d'avouer que, dans une campagne, on avait perdu toute l'Italie, et qu'on était dans l'impuissance de garder le peu qui en restait ; on voulait conserver des espérances, ou plutôt des illusions. De loin, le Directoire pouvait faire ces calculs ; de près, on eût fait insulte à la raison, si on eût méconnu l'évidence du péril. Déjà l'armée manifestait un mécontentement, qu'elle porta plus tard jusqu'à la sédition ; elle était fatiguée de combats sans cesse malheureux ; elle manquait de tout ; ses forces étaient épuisées, son moral abattu, et devant elle se présentait un avenir plus effrayant encore. Chacun se rendait compte de cette affreuse situation ; on ne pouvait espérer aucune amélioration ; les délais augmentaient l'anxiété ; et l'opinion des troupes, dont le général Saint-Cyr avait été l'interprète, semblait devoir entraîner la décision du conseil de guerre. Mais le général en chef Championnet annonça qu'il avait reçu des ordres du gouvernement, qui lui prescrivaient impérieusement de défendre l'État de Gênes et de sauver Coni. Il ne restait plus qu'à obéir.

On a dit que « la situation désespérée, dans laquelle se trouvaient les directeurs de la république, et la crainte de la révolution qui les menaçait, leur avaient inspiré l'étrange résolution de garder Gênes et de maintenir l'armée dans ce pays, afin d'atténuer, aux yeux de la France, les malheurs dont leur incurie était cause. » Il est vraisemblable que quelque motif de cette nature a dû les déterminer, quoiqu'il se trouvât parmi eux un homme d'un talent supérieur (Carnot) qui, en d'autres temps, avait su donner à la guerre une meilleure direction; mais dans cette circonstance, sa voix a dû être étouffée. Quoi qu'il en soit, on ne peut dissimuler que les événements de la campagne suivante n'aient presque justifié une disposition, qui exerça ensuite sur eux la plus grande influence. Mais au mois de septembre 1799, personne ne pensait à de pareils événements, ni ne pouvait prévoir la bataille de Marengo. On ne saurait, par conséquent, faire honneur au Directoire de cette prévoyance, et, dans ce cas même, on peut encore se demander s'il fallait acheter l'avantage de la conservation de Gênes, au prix des immenses sacrifices que cette conservation nous a coûtés.

La première opération du général Championnet devait être d'essayer de sauver Coni. Il renforça son centre, qui était aux environs de cette place, et il laissa à Gênes le général Saint-Cyr avec l'aile droite. Ce général devait non-seulement couvrir Gênes, mais seconder, par des diversions et des démonstrations sur sa ligne, le mouvement général de l'armée.

Le général Saint-Cyr avait désapprouvé le plan qu'on suivait. Lorsqu'il fut chargé de concourir à exécuter ce même plan, il s'en acquitta avec le même dévouement et la même intelligence que s'il en eût été l'auteur, et il sut tirer parti des faibles moyens qui lui avaient été laissés, par de si bonnes dispositions, qu'on regretta de ne pas voir entre ses mains le commandement de l'armée. Il nous eût épargné beaucoup de pertes. C'est ainsi que le vrai mérite sait faire céder sa volonté devant le devoir.

*Succès du général Puvion-Saint-Cyr.*

Il était instruit que les ennemis se proposaient de l'attaquer avec des forces supérieures et d'entreprendre de le rejeter dans Gênes, où, de concert avec la croisière anglaise qui empêchait les secours d'y entrer, ils l'auraient tenu enfermé. Pour prévenir d'aussi fâcheuses conséquences, il se décida à prendre l'offensive ; il marcha successivement sur les corps séparés des ennemis, qui ne s'attendaient à rien moins qu'à sa visite, les combattit, les repoussa de leurs positions, leur enleva des prisonniers, et, les ayant mis pour quelques jours dans l'impuissance de lui nuire, il revint attendre à Gênes qu'ils lui fournissent une nouvelle occasion de punir leur témérité.

La première opération fut dirigée contre le général Klenau, dont la division était à Rapallo. Espérant qu'à la faveur d'une surprise il pourrait l'envelopper, le général Saint-Cyr ordonna, le 14 octobre, au général Watrin de gagner avec une brigade les derrières de cette position en tournant la montagne et en se dirigeant de la Bocchetta sur Braco, au delà de la Sturla. Les deux mille Polonais du général Dombrowsky devaient s'embarquer, à Gênes, avec une partie de la réserve, suivre la côte du Levant, et aller débarquer au port de Moneglia, près de Braco, où la réunion des deux colonnes devait s'opérer. En même temps le général Miollis devait attaquer de front. Ces bonnes dispositions devaient réussir, et la division du général Klenau eût été tout enlevée, sans des retards que le général Watrin éprouva dans sa marche; cette division se hâta de décamper; mais son arrière-garde, composée de douze cents hommes, fut prise. Les colonnes françaises et la flottille rentrèrent dans leurs positions sans aucune perte.

Dès le lendemain, le général Saint-Cyr se dirigea sur la division autrichienne du général Karaczay, qui était à Pozzolo. Il la fit d'abord attaquer par le général Laboissière, qui fut repoussé et ramené jusqu'au pied des montagnes. Cependant le général Saint-Cyr, rassemblant, à Novi, les Polonais et la petite division Watrin, marcha sur les derrières de l'ennemi. Il n'avait pas de cavalerie, et le général Karaczay en avait une nombreuse; mais ce mouvement audacieux ne s'en fit pas moins avec la plus grande précision.

L'infanterie française, disposée obliquement, repoussa toutes les charges de la cavalerie autrichienne et chargea à son tour l'infanterie ennemie. Le général Karaczay, mis en déroute, se retira derrière la Bormida, abandonnant au général Saint-Cyr quinze cents prisonniers avec sept pièces de canon, et lui laissant la liberté d'occuper la plaine pendant trois semaines et d'y nourrir ses soldats.

Le général Mélas avait rassemblé son armée entre la Stura et le Tanaro, pour ouvrir le siége de Coni, mais les opérations du général Saint-Cyr l'obligèrent à détacher le général Kray au soutien du général Karaczay, et le général Bellegarde au secours du général Klenau. Cette diversion devait favoriser le général Championnet, qui avait réuni son centre, composé de vingt-huit mille hommes, entre Mondovi et Coni, et qui manœuvrait encore pour se réunir, sur la Stura, avec le général Duhesme, venant de Fenestrelle. Cependant les mouvements du général Championnet avaient donné l'éveil au général Mélas. Devinant le projet des Français, et jugeant avec raison que sa droite était menacée, il prit le sage parti de concentrer son armée; il se hâta de renforcer sa droite, et fit évacuer Mondovi. Il refusa sa gauche et se concentra sur une position oblique entre la Grana et la Stura, la droite appuyée à Marenne un peu au-dessous de Savigliano, et la gauche, à Fossano, laissant à son adversaire la liberté de s'étendre, et l'attirant à lui par cette retraite simulée.

En effet, le général Championnet, après avoir fait occuper Mondovi, avait poussé un corps de sa droite jusqu'à Bene, presque sur les derrières des ennemis ; au centre, le général Victor se portait devant Fossano ; et, à la gauche, le général Grenier était entré à Savigliano pour se réunir au général Duhesme, qui était déjà entré à Saluces. Telle était, le soir du 3 novembre, la position des deux armées. Le lendemain, les Français voulaient attaquer, à la fois, Fossano au centre, et Marenne à la gauche, par Savigliano. Il se rencontra que, de son côté, le général Mélas avait fait les mêmes dispositions, pour attaquer les Français et profiter de la dispersion de leurs colonnes.

Les deux armées se heurtèrent ainsi, le 4 novembre au matin, à peu près à moitié chemin de leurs premières positions, mais les dispositions des Autrichiens leur donnaient l'avantage. Le général Grenier, accablé par deux fortes divisions ennemies, sans que la division Duhesme parût encore, fut repoussé d'abord sur Savigliano, puis sur la route de Coni. Les Autrichiens s'étaient fait un bon appui de la petite place de Fossano ; l'action y fut très-vive, et les succès étaient ba-

Bataille de Fossano ou de Génola.

lancés sur ce point entre eux et le général Victor; mais la déroute de la division Grenier laissa à découvert la gauche du général Victor, qui n'eut alors d'autre parti à prendre que de se retirer sur Murazzo; il effectua sa retraite en bon ordre et sans être entamé. Ces actions meurtrières avaient déjà eu lieu, lorsque le général Duhesme parut à Savigliano; mais, malgré toute la diligence qu'il avait faite, il arrivait trop tard. Le général Mélas le contint aisément avec des troupes de sa réserve, et le général Duhesme fut heureux de pouvoir faire sa retraite sur Saluces et ensuite sur Briançon.

*Retraite de l'armée française.*

Le lendemain, le général Mélas poursuivit ses avantages sur les divisions Victor et Grenier; une arrière-garde, que la première avait laissée à Morozzo, ne suivit pas à temps le mouvement de l'armée; elle fut enlevée ou jetée dans la Stura. La division Grenier se retira d'abord sur le camp de San-Dalmazzo, en arrière de Coni; mais elle ne put s'y maintenir, malgré la résistance opiniâtre que fit le général Richepanse, et elle fut obligée de se retirer jusqu'à la position de Limone, au-dessous du col de Tende. La division Victor s'était repliée sur la division Lemoine, qui était à sa droite, et elles s'établirent toutes deux sur les hauteurs en arrière de Mondovi; mais elles ne purent pas y tenir longtemps; après la retraite de la division Grenier sur Limone, le général Mélas fit tourner leur gauche, et elles durent se retirer encore par la haute vallée du Tanaro.

Rien n'empêchait plus dès lors le général Mélas de se livrer en toute sécurité au siége de Coni, pour lequel ses préparatifs étaient déjà faits; auparavant il voulut encore éloigner les corps français qui se tenaient à l'entrée des vallées. Un fort détachement remonta la Stura jusqu'au col de l'Argentière, et s'établit au célèbre passage des Barricades. Le général Grenier fut aussi délogé du camp de Limone; il se retira au col de Tende, et bientôt après à Sospello, près de Nice. Les vallées supérieures du Tanaro et de la Bormida jusqu'à Cairo furent également occupées, et deux corps d'observation placés, l'un du côté de Mondovi et l'autre devant le col de Tende, se tinrent en mesure de contenir les nouvelles attaques, peu probables d'ailleurs, que l'armée française pourrait essayer. Enfin des renforts furent envoyés au général Kray, sur la Bormida, pour le mettre à même de repousser le général Saint-Cyr, au revers des Apennins. Toutes les issues étant ainsi fermées, le siége de Coni commença.

Le résultat final de ce siége ne pouvait être douteux. La garnison se défendit vaillamment; mais, écrasée par deux cents bouches à feu et par une pluie de bombes qui fit sauter les magasins à

<small>Siége et prise de Con par les Autrichiens.</small>

poudre et alluma des incendies dans toute la ville, sans aucun espoir d'être secourue, elle capitula au bout d'un mois, avec les nombreux blessés qui y avaient été transportés après la bataille de Fossano. La perte de Coni nous enleva le dernier point qui fût encore en notre possession sur le revers des Alpes et des Apennins; c'était la dernière conséquence de cette funeste campagne, qui se terminait comme elle avait commencé.

Les dernières opérations du général Championnet nous avaient coûté douze mille hommes, perte dans laquelle la bataille de Fossano, qu'on appelle aussi bataille de Génola, entrait pour moitié; c'était plus du tiers de l'armée. Le général Championnet avait eu, il est vrai, devant lui un ennemi supérieur en forces; cependant le funeste résultat de son expédition est surtout à attribuer aux fautes qu'il commit. Il avait eu le dessein de manœuvrer contre l'aile droite de l'armée ennemie; ce projet pouvait être couronné de succès, si les ennemis n'eussent point fait de changement notable dans leur ligne; mais lorsqu'ils eurent deviné ce qui les menaçait, et lorsqu'ils se furent concentrés, ce changement imposait au général Championnet le devoir de modifier son plan; car il ne trouvait plus l'armée ennemie dans sa première position; elle n'embrassait plus une grande étendue, à travers laquelle nos colonnes pussent passer. La conduite du général Mélas fut, au contraire, très-judicieuse; il resserra sa position, et se concentra, pour se porter ensuite en masse à la rencontre du général Championnet, aussitôt qu'il le verrait venir à lui, avec ses divisions désunies; il se mettait ainsi à l'abri de tout revers, et il se ménageait toutes les chances, pour profiter des fautes qu'allait commettre son adversaire.

Le général Championnet fut la dupe de cette apparente timidité; persuadé que les Autrichiens étaient en pleine retraite, il continua à s'engager inconsidérément, sans lier ses colonnes entre elles, car il est à remarquer que les divisions Grenier et Victor furent seules à soutenir le choc de l'armée autrichienne, qui dépassait trente mille hommes. Elles ne pouvaient éviter d'être accablées, pendant que les divisions Lemoine et Muller étaient à droite de Fossano, du côté du Tanaro, sans prendre part à la journée du 4 novembre. La marche de la division Duhesme, sur laquelle on comptait pour renforcer l'aile gauche, n'avait pas été non plus exactement calculée; elle ne put arriver sur le champ de bataille, que lorsque tout était fini et perdu. Cette division venait de loin, et d'une direction opposée à celle de l'armée; on s'exposait donc à de faux calculs, lorsqu'on combinait son mouvement avec celui du restant de l'armée. Ce n'était pas sur le champ de bataille mêmequ'on pouvait lui donner rendez-vous. Ce fut ainsi que les fautes du général Championnet et l'habileté du général Mélas, devaient avoir pour conséquence inévitable la défaite du peu qui restait encore de l'armée d'Italie.

*Nouveaux avantages remportés par le général Saint-Cyr.*

Les opérations du général Saint Cyr étaient heureusement fort différentes de celles du général Championnet. Elles étaient si parfaitement calculées, que tout ce qu'il avait prévu se réalisait. Si les ennemis venaient pour l'accabler de leur supériorité, ils le trouvaient suppléant au nombre, par sa vigilance, mêlant l'agression à la défense ; jamais surpris, toujours en mesure, hardi avec calme, entreprenant sans témérité, et par de savantes combinaisons déjouant les projets des ennemis, ou leur enlevant même des succès, alors que ses dangers augmentaient.

*Combat de Novi.*

Le même jour que se livrait la bataille de Fossano, le général Kray, ayant reçu un renfort considérable, avait passé la Bormida, et s'était dirigé, par Marengo, sur Pozzolo, pour attaquer le général Saint-Cyr, autour de Novi. Le général Saint-Cyr s'établit sur deux lignes, la première à Novi, la seconde sur les hauteurs en arrière, où le terrain, d'un accès difficile, obligeait les Autrichiens à se diviser pour aller à lui; il y mit toute son artillerie, qui ne consistait qu'en quatre pièces de canon. L'ennemi était du double plus fort en infanterie que le général Saint-Cyr ; il avait en outre deux mille hommes de cavalerie et seize bouches à feu. Une si grande supériorité lui donnait la facilité d'attaquer de front la première ligne des Français et de la déborder. Mais cette ligne n'était placée que pour attirer les Autrichiens sur la seconde, et aux premières menaces de l'ennemi, elle fit sa retraite en bon ordre. Tout à coup les Autrichiens, qui la poursuivaient sans précaution, se trouvent en présence du général Saint-Cyr et de la réserve du général Dombrowsky. La petite batterie française est démasquée ; l'ennemi, étonné de cette résistance inattendue, hésite, chancelle ; il est à son tour chargé par l'infanterie française, la 106e en tête, et poursuivi jusqu'au delà de Novi, laissant le champ de bataille couvert de morts, et dix-huit cents prisonniers, avec quatre pièces de canon, entre les mains du général Saint-Cyr. Cette action remarquable eut pour théâtre le lieu même où le général Joubert avait été tué, moins de trois mois auparavant ; ainsi, sa mort fut vengée.

Cet échec ramena les Autrichiens sous les murs d'Alexandrie, où le général Kray fut attendre que le général Mélas, après avoir pris Coni, lui eût envoyé de nouveaux renforts, pour pouvoir reprendre l'offensive. Le général Saint-Cyr replaça ses divisions dans leurs premières positions, sur l'Apennin, et il rentra à Gênes, où l'anarchie des autorités, la consternation et l'insubordination du peuple et la misère des troupes, menaçaient de faire éclater des soulèvements.

<small>Séditions dans l'armée. Fermeté du général Saint-Cyr.</small>

Il fallut toute la fermeté du général Saint-Cyr pour remédier à ce désordre. D'abord il changea les autorités de la ville, tranquillisa les habitants, et prit des mesures pour prévenir leurs séditions; il calma la première effervescence de ses troupes, et il les tint plus concentrées. Mais l'esprit d'insubordination n'en faisait pas moins des progrès alarmants parmi ses soldats. Instruit que ceux qui gardaient les retranchements de la Bocchetta les abandonnent, arrachent les drapeaux des mains de leurs officiers, et emmènent avec eux leur artillerie, le général Saint-Cyr accourt au milieu d'eux. « Où courez-vous, soldats, leur dit-il ?— En France! en France! répondent-ils. — Eh bien! si la voix de l'honneur n'est plus entendue, malheureux! écoutez au moins celle de la raison et de votre intérêt! Votre perte est certaine : voyez le chemin qu'il vous faut prendre, l'espace que vous allez parcourir, les périls qui vous attendent! Doutez-vous que l'ennemi, qui vous suit, ne vous atteigne dans le désordre de votre marche? Avez-vous oublié que vous avez fait un désert entre la France et vous, que vous avez tout dévoré, qu'il n'y reste rien? Voyez! vous n'avez de salut que dans vos baïonnettes. Repoussez l'ennemi, et le premier vent favorable nous amène nos convois, nos vivres, nos munitions, que votre lâcheté va livrer à l'ennemi! Retournez à vos postes que vos officiers ont gardés; mais je ne vous rendrai vos drapeaux que lorsque vous aurez réparé votre faute, et que vous l'aurez fait retomber sur l'ennemi. »

Ces accents éloquents du général Saint-Cyr entraînèrent les soldats; ils rentrèrent dans le devoir, et ne demandèrent plus qu'à se battre. L'occasion ne tarda pas à se présenter. Quelques jours après, le général Kray renouvela ses tentatives, et fit attaquer la Bocchetta, par les généraux Hohenzollern et Eidel. Ce poste important était défendu par les mêmes soldats qui venaient de s'insurger; leur repentir doubla leur courage, et ils repoussèrent vertement l'ennemi; leurs drapeaux leur furent rendus.

Dans la rivière du levant, le général autrichien Klenau, à la tête de dix mille hommes, avait fait replier la brigade du général Darnaud, de Nervi, jusqu'à Saint-Martin d'Albaro, à la vue de Gênes; il avait laissé une de ses colonnes devant cette brigade, et établi l'autre au mont Fascio. Désormais tranquille du côté de la Bocchetta, le général Saint-Cyr fit occuper par des détachements

*Combat de Scoffera.*

les postes de Torriglia, Scoffera et Montaggio, sur les derrières des ennemis; il confia aux colonels Mouton et Roussel une réserve destinée à soutenir le général Darnaud, et il ordonna à celui-ci de se reporter en avant. Les Autrichiens, chassés de leurs positions, se retiraient en désordre, par les gorges de Scoffera, lorsque, assaillis par les détachements que la prévoyance du général Saint-Cyr y avait envoyés, ils furent complétement mis en déroute, et ils laissèrent au pouvoir des Français un très-grand nombre de prisonniers. Après cette défaite, le général Klenau fut rallier ses troupes sur la Magra.

On était au milieu de décembre. La pénurie était à son comble : tout était épuisé, et les habitants n'avaient aucune ressource. Du côté de la terre, les passages étaient fermés; l'escadre anglaise gardait la mer, et empêchait que rien ne parût à l'horizon. On se croyait abandonné, quand, trois jours après le dernier combat, une tempête survint heureusement; elle éloigna la croisière ennemie, et, avant son retour, le convoi attendu avec l'anxiété du désespoir, était dans le port. La plus vive joie signala cette abondance momentanée, comme si elle eût dû continuer. De leur côté, les Autrichiens éprouvaient aussi le besoin du repos; l'invincible résistance qu'ils avaient rencontrée, en s'approchant de Gênes, leur avait fait sentir que, pour la vaincre, il leur faudrait plus de temps et plus de moyens qu'ils n'en avaient employé ; ainsi, ajournant leurs projets, ils suspendirent leurs opérations, ils dispersèrent leurs troupes, et les mirent dans les excellents quartiers d'hiver du Piémont, de la Lombardie et de la Toscane. Quant aux Français, ce repos ne pouvait pas les rétablir ; ils étaient toujours obligés de garder, par une suite de postes, le long développement des Apennins ; ils étaient toujours en proie à la famine et à la maladie. Le général Championnet lui-même en fut la victime ; atteint par l'épidémie qui régnait et abreuvé de chagrins, il termina tristement une carrière qui avait été brillante. Vers la fin, il avait éprouvé des malheurs ; peut-être n'était-il pas à la hauteur du commandement en chef d'une armée, dans des circonstances exceptionnelles, comme celles où il se trouva subitement placé ; mais il n'en avait pas moins un vrai mérite, et il possédait surtout les plus honorables qualités.

Ce fut dans cette situation que se passa l'hiver de 1799 à 1800. Le cabinet de Vienne avait voulu continuer la guerre. La dignité impériale n'a jamais renoncé à la possession de l'Italie. Des traités, que des guerres malheureuses lui ont fait subir, ont pu lui enlever momentanément cette possession ; mais elle ne les a jamais considérés que comme des trèves, qu'elle se disposait à rompre à la première occasion ; et, après la campagne qui venait, grâce aux concours des Russes, d'annuller le traité de Campo-Formio, nulle occasion ne semblait pouvoir être plus favorable. Il s'y joignait encore l'appât des subsides de l'Angleterre, et enfin l'opinion, qu'à l'étranger, on avait de la France. On la voyait épuisée d'hommes, d'argent et de ressources; ses armées, surtout celle d'Italie, en si mauvais état, qu'on ne croyait pas à la possibilité qu'elles fussent rétablies, dans le peu de temps qui s'écoulerait jusqu'à la reprise des hostilités. On pensait bien que le nouveau gouvernement ferait tous ses efforts pour y parvenir; mais il aurait recours à des violences, il ne serait point obéi, et les sacrifices qu'il exigerait provoqueraient des résistances; il serait alors obligé, pour se maintenir, de se désister de ses prétentions et de composer avec ses ennemis. Ce calcul était bien faux ; il méconnaissait étrangement le génie de l'homme qui présidait alors aux destinées de la France ; il méconnaissait la forte impulsion que les Français avait reçue, et le nouvel élan avec lequel la France se levait pour la seconde fois. Mais lorsque les passions sont en jeu, il reste peu de place pour les conseils de la prudence. Ici, les subsides de l'Angleterre aidant, le cabinet de Vienne était trop ébloui de ses récentes victoires, pour mettre en doute qu'il lui fallût plus qu'un dernier effort pour atteindre le but complet de son ambition.

La Russie venait cependant de se retirer. L'empereur Paul n'avait pris part à cette guerre que dans l'intention de détruire, en France, le gouvernement républicain, et d'y rétablir la monarchie ; d'ailleurs, il ne prétendait à aucun dédommagement. Un tel exemple de désintéressement trouvait peu d'imitateurs, et l'empereur s'en aperçut. Démêlant les vues plus intéressées de ses alliés, mécontent de la manière dont les opérations militaires avaient été conduites, en Suisse et en Hollande, où il avait perdu ses troupes, indisposé contre les généraux autrichiens et contre le conseil aulique de Vienne, dont il désapprouvait les dispositions, admirant surtout le général Bonaparte comme guerrier et comme homme d'État, il se retira brusquement de la coalition, déclara sa neutralité, et rappela son armée. Vainement, pour le fléchir, lui offrit-on de mettre sous les ordres directs du généralissime Souwarow, l'armée autrichienne du Rhin, et de la faire commander par le général Kray, en remplacement de l'archiduc Charles, qu'on était résolu de sacrifier. L'empereur Paul fut inébranlable.

L'Autriche sentit vivement cet abandon, mais elle n'en fit que plus d'efforts pour soutenir la guerre à elle seule. Elle n'avait cependant avec elle, sur le continent, que la Bavière et quelques princes de l'empire ; car la Prusse et les autres États de l'Allemagne, ainsi que ceux du Nord, persévérèrent dans leur système de neutralité, et reconnurent les changements survenus en France. De nouvelles levées, faites dans tous les États autrichiens, des approvisionnements et des préparatifs de tout genre, achevèrent de mettre les armées impériales sur le pied le plus formidable, et on résolut d'ouvrir la campagne, de bonne heure, pour prévenir les Français.

Le commandement en chef de l'armée d'Italie fut conservé au général Mélas. Il avait sous ses ordres plus de cent mille hommes en parfait état, dont quatre-vingt-cinq mille d'infanterie et quinze mille de cavalerie. Il avait à compléter la conquête de l'Italie, par la prise de Gênes, à entrer ensuite dans les provinces méridionales de France, et à faciliter les opérations de la grande armée du Rhin, en envoyant deux corps, l'un en Suisse, l'autre en Savoie, pour opérer la réunion des deux armées et frapper ensemble quelque coup décisif. Le général Mélas était secondé, dans ses opérations contre la ville de Gênes, et sur toute la côte de la Méditerranée, par l'escadre anglaise aux ordres de l'amiral Keith, et il n'avait devant lui que vingt-cinq mille Français exténués.

La grande armée du Rhin, forte de cent quarante mille hommes, dont vingt-cinq mille de cavalerie, avec plus de cinquante pièces de canon, fut commandée par le général Kray, nommé feld-maréchal. L'archiduc Charles emportait, dans le gouvernement de la Bohême, où il venait d'être envoyé, les regrets unanimes des troupes, les témoignages d'affection des populations de l'empire et la disgrâce de son gouvernement, qui, sous prétexte de la mésintelligence des Russes, le punissait d'avoir trop librement conseillé la paix avec la France. Le prétexte n'existait plus, puisque la proposition d'éloigner l'archiduc n'avait pu déterminer l'empereur Paul à laisser ses troupes dans la coalition, et le fond était également faux, puisque l'opinion de l'archiduc sur la convenance de la paix, opinion d'homme d'État, et que l'événement a bien justifiée, n'avait rien de commun avec les services qu'il aurait rendus à la monarchie en restant à la tête de l'armée. Dans un moment surtout où les plus grands intérêts allaient être réglés par la guerre, on aurait beaucoup mieux fait de s'en rapporter à son génie pour diriger les opérations militaires. Ce n'est pas que le général Kray ne fût un officier général de mérite; il passait, après l'archiduc, pour le plus distingué des généraux autrichiens. La bataille de Vérone, qu'il avait gagnée au commencement de la campagne sur le général Schérer, lui avait fait honneur; sa longue carrière lui avait acquis une grande expérience : il était considéré, aimé des troupes; cependant, leurs vœux accompagnaient le prince qu'il remplaçait.

La ligne du maréchal Kray s'étendait depuis le Voralberg et les débouchés du Tyrol, jusque sur le Bas-Rhin; elle observait les camps retranchés que nous avions à Kehl, au Vieux-Brissach, et devant Bâle. Divisée en quatre corps, sous les ordres des généraux Kollowrath, Sztaray, Giulay et Klenau, cette armée ne devait commencer ses opérations qu'après celles du général Mélas, lorsque ce dernier aurait pris Gênes, détruit les faibles restes de l'armée française d'Italie, qu'on ne supposait pas en état d'opposer une longue résistance, et envoyé deux détachements sur la Suisse et la Savoie; jusque-là, le maréchal Kray n'avait qu'à contenir l'armée du général Moreau et à la tenir dans l'inaction, afin de favoriser les opérations en Italie.

Tel était le plan d'opérations des ennemis. Nous verrons comment il fut déjoué par les événements de la mémorable campagne de 1800. Mais auparavant, j'ai à raconter la dernière partie des sacrifices et des souffrances, au prix desquels nos armées ressaisirent la victoire.

FIN DU TOME DEUXIÈME.

# TABLE DES CHAPITRES

## DU DEUXIÈME VOLUME.

### CHAPITRE XI.

Campagne de 1799 sur le Danube. — Combat d'Ostrach. — Bataille de Liebtingen. — Retraite de l'armée sur le Rhin.................................... Page 1

### CHAPITRE XII.

Situation des armées en Suisse. — Insurrection des petits cantons. — Combats d'Altorff et du Saint-Gothard. — Opérations au centre. — Combats sur la Thur et la Toss. — Bataille du Zurichberg. — Retraite de l'armée sur l'Albis.................................... Page 57

### CHAPITRE XIII.

Malheureuse campagne en Italie. — Défaites du général Schérer sur l'Adige. — Arrivée de l'armée russe. — Bataille de Cassano. — Perte du Milanais et du Piémont. — Retraite du général Moreau sur Gênes. — Marche de l'armée de Naples. — Bataille de la Trebbia. — Retraite de 'armée de Naples. — Bataille de Novi. — L'armée russe quitte l'Italie. — Armée des Alpes. — Opérations sur le

Rhin. — L'archiduc Charles arrive sur le bas Rhin. — Expédition anglo-russe contre la Hollande. — Bonnes dispositions du général Brune. — Batailles de Bergen et de Beverwick. — Capitulation d'Alkmaer..... Page 121

## CHAPITRE XIV.

Seconde partie de la campagne de Suisse. — Situation des armées. — Combat d'Albis-Rieden. — Divers engagements devant Zurich et sur le lac des Quatre-Cantons. — Succès du général Lecourbe contre l'aile gauche des Autrichiens. — Reprise du Saint-Gothard. — Batailles de la Limmath et de la Linth................... Page 183

## CHAPITRE XV.

Fin de la campagne de Suisse. — Le maréchal Souwarow entre en Suisse. — Il est défait et se retire de la Suisse avec les débris de son armée. — L'armée du Danube s'établit sur la ligne du Rhin. — Opérations de l'armée d'observation du Rhin. — 18 Brumaire. — Le général Moreau. — Interruption des hostilités. — Observations sur la campagne de Suisse....................... Page 257

## CHAPITRE XVI.

Mouvements du général en chef Championnet du côté des Alpes. — Combats de Fossano et de Savigliano. — Situation respective des armées. — Conseil de guerre tenu à Gênes. — Divers succès du général Gouvion Saint-Cyr. — Bataille de Fossano perdue par les Français. — Prise de Coni par les Autrichiens. — Avantages remportés par le général Saint-Cyr. — Fin de la campagne de 1799, en Italie. — Considérations générales........ Page 341

FIN DE LA TABLE DU DEUXIÈME VOLUME.

www.ingramcontent.com/pod-product-compliance
Lightning Source LLC
Chambersburg PA
CBHW070453170426
43201CB00010B/1326